中国社会科学院创新工程学术出版资助项目

股权再融资绩效研究

来自中国上市公司的证据

贾中正 ◎ 著

中国社会科学出版社

图书在版编目（CIP）数据

股权再融资绩效研究：来自中国上市公司的证据/贾中正著．—北京：中国社会科学出版社，2020.8

ISBN 978-7-5203-3802-8

Ⅰ.①股… Ⅱ.①贾… Ⅲ.①上市公司—融资—经济绩效—研究—中国 Ⅳ.①F279.246

中国版本图书馆CIP数据核字(2018)第291146号

出 版 人 赵剑英
责任编辑 张 林
特约编辑 宗彦辉
责任校对 韩海超
责任印制 戴 宽

出　　版 中国社会科学出版社
社　　址 北京鼓楼西大街甲158号
邮　　编 100720
网　　址 http://www.csspw.cn
发 行 部 010-84083685
门 市 部 010-84029450
经　　销 新华书店及其他书店

印　　刷 北京明恒达印务有限公司
装　　订 廊坊市广阳区广增装订厂
版　　次 2020年8月第1版
印　　次 2020年8月第1次印刷

开　　本 710×1000 1/16
印　　张 14.5
插　　页 2
字　　数 223千字
定　　价 86.00元

目　　录

1 导论

1.1 研究背景及意义

1.1.1 研究背景

20 世纪 90 年代初期，上海和深圳两家证券交易所的相继成立，标志着我国资本市场开始起步。资本市场最重要的功能就是为企业筹集长期资本提供融资渠道，上市公司能否实现可持续性发展，很大程度上取决于能否顺利实现再融资，以及如何应用募集的资金等。股权再融资作为我国上市公司重要的再融资方式，一直备受青睐。股权再融资即上市公司除首次公开发行（Initial Public Offering，IPO）外再次发行股本性证券的行为（Follow - on Offering）。在我国，其主要表现为三种方式：配股、公开增发和定向增发（“非公开增发”或“私募发行”）。

我国上市公司自 1993 年实行配股，1998 年实行公开增发新股，2006 年实行定向增发新股以来，定向增发已成为上市公司股权再融资的主要方式。根据中国证监会的统计数据，2016 年我国 A 股上市公司通过首次公开发行融资额达到 1633. 56 亿元，而通过配股再融资筹资额为 298. 51 亿元，公开增发筹资额为 0 亿元，定向增发筹资额为 16978. 28 亿元，股权再融资筹资总额达到 17276. 79 亿元①，远远超过当年的首次公开发行筹资额。上市公司通过定向增发的筹资额也远远超过通过配股和公开增发筹资额的总和，这说明

① 说明：笔者根据中国证券监督管理委员会发布数据整理而得。该数据仅更新至 2016 年 12 月。

股权再融资特别是定向增发已成为我国上市公司融通资金的主要方式。

首先，股权分置改革对我国上市公司股权再融资行为产生重大影响，对股权分置改革后的中国上市公司股权再融资行为和绩效的研究将具有现实意义。股权分置是阻碍中国资本市场发展最重要的制度障碍，也是中小股东和流通股股东的利益不断受到侵害的制度根源①。在我国资本市场上，股权分置改革这一具有重大历史意义的制度改革，将对中国资本市场的规则体系进行根本性调整，有利于其向国际成熟资本市场靠拢。修订后的《中华人民共和国公司法》（以下简称《公司法》），2020 年 3 月 1 日修订后的《中华人民共和国证券法》（以下简称《证券法》）的颁布实施，进一步完善了证券发行制度，明确了公开发行与非公开发行新股行为，为上市公司股权再融资提供了多样化的选择。2006 年 5 月 6 日，证监会颁布了基于股权分置改革制度背景下的《上市公司证券发行管理办法》，对我国上市公司的再融资政策进行了重大修订，并首次提到了上市公司的非公开发行。除此之外，它还降低了再融资财务指标要求，放宽了部分条款，增加了新的融资方式和融资工具，推出向特定对象发行和发行附认股权公司债券，同时设立了证券发行监管部门专门负责私募融资等。2007 年 9 月 17 日，证监会颁布的《上市公司非公开发行股票实施细则》，又针对定向增发的操做细节和规章制度做了进一步的解释说明。2020 年 2 月证监会发布公告，分别对以上《办法》和《细则》做了进一步的修改。后股权分置改革时代的来临，将使中国上市公司再融资行为与机制发生重大变化，在融资渠道多样化前提下的再融资绩效问题，也是我国资本市场和上市公司可持续发展所面临的亟待解决的问题。因此，对股改后上市公司股权再融资行为特征、再融资方式和再融资后绩效等的研究将极具实用价值。

其次，2009 年 10 月 23 日创业板市场正式启动，2019 年 7 月 22 日成为科创板的元年，这些都是我国努力完善多层次资本市场的重大举措，也是我国资本市场改革发展进程中具有重要意义的事情，我国中小企业的融资方式和渠道将得到进一步拓宽，再融资途径也必将更加多元化。此时，对我国上市公司股权再融资的研究将会为这些以高科技、高增长、高风险为特点的中小

① 章卫东：《上市公司股权分置与股权再融资绩效》，经济科学出版社 2007 年版，第 2 页。

企业融资和再融资提供借鉴，也为我国相关监管部门制定专门针对创业板市场再融资的政策法规提供参考。

再次，各种创新的再融资工具和再融资方式不断推陈出新，使得上市公司再融资决策问题变得更为复杂多变，理性的再融资行为和科学的决策对上市公司治理的完善和资本市场的健康发展日益重要。随着我国资本市场的发展、金融体系和制度的不断完善、金融结构的调整，上市公司的再融资模式已由早期单一的配股一枝独秀，发展到了配股、公开增发和定向增发并驾齐驱的市场格局，近年来更是涌现了多种创新的股权再融资方式和工具，如管理层及员工持股、发行认股权证、分拆上市、海外上市等，这说明目前的中国股票市场已经为上市公司提供了多层次的、较完整的再融资渠道和工具体系，这也是中国股票市场化进程和与国际化接轨取得进展的重要标志之一。对股权再融资问题的研究将为今后上市公司再融资方式的多样化和完善提供有益的经验和借鉴。

最后，中国新兴资本市场的特殊性决定了上市公司股权再融资决策需要有适合自己的分析框架，而不应只是简单挪用西方理论和经验。现今国内有关上市公司再融资问题的研究大部分依据西方传统的以资本市场有效为假设前提的企业融资行为及资本结构理论，尤其是以“啄食优序融资”理论作为分析的基础，来解释和评价上市公司的融资行为，普遍把上市公司偏好股权再融资的原因归于发行新股的实际成本低于发行债券成本（黄少安等，2001）。但西方传统理论是建立在有效市场假说基础上的，对我国新兴市场中的上市公司融资行为解释力有限。我国上市公司面临的资本市场环境和法制法规环境等与西方成熟市场有很大差异，再加上其特有的股权结构，导致影响国内上市公司股权再融资行为的因素更为复杂。因而，对我国上市公司股权再融资问题的研究，绝不能照搬某个现成的理论，而应根据中国上市公司自身的特点和市场法制环境等，具体问题具体分析。

综上，本书将努力从法律法规和政府监管、公司治理和股权结构、融资方式和融资渠道等角度对我国上市公司股权再融资的绩效予以探讨，希望能为我国上市公司股权再融资的改进和公司治理结构的完善提供有益参考。

1.1.2 研究意义

股权分置改革完成以后，上市公司的股份实现全流通，此时的中国上市公司在进行股权再融资时，其股权再融资行为又有哪些新变化？定向增发作为股改后新的股权再融资方式，实施的效果如何？影响定向增发的因素有哪些？上市公司股权再融资所筹集的资金是否真正发挥了资源配置的作用？配股、公开增发和定向增发三者的优劣如何？对以上种种问题的研究，将具有现实意义。

第一，本书对中国上市公司股权再融资行为及绩效影响的研究，可以丰富现有的股权再融资理论文献，并将有助于为监管当局制定相关法律法规提供有益参考，制定出更加合理有效的股权再融资监管政策。

第二，从理论和实证两个方面对股权分置改革后的中国上市公司股权再融资行为及其绩效进行研究，并进一步对上市公司配股、公开增发新股和定向增发新股后的长短期绩效进行比较分析，可以检验股改后三种股权再融资方式实施的优劣。

第三，对股权分置改革后中国上市公司股权再融资行为及绩效影响的研究，还可以对企业优化资本结构，降低再融资成本，提高再融资效率有所帮助。

1.2 研究内容和架构

1.2.1 研究内容

本书写作内容如下。

导论。首先介绍了本书选题的背景和意义；然后对本书将要进行的研究内容和架构的组建作简要介绍；对研究方法、创新点和拟解决的关键问题做了说明。

文献综述。基于本书的研究思路，本章主要从两大方面展开综述，首先对上市公司配股与公开增发新股的研究进行了综述，然后对上市公司定向增发新股的研究进行了综述。

中国股权再融资的政策演变及发展。本章分别对配股、公开增发和定向增发新股的政策演变和发展作了回顾总结，并对三者在我国的实践现状作了对比分析。

中国股权再融资的模型构建。本章根据我国资本市场发展及上市公司治理的实际情况，对我国上市公司的配股、公开增发和定向增发进行了理论推导，以为后续实证研究作铺垫。

中国上市公司股权再融资短期效应的实证研究。首先，对影响配股和公开增发短期宣告效应的指标变量进行一般描述性统计分析、T 检验和 Wilcoxon 非参检验，并进一步对配股和公开增发时的宣告效应作实证研究；其次，对影响定向增发短期宣告效应的指标变量作同样的分析和检验，并对定向增发时的宣告效应作实证研究；最后，对三者的平均累积异常收益率（CAAR）作单变量检验对比分析，并进一步对三者的宣告效应（CAR）作实证对比研究。

中国上市公司股权再融资长期业绩的实证研究。首先，对影响配股和公开增发后的长期业绩指标变量进行一般描述性统计分析和配对样本 T 检验，并对配股和公开增发后的长期业绩做实证研究；其次，对影响定向增发后长期业绩的指标变量做同样的分析和检验，并对定向增发后的长期业绩做实证研究；最后，对三者之后的长期业绩（RROE）做单变量检验对比分析，并进一步对三者之后的长期业绩作实证对比研究。

研究结论与政策建议。总结前文理论与实证分析，得出研究结论；并努力从完善相关法律法规，加强监管部门监管；优化公司股权结构，完善上市公司治理；提高中介机构自律水平，加强中介机构监督作用；拓展企业融资渠道，支持债券市场发展等方面对中国股权再融资的改进提出相应政策建议，以期为中国资本市场和上市公司的健康发展有所帮助。

1.2.2 研究架构

本书研究思路如图 1 – 1 所示。

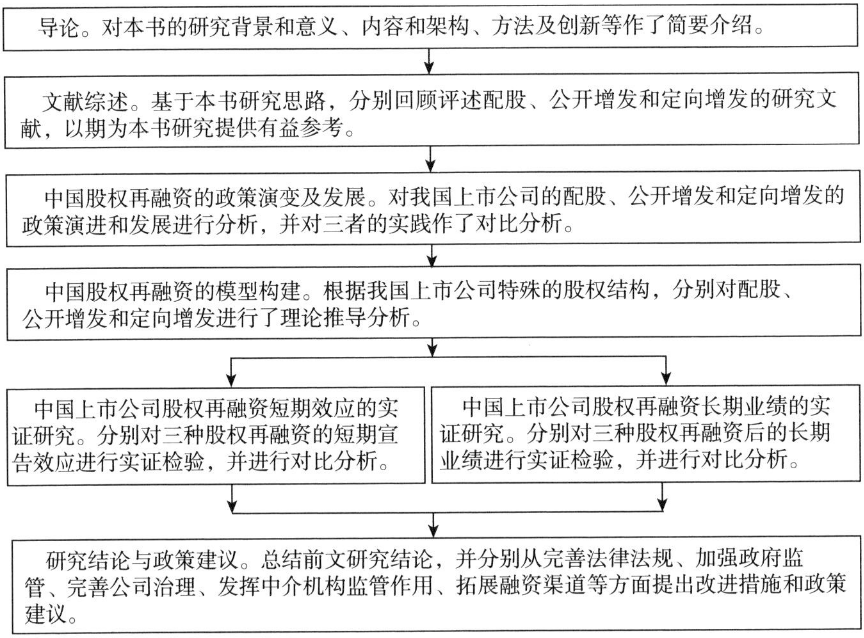

图 1－1　本书的研究框架

1.2.3　研究方法及创新

（1）研究方法

本书综合运用经济学、金融学、统计学、计量经济学等学科相关知识，使用规范分析与实证研究，定性分析与定量分析，以及对配股、公开增发和定向增发绩效的对比分析等研究方法，以求从不同的角度对上市公司再融资绩效进行深入研究。

第一，采用一般描述性统计和单变量检验相结合的方法。本书将选取中国股改后 2005 年 1 月 1 日至 2008 年 12 月 31 日，成功进行股权再融资并符合本研究条件的沪、深两市 223 家 A 股上市公司为研究样本，对影响中国上市公司股权再融资短期宣告效应和长期业绩的指标变量进行一般描述性统计分析；还采用配对样本 T 检验（Paired－samples T－Test）、Wilcoxon 非参检验和单变量均值 T 检验等方法，对衡量上市公司宣告效应的平均累积异常收益率（CAAR）、累积异常收益率（CAR）和衡量长期业绩的调整的净资产收益率（RROE）、调整的总资产收益率（RROA）和主营业务收入增长率（MOR）

作了检验分析。

第二，采用规范性分析与实证研究相结合的方法。本书将首先对有关股权再融资的文献和理论观点加以评述，并分别对上市公司配股和增发新股的效应进行理论推导；然后，将采用2005—2008年的研究样本，对相关理论观点和理论推导结论进行实证检验，以期发现我国上市公司股权再融资的特有问题。

第三，采用定性分析与定量分析相结合的方法。用定性的方法分析中国上市公司股权再融资的政策变迁和发展现状；用定量实证研究中国上市公司配股、公开增发和定向增发的短期宣告效应和长期业绩。通过研究，以发现我国上市公司股权再融资的现存问题。

第四，采用比较分析与实证研究相结合的方法。在研究配股、公开增发和定向增发的短期宣告效应和长期业绩时，将逐步采用多元OLS回归和稳健性检验方法，分别对配股、公开增发和定向增发的长短期绩效进行实证分析，并对三者的效果进行对比分析。

（2）本书的创新

第一，对股权分置改革完成后，中国上市公司股权结构变化对股权再融资行为和绩效的影响进行了研究。2005年5月开始的股权分置改革基本结束，各上市公司的非流通股按照规定的“大小非”解禁时间表陆续上市实现全流通，非流通股与流通股股东“同股不同权”的现象将逐渐消失，从理论上讲，二者的利益目标也将趋于一致。但是，股改完成之后，有的非流通股股东可能不会减持股份，甚至增持股份；而有的非流通股股东即使减持股份，也仍未改变其“一股独大”的绝对控股地位；或者非流通股全流通后，由于外资或民营机构的参与使公司股权结构发生变化等，上述种种情况的存在必然会影响原有公司股权结构，从而可能影响上市公司股权再融资时的行为。本书中将采用第一大股东持股比例作为衡量上市公司股权结构变化的代理变量，努力探析它对股改后上市公司股权再融资绩效的影响。本书的实证研究显示，第一股东持股比例对上市公司股权再融资时的短期宣告效应有负效应，但不显著；对上市公司股权再融资后的长期业绩有正效应，稳健性检验后在10%的水平上显著。

第二，本书将对股权分置改革后，上市公司配股、公开增发和定向增发时的短期宣告效应和之后的长期业绩进行对比研究，以探析股权分置改革后中国上市公司三种股权再融资方式的优劣。

第三，对股改后上市公司定向增发后长期业绩的研究，以及配股、公开增发和定向增发后长期业绩的对比研究，将填补股改之前由于数据短缺或样本有效时段太短而无法研究的空白。

第四，采用多种分析方法对股权再融资的长短期绩效进行研究。在理论分析和推导的基础上，采用配对样本 T 检验、Wilcoxon 非参检验和单变量检验等方法对短期宣告效应和长期业绩指标进行检验；然后，根据研究目的差异，逐步采用多元 OLS 回归和稳健性检验对上市公司股权再融资的长短期绩效进行实证分析，以期为上市公司股权再融资的研究方法提供参考。

1.3 拟解决的关键问题

本书将重点关注股权分置改革后，中国上市公司股权再融资的宣告效应和其后对公司长期业绩的影响。一是上市公司在配股、公开增发新股和定向增发新股时，在二级市场上公司股票价格的变化情况，本书将主要考虑事件宣告窗口期［-20，5］日内的市场反应；二是上市公司在配股、公开增发新股和定向增发新股前后公司长期业绩和主营业务收益率的变化情况。

本书将主要解决以下几方面问题。

第一，对中国上市公司股权再融资时短期宣告效应进行实证研究。选取2005年1月至2008年12月间，沪、深两市进行股权再融资的A股上市公司为研究样本，首先对股权再融资宣告时的股价累计异常收益率作单变量检验；然后，在引入相关控制变量的条件下，对配股、公开增发和定向增发的宣告效应进行实证分析，以检验中国上市公司股权再融资时股价及市场反应。

第二，对中国上市公司股权再融资后长期业绩进行实证研究。选取相同研究样本，在配对样本 T 检验时，选取股权再融资前一年的业绩作为参照标准，分别对配股、公开增发和定向增发后上市公司的长期绩效作对比检验；

在考虑其他控制变量影响的条件下，以股权再融资当年的长期业绩作为参照标准，分别对配股、公开增发和定向增发后上市公司的长期绩效作实证检验，以检验中国上市公司股权再融资后长期业绩的变化情况。

第三，检验股权再融资募集资金是否被优化配置合理使用。采用配对样本T检验，以上市公司未来主营业务收入增长率作为代理变量，对其变化进行研究分析。如果上市公司将股权再融资获取资金合理投入企业主营业务，则其再融资后的主营业务收入增长率应该显著增长，但本书的实证研究却得出了相反的结论。可见，股改后的上市公司股权再融资资金仍存在被大股东滥用而侵害中小股东利益的可能性。

第四，检验我国上市公司特殊的股权结构对股改后上市公司股权再融资绩效的影响。本书将选取第一大股东持股比例作为我国上市公司特殊股权结构的代理变量，以检验其对股改后上市公司股权再融资长短期绩效的影响。我们研究发现，第一大股东持股比例虽对股权再融资的绩效有影响，但统计上并不显著，这说明其不是造成股权再融资后绩效变化的主要影响因素。

第五，对比分析配股、公开增发和定向增发后上市公司的宣告效应和长期业绩。通过在模型中增加两个区分配股、公开增发和定向增发的虚拟变量，对比分析三者的短期宣告效应和长期业绩差异，以探析配股、公开增发和定向增发的优劣。

第六，本书还将分别对上市公司的规模、发行量比率、相对发行规模、发行定价折扣率、托宾Q和市场账面价值比等控制变量对上市公司股权再融资时的宣告效应和其后的长期业绩的影响作研究分析。

1.4 文献回顾与评述

在对中国上市公司股权再融资问题进行研究之前，有必要对国内外相关文献进行梳理和评述。国内外有关股权再融资的研究有很多，综述将基于本书的研究思路，首先，对上市公司再融资偏好，配股和公开增发的长期业绩和短期宣告效应研究，以及利益转换研究做了总结综述；其次，对影响定向增发的发行折价率，定向增发的长期业绩和短期宣告效应，以及定向增发过程中利益相关者的研究作了总结综述；最后，通过总结学习前人研究成果，拓展本书的写作思路，以为本书提供有益借鉴。

1.4.1 配股与公开增发新股的研究综述

(1) 上市公司再融资偏好的研究

对发达国家公司再融资的研究发现，上市公司的再融资偏好普遍遵循“啄食理论”（The Pecking Order Theory），即当企业在需要新的资金融通时会首先选择内部融资，然后再外部融资；而外部融资则先债权融资再股权融资；股权融资则实行先发行优先股，后发行普通股的方式。Myers（1984）考察了信息不对称对上市公司融资成本的影响，其认为当企业需要资金融通时，一般会先进行内部融资，再进行债务融资，最后才会选择股权融资。因为如果上市公司一开始就用股权再融资，会向市场传递一个消极信息，使投资者误认为企业经营前景不佳，进而引发二级市场股价下跌（Ross，1977）；而如果其首先进行债务融资，则又可能恶化公司财务状况，增加债权者的担忧。因而，企业在为自己的新项目进行融资时，一般会先考虑内部融资，在需要外部融资时，优先选择债权融资，最后才是股权融资，这就是有名的“啄食理论”（The Pecking Order Theory），或称融资优序理论。融资优序理论在美国资本市场上得到验证，Hart（1998）对美国1965——1982年的企业融资进行研究，证实了这一现象的存在。上市公司在进行外部再融资时，一般首选债权再融资，包括在二级市场发行公司债券或向银行等金融机构贷款等，当其募集资金不足时，才会考虑在二级市场发行新股融资。因为市场投资者对公司资产价值不很了解，市场存在信息不对称，公司的股价偏低，此时如进行股权再融资，新投资者会获取比新项目净现值高的超额收益，从而使老股东的利益受损。因而，上市公司在需要筹集资金时，一般会遵循“啄食理论”进行再融资。

但有的学者（Singh，1995）以发展中国家上市公司为研究样本却发现，发展中国家的上市公司再融资行为并不遵循“啄食理论”，而是具有“异常融资优序”（Abnormal Pecking Order）现象。即，外部融资时，股权融资优于债权融资，而且外部融资优于内部筹资。其从发展中国家金融开放进程和经济市场化程度两个方面对这种现象进行了解释。Glen 和 Singh（2003）选用 1994——2000 年 22 个发展中国家和 22 个发达国家的 8000 家上市公司为研究对象发现，与发达国家相比，发展中国家上市公司的规模普遍较小，资产负债率较低，其在进行再融资时，更偏好于外部股权融资。这些研究都从不同方面验证解释了发展中国家上市公司的再融资行为不遵循融资优序理论的现象。

除此之外，还有的学者（Eckbo 和 Masulis，1992）专门针对上市公司配股、公开增发和定向增发的偏好次序作了对比研究，发现配股发行的承销成本比私募发行的高 5%，而公开增发新股的成本比配股的高 2%。因而，基于股东利益最大化的观点，企业应当采用私募发行方式来筹集资金。但实际上，当时在美国有很多上市公司采取公开增发方式再融资，而非私募发行。Eckbo（1993）从逆向选择的研究视角对这一现象作了解释，其认为股权分散且规模较大的上市公司倾向于采取增发方式再融资，而股权较集中且规模较小的上市公司更倾向于配股再融资。

在我国，有关上市公司再融资偏好的研究也发现了“异常融资优序”现象。我国上市公司普遍偏好于股权再融资，并且对定向增发的偏好要远高于对公开增发和配股的偏好，这与国外部分学者（Singh，1995；Glen 和 Singh，2003）的研究结论相似。国内学者（章卫东，2005；徐浩萍，2007；何丽梅，2009）将其归因于我国不成熟的资本市场，上市公司特殊的股权结构以及中国的监管环境。美国等西方发达国家的资本市场相对成熟，并且股权分散，监管也比较严格；而我国的资本市场属于新兴的资本市场、上市公司普遍存在“一股独大”或法人集中持股现象，再加上 2005 年之前的股权分置和政府监管缺位等原因，造成我国上市公司普遍偏好股权再融资，以达到上市“圈钱”的目的（黄格非，2007），这一行为也严重侵害了中小股东的权益，实现了财富的转移再分配。王小哈等（2002）对我国上市公司的股权再融资偏好和经营业绩作了实证分析发现，上市公司过于偏爱股权融资的行为不利于上市公司资本结构的优化，很多上市公司股权再融资后的资产负债率降低；并且短期内的股本扩张也不利于公司长期经营业绩的提高，进而导致企业融资结构单一、治理功能缺陷和约束机制不健全等问题。管征（2005）从投资者非理性的研究角度对我国上市公司的再融资行为进行了分析，其认为非理性的噪声交易者给公司管理者制造了股权再融资的“时机窗口”，再加上我国不合理的制度背景，更加加剧了市场投资者的非理性行为，进而使我国上市公司具有强烈的股权再融资偏好，其建议是为降低股权再融资对上市公司价值的负面影响，上市公司应尽量避免采用股权再融资方式筹集资金。

除此之外，还有学者（章卫东，2009）对我国上市公司股权再融资的偏好作了对比研究，其选用2005年5月1日至2007年12月31日的上市公司为样本，研究发现我国上市公司定向增发的宣告效应要好于公开增发的宣告效应，而公开增发的宣告效应要好于配股的宣告效应，其从信息不对称角度解释了我国上市公司大多更偏好定向增发再融资的原因。

（2）配股或公开增发长短期绩效的研究

国外有关上市公司股权再融资短期效应的研究起始于20世纪60年代（Friend和Longsreet，1967），并从20世纪80年代以来一直受到广泛关注（Asquith和Mullins，1986；Masulis和Korwar，1986）。早期的研究主要集中于相对短期的股价宣告效应。对美股市场的研究发现，公开增发新股会引起上市公司股价下跌，工业公司公开增发新股会引发其股价3%的下跌。有的学者认为，这是由于市场信息不对称造成的，市场将上市公司增发行为看作一个消极的信号（Myers和Majluf，1984；Cornea和Tehranian，1994）。但有的学者则认为，这种情况是由于市场价格错配引起的，是市场的低效率引起了配股或公开增发上市公司股价的短期下滑（Ritter，2002）。Ritter（1995）在早期的研究中，对发行普通股的上市公司进行分析发现，投资于公开增发的上市公司的股票收益要比投资于其他同类别没有发行新股的上市公司的股票收益差。Asquith和Mullins（1986），Masulis和Korwar（1986），Mikkelson和Partch（1986）对美国资本市场上的配股和公开增发研究也显示，以包销方式进行的配股或公开增发存在明显的负宣告效应，有效窗口期［-1，0］内的异常收益率约为-3%。在这些研究中，由于研究者样本选择和指标设计的差异，其对负价格效应的解释也都有所不同。

除此之外，还有一些学者对其他国家的配股和公开增发的宣告效应进行了广泛研究，并将其与美国的进行了对比分析。Kang et al.（1999）研究日本上市公司公开增发发现，公开发行也存在负的宣告效应，并且公开增发后上市公司的长期股票回报率表现弱势。Slovin et al.（2000）研究英国上市公司发行新股发现，代销配股的股价异常收益率为 -2.9%，存在负宣告效应，并且比美国的更严重。Gajewski 和 Ginglinger（2002）研究法国上市公司配股和公开增发的宣告效应发现，配股存在负的宣告效应，但是较小，股价的异常收益率为 -0.58%；而公开增发的负宣告效应为 -0.51%，但统计上不显著。Affleck - Graves 和 Page（1996）研究南非上市公司的配股行为，发现了与美国相似的特征。

但自 20 世纪 90 年代以后，国外研究开始向上市公司股权再融资后更长期的股价表现和公司业绩表现等方面转移。其中，Loughran 和 Ritter（1995）、Spiess 和 Affleck - Graves（1995）研究发现，美国上市公司股权再融资后股价长期收益率在随后 5 年内显著低于具有相似规模的没有进行 SEO 的公司的收益率。其他国家的研究也常得出相似的结论。例如：Levis（1995）、Suzuki（2000）；Cai 和 Loughran（1998）、Lang et al.（1999）、Mathew（2002）；Mathew（2002）；Stehle et al.（2000）；Jeanneret（2000）；Pastor 和 Martin（2001）、Llorca 和 Sala（2003）；Dubois 和 Jeanneret（2000），等等。许多类似的研究在澳大利亚的 SEO 中也得到了验证。Allen 和 Soucik（1999a，b）以澳洲 1983—1994 年 102 个进行公开增发的上市公司为研究样本发现，这些公司在公开增发后的 5 年中，长期业绩明显差于规模相似和行业相近基准公司的业绩。

有的国外学者对上市公司公开增发后的股票长期收益率进行了系统研究。Masulis 和 Korwar（1986）对上市公司公开增发后的股票长期异常收益率进行了研究，发现上市公司公开增发新股后 5 年内，其二级市场的股价长期平均累积收益率为 33.4%，但与同时期同规模同类别的未进行公开增发上市公司的股票收益率相比低了 33%。其他学者（Asquith 和 Mullins，1986）选取不同时期和不同的研究样本，对上市公司公开增发后股价长期收益率进行研究，也得出了相近的结论。Spiess 和 Affleck - Graves（1995）使用 1975—1989 年美国股票市场数据，选取 1247 家进行配股和公开增发的上市公司为研究样本，研究期限分别为 36 个月和 60 个月，发现配股或公开增发后上市公司的

股价回报率分别为 -8.28% 和 -10.44%，股票5年的长期表现弱势，小盘股股价的弱势表现更严重。McLaughlin et al.（1996）选取1980—1991年美国市场649家样本公司作分析发现，公开增发后上市公司的股价在持有期36个月内的平均年回报率为 -6.8%。其从自由现金流角度对这一现象做了解释，认为股权再融资之前现金流较大的上市公司，股权再融资后有所下降。但以上研究都没有对配股和公开增发后的长期股价表现作对比分析，并且研究视角过于单一。

部分学者还对上市公司配股或公开增发后的长期经营业绩做了研究分析，发现配股和公开增发后上市公司的经营业绩下降明显（Loughran 和 Ritter, 1996），主要表现为增发新股后业绩滑坡，主营业务利润下滑，包括净资产收益率、每股收益和经营现金流量的下降等。Mclaughlin 等（2007）从信息不对称角度对进行公开增发的上市公司的长期经营业绩作了研究分析，发现信息不对称程度越大的上市公司，公开增发后经营业绩下滑程度越大；上市公司规模越小，市场账面比越高，公开增发后的经营业绩下滑也越大。Laughran 和 Ritter（2005）认为，参与配股或公开增发的上市公司经营业绩在当年达到顶峰，随后便出现下滑趋势，这种现象在规模较小的上市公司中尤其明显。

还有部分学者对不同国家上市公司配股或公开增发后的长期业绩作了研究分析，如 Cai（2000）对1971—1986年间日本东京证券市场260家公开增发新股的上市公司的长期业绩进行了检验，同样发现公开增发新股后的上市公司长期收益率下降，并发现上市公司股票发行的确存在“机会窗口假设”现象。Stehle et al.（2006）研究德国配股上市公司的长期业绩发现，其配股后的长期业绩比美国表现更差。Dubois 和 Jeanneret（2000）研究瑞士配股上市公司的长期业绩，也发现其有比美国更严重的长期弱势表现，瑞士上市公司配股后36个月内的业绩下降了1.17%。弱势程度并不随观察年限单调增长，金融类公司表现更显著。Soucik 和 Allen（2009）研究澳大利亚上市公司，发现了与美国相似的市场反应，但这种弱势水平在上市公司发行后的第四年并不增加。以上研究，由于研究国别体制的不同，各国资本市场成熟程度、法律法规及公司治理结构等的差异，研究结论也存在差异，但都发现配股或公开增发后上市公司长期业绩表现较差的现象。

在我国，上市公司股权结构具有一定的特殊性，与美国等发达国家不同，因而在对我国上市公司配股和公开增发长期效应进行研究分析时也会有所不同。国内有很多学者从这一视角入手，对我国上市公司配股或公开增发后的负宣告效应作了解说。如刘力等（2003）研究发现，我国上市公司公开增发具有显著的负宣告效应，并且这种现象不能由增发规模、预期盈利稀释和公司杠杆负债率等因素来解释，其认为，在我国特殊的二元股权结构下，非流通股股东通过公开增发进行“圈钱”的行为，才是造成负宣告效应的真正原因。章卫东（2005）的研究也发现，我国特殊的股权分置结构是造成上市公司管理层偏好配股或公开增发进行“圈钱”的根本原因，并提出对我国进行股权分置改革的建议。而另有部分国内学者（张祥建等，2005）则从盈余管理视角对我国1998—2002年参加配股的上市公司进行了研究，发现上市公司为达到配股门槛要求，在配股前进行盈余管理，向外部投资者传递虚假信息，误导市场投资者决策，造成资本配置效率下降。研究还显示，上市公司可操纵的应计利润与配股后的长期业绩呈显著负相关。

但有的学者（陆满平，2002）的研究却得出了与以上研究相反的结论，其采用1998—2000年间深、沪两市31家进行公开增发的上市公司为研究样本，发现公开增发新股当年上市公司的业绩有大幅提升；公开增发类上市公司的经营业绩普遍较好；增发新股后上市公司的成长性更强。但他在研究中也发现了极少数上市公司在公开增发后，经营业绩很快出现下滑现象。国内部分学者还从信息传递视角对我国上市公司的配股或公开增发作了研究，杨俊和吴健中（1998）运用信号传递模型，对我国上市公司的配股宣告效应进行了研究，发现成长型公司的配股宣告效应为正，成熟型公司的宣告效应为中性，衰退型公司宣告效应为负。但在其研究中，并没有应用实际数据和实证研究对这一现象作进一步研究分析。

此外，还有部分学者（邵志高等，2009）对上市公司配股和公开增发的宣告效应进行了研究，发现配股和公开增发的宣告效应都为负。但在其研究中，没有对二者的宣告效应作进一步的对比分析。章卫东（2005）对我国上市公司配股、公开增发和可转换债券后的绩效作了对比分析，其研究发现：上市公司可转换债券后的绩效最好，配股次之，公开增发新股的最差。袁显平（2006）在选取了不同研究时段的样本后，仍得出与其相同的结论。但章卫东（2009）在后续研究中，通过使用股权分置改革后的研究样本发现了相反的研究结论，公开增发的宣告效应为正，而配股的宣告效应为负，公开增发的好于配股的，其将这一现象归因于股权分置改革的成功推行。但以上学者的研究，没有研究信息不对称对上市公司配股或公开增发造成的影响，也没有对比分析各种股权再融资后上市公司长期业绩表现的优劣。

（3）配股或公开增发利益转换的研究

一般认为，上市公司股东根据其拥有的股权比例获取相应收益，但大量研究发现，拥有上市公司股权比例高的控股股东往往得到比一般中小股东更多的利益（Fama 和 Jensen，1983；De Angelo，1985；Demsetz 和 Lehn，1985）。这部分额外收益可能就是大股东通过其对上市公司的控制权，影响公司管理层决策，侵害中小股东利益来获得的，也即 Grossman 和 Hart（1986）最早提出的“控股股东控制权私人收益”（Private Benefits of Control）。由于企业控制权可为上市公司股东带来一定的隐性收益，而企业融资结构又直接影响企业控制权的分配，因而，企业控股股东总是想通过融资结构确保自己对企业的控制权和最大化自己的隐性收益（Zingales，1994；Shleifer 和 Vishny，1997）。

而首次从信息不对称角度对上市公司股权再融资进行研究的是 Ross（1977），其认为上市公司融资方式的选取可以向企业外部传递一种信号，配股或公开增发向市场投资者传递了企业资产质量恶化的消极信号，而债务融资则是在传递企业资产质量良好的积极信号。Myers 和 Majluf（1984）对其作了进一步研究发现，上市公司进行股权再融资时，新股东的参与成本较高，老股东总是能够利用更多信息对其他股东权益进行侵占。部分国外文献（Lyandres et al.，2008）从委托代理角度研究发现，上市公司公开增发后的业绩下降与代理问题无关，这一现象并不能通过大股东持股比例和对大股东的制衡等股权结构因素做出合理解释，Wang（2009）的研究也得出了相似的结论，即“并不是大股东比例越高，其对中小股东的侵害程度就越厉害，大股东通过公开增发或配股对中小股东的利益侵占与上市公司股权结构没有显著关系，问题的关键是看大股东在再融资发行中的参与比例”。Pyle（1977）研究还发现，上市公司内部人持股比例的大小可以传递企业价值信息，上市公司股东拥有比市场投资者更多的信息，当企业需要通过股权再融资筹集资金用于有良好发展前景的大项目时，大股东可以通过自己参与认购新股，改变自己在公司中的股权结构，向市场传递积极信号，吸引外部投资者，实现上市公司新项目的运作，最大化上市公司的企业价值，实现财富的共分共享。但有的学者（Cheung et al.，2005；Lee 和 Xiao，2004；Cull 和 Colin，2008）通过对中国上市公司配股或公开增发的研究却发现，中国上市公司股权再融资过程中普遍存在着大股东通过派发红利、关联交易等手段来侵占中小股东利益的现象。

国内研究方面，李康和杨兴君等（2003）选取我国证券市场 2000—2001 年间 308 家进行过配股和公开增发的上市公司为研究样本，对我国上市公司股权再融资过程中各利益相关者进行了研究，研究对象包括非流通股股东、参与配股的流通股股东、不参与配股的流通股股东、参与增发的老股东、不参与增发的老股东、参与增发的新股东。其研究发现，在流通股股东和非流通股股东的利益均衡上，配股比增发更有效；而且配股折扣率越高，流通股股东的利益越能得到更好的保护；增发新股的低折扣率更能很好地均衡非流通股股东、原流通股股东和增发新股东三者之间的利益（任晓丽，2009），但他的研究没有对这些现象的存在作深入解说。马亚军等（2004）从上市公司管理层对股权再融资的偏好具有内生性的崭新视角，对配股或公开增发进行了研究。研究发现，只要存在经营权与管理权的分离，只要管理者具有隐藏信息行为并且厌恶风险，这种内生性就将始终存在，如果管理者的财富或声誉受公司绩效影响，那么管理者的融资偏好将影响公司的融资决策，进而实现私利，达到自身利益最大化。但其研究中，没有应用实际数据加以说明，也没有做实证分析探讨。

还有的国内学者从信息不对称角度对我国上市公司的配股或公开增发过程中的利益转变进行了分析，张瑞彬和李树辉（2001）的研究认为，上市公司进行配股增发时，由于信息不对称，如果非流通股大股东认购水平较低，则向市场传递了公司价值高估的负面信息，此时的配股会侵害流通股股东和中小股东的权益。但他的研究并没有对造成这种现象的真正原因作深入分析。

曾昭武（2004）对我国1998——2000年进行公开增发新股的上市公司进行研究发现，公开增发新股的上市公司在增发当年，由于伴随着资产重组，其主营业务利润率、总资产息税前利润率、净资产收益率（ROE）和每股收益等都有明显改善，但增发后的长期业绩有所下滑，其将这一现象归因于上市公司公开增发前的盈余管理不当，上市公司对筹集资金的使用不当，大股东侵害小股东利益，以及大股东对资金的无偿占用，等等。邵志高（2002）也对上市公司公开增发后的财富转移问题进行了研究，认为原非流通股股东对公开增发无论是否参与，其财富都会增加；而原流通股股东的财富会有损失；新参与公开增发流通股股东的财富视除权情况，有的增加，有的损失；老流通股股东、非流通股股东、新流通股股东三者之间财富的增加和损失守恒，即一方财富增加就使其他方财富减少。其他学者（栾志刚，2000）的研究也得出了相似的结论。但以上研究只是对我国上市公司股权分置改革之前的配股和公开增发进行了研究，而对于股改之后配股和公开增发的实际情况并没有进行后续研究。朱云等（2009）的研究部分弥补了以上文献的不足，其研究发现上市公司配股融资受限，引起的资金储备动机和大股东圈钱动机是影响上市公司对募集资金滥用的主要原因，其认为应要求大股东积极参与配股，以减少对中小股东利益的侵害和上市圈钱行为。但其研究中使用的样本数据不是很前沿，这必然影响其结论的信服力。

1.4.2　定向增发新股的研究综述

本节中，将基于本书的研究思路，分别对上市公司定向增发后的长期业绩和短期宣告效应、定向增发定价折扣率以及定向增发利益相关者等展开文献综述。

（1）定向增发长短期绩效的研究

国外的研究显示，很多文献对上市公司私募发行的宣告效应持乐观态度（Wruck，1989；Hertzel和Rees，1998；Hertzel和Smith，1993）。因为非公开发行的认购者往往是有经验的和较成熟的机构投资者和大股东，他们参与非公开发行的行为实际上是在向市场传递一种信息——公司价值被低估，因而，定向增发时会出现正的股价效应，也就是定向增发有正的宣告效应。如Krishnamurthy et al.（2005）、Wruck 和 Wu（2008）等从信息不对称角度研究发现，当上市公司向关联投资者私募发行时，尤其是向重要的合作伙伴或原大股东等私募发行时，私募发行的短期股价效应要好于只向非关联投资者发行的情况。Kato 和 Schallheim（1993）对日本上市公司的私募发行进行研究发现，其宣告效应为正，宣告当日的异常收益率为 4.98%，但随后的市场效应则呈下降趋势，与美国的情况基本一致。还有些文献对不同股权结构上市公司的私募发行进行了研究，Wruck（1989）选取 1979—1983 年的美国上市公司为研究样本，选用有效窗口期为［-3，0］，研究私募发行的宣告效应发现，股价的异常收益率为 4.5%，而公开增发的股价效应则为 -3%，非公开发行的宣告效应要好于公开增发的宣告效应。其从监控理论视角对这一现象作了解说，认为私募发行可以为上市公司引入有监督动力的机构投资者和大股东，使股权更加集中，管理层的目标与大股东利益趋于一致，经理人更加努力工作，公司价值增加，因而私募发行具有正的宣告效应。除此之外，Janney 和 Folta（2003）以 1973—1998 年进行过私募发行的美国上市公司为研究样本，选用有效窗口期［-2，1］，从信息不对称角度对私募发行的宣告效应进行了研究，发现上市公司私募发行有正的宣告效应，股价的异常收益率为 2.43%。Cronqvist 和 Nilsson（2005）选用瑞典 1986—1999 年间私募发行上市公司为研究样本，窗口期为［-1，1］，从上市公司股东控制权和信息不对称角度研究发现，上市公司私募发行的股价异常收益率为 7.3%。

但也有研究文献得出与以上相反的观点，认为上市公司非公开发行的宣告效应是负的。如有些研究（Barclay et al.，2007；Arena 和 Ferris，2007）同样以股权相对松散的美国上市公司私募发行为研究样本却发现，对管理层私募发行的宣告效应差于对其他投资者的私募发行，有些针对管理层的私募发行宣告效应甚至为负。从管理层控制权角度分析，其认为管理层可通过私募发行实现自身收益，损害其他股东利益，因而导致私募发行具有负的宣告效应。同样，Anderson et al.（2006）对新西兰 1990—2002 年间私募发行的 70 家上市公司进行了研究，发现在窗口期［0，1］内的股价异常收益率为 0.15%，溢价增发的上市公司存在显著的正宣告效应，而定向增发的上市公司却存在显著的负宣告效应。Ruth et al.，（2002）对新加坡 1987—1996 年 67

家进行私募发行的上市公司研究发现，在窗口期［－1，1］内，私募发行的股价异常收益率为－0.45%，其从信息不对称角度对这一现象作了分析。Chen et al.（2002）同样对新加坡上市公司的私募发行进行了研究，但其选取样本时间为1988—1993年，得到53个有效样本，窗口期同样为［－1，1］，却得出了与Ruth相似的结论，私募发行的股价异常收益率为－0.89%，其也从信息不对称角度对这一现象作了解释，认为新加坡的股票不能卖给关联股东，降低了股权集中度，原有股东持股比例的下降向市场传递了消极信号，从而导致私募发行出现负面的宣告效应。可见，由于研究视角和样本等的不同，对私募发行宣告效应的研究得出了不同的结论。

国外对于上市公司定向增发后长期业绩的研究，普遍观点是上市公司非公开发行后的长期业绩下滑，即使市场对宣告时的反应是积极的，上市公司私募发行后也将伴随着股票价格下滑和长期异常收益率下降现象（Hertzel et al.，2002；Krishnamurthy et al.，2005；Barclay et al.，2007）。除此之外，还有文献（Loughran和Ritter，1997；Dalia Marcinkaityte，2005）对美国上市公司私募发行后的长期股价表现进行研究，发现与私募发行宣告效应为正相比，私募发行后两年或更长时间内股价表现不佳，下滑趋势明显。Dalia Marcinkaityte（2005）从“发行时机窗口”角度对其作了解释，认为私募发行会在上市公司业绩较好时发生，所以，发行后业绩普遍下滑。也有学者（Loughran和Ritter，1997）认为是市场投资者对私募发行上市公司的业绩过于乐观导致的。还有的学者（Loughran和Ritter，1998）对私募发行公司的经营业绩作了研究分析，发现私募发行公司从发行当年随后的三年内，公司息税和摊销折旧前利润与资产比、总资产收益率（ROA）等指标比同行业平均水平低很多（Hertzel，2002）。De－Wai et al.（2009）选取美国1980—2000年371家私募发行上市公司为研究样本，发现私募发行后的股价经对照组调整的三年期HPAR的均值和中位数分别为－16.52%和－43.27%，其用时机窗口理论对这一结论进行了解说。Barclay（2007）选取美国1979—1997年，进行私募发行的594家上市公司为研究样本，发现私募发行后的股价在窗口期［－1，120］内的长期异常收益率为－9.4%，在窗口期［－10，120］内的长期异常收益率为－5.8%。其中，向消极投资者增发的窗口期［－1，120］内的股价异常

收益率为 -13.2%，窗口期［-10，120］内的股价异常收益率为 -9.9%。其主要从管理层控制权角度对这一现象作了深入分析。

除此之外，还有学者（Asquith 和 Mullins，1986；Mikkelson 和 Partch，1986；Brous 和 Kini，1994）对上市公司私募发行、配股和公开增发后的长短期绩效做了对比研究，发现上市公司配股和公开增发后股价的宣告效应为负，并且长期股价表现也不佳。其他学者（Wruck，1989；Hertzel 和 Smith，1993；Dalia Marcinkaityte，2005）研究还发现，虽然私募发行后的长期股价也有所下降，但下降幅度比配股和公开增发的低。

我国的定向增发是在 2006 年 5 月 6 日证监会颁布新的《上市公司证券发行管理办法》后才起步的，所以，由于研究样本限制等原因，国内有关定向增发后上市公司长期业绩的研究并不多，现有的研究主要集中在定向增发的短期宣告效应上。

何丽梅（2010）选用 2006 年 5 月 8 日至 2008 年 12 月 31 日进行过定向增发的上市公司为研究样本，使用窗口期为［-20，20］，用事件研究法分析了我国上市公司非公开发行的短期股价效应。研究发现，非公开发行的短期股价效应显著为正，而公开发行的短期股价效应不显著，在公告日前后两天的累积超额收益率还出现负数，非公开发行的短期股价效应显著好于公开发行的短期股价效应。这说明市场投资者认为，拥有信息优势的控股股东或关联投资者参与非公开发行的行为，是在向市场释放一种积极的信号，暗示着上市公司的发展前景较好。但在此研究中，并没有考虑定向增发折扣率对定向增发宣告效应的影响。章卫东（2010）选用 2005 年 5 月 1 日至 2007 年 12 月 31 日进行定向增发和可转换债券的上市公司为研究样本，研究窗口期为［-20，5］，也运用事件研究方法检验了定向增发和可转换债券的短期市场效应，并对二者的效果进行了对比分析。研究发现，定向增发的宣告效应为正，上市公司宣告定向增发时，市场股价的平均累积异常收益率为正；研究还发现，定向增发新股的短期市场效应显著好于可转换债券的短期市场效应。但此研究中，也没有考虑定向增发定价折扣对上市公司股价异常收益率的影响。

还有国内学者（王志彬等，2008）从上市公司控制权角度，选取 2003—2007 年进行定向增发的上市公司为研究样本，对上市公司向集团公司及其关联企业定向增发新股，实现集团公司整体上市进行了研究，发现集团公司通过整体上市，使集团公司与上市公司的产业链更加紧密，减少了集团公司与上市公司的关联交易，割断了集团公司利用关联交易掠夺上市公司利益的链条；同时，还减少了集团公司内部的同业竞争，巩固了大股东的控制权，提高了上市后集团公司的整体业绩。周勤业和刘宇（2005）认为定向增发新股不仅解决了大型国企整体上市的问题，而且提升了集团公司的整体业绩。王家新和刘曦（2008）采用2006—2008年进行非公开增发的91家中国上市公司为研究样本，研究窗口期为［-10，10］，得出我国上市公司非公开发行具有正的宣告效应，股票的异常收益率为12.41%。戴爽（2007）以2006—2007年进行非公开增发的131家中国上市公司为研究样本，研究窗口期为［-5，5］，同样发现我国上市公司非公开发行有正的宣告效应，上市公司非公开增发后的股票异常收益率为4.77%。以上二者的研究都是从信息不对称角度对我国上市公司非公开发行的宣告效应进行解说的。

除此之外，还有对我国各种股权再融资方式的短期宣告效应进行对比分析的研究。如邵志高等（2009）以2006年5月至2008年4月进行过配股、公开增发、定向增发和可转债的上市公司为研究样本，选取研究窗口期为［-20，10］，发现定向增发尽管有正的宣告效应，但公告日后的投资价值并不大；而配股、公开增发和可转换债券的宣告效应尽管都不显著，但公告日后的投资机会不同，对于配股和公开增发的股票应尽量回避，对可转换债券的应择机参与。但他的研究并没有对上市公司配股、定向增发和公开增发后的长期股价收益率做研究，而且，并未考虑定向增发折价率和定向增发发行对象等因素的影响。

（2）定向增发折价发行的研究

定向增发新股一般是以低于上市公司二级市场股票价格的某个基准定价进行，即采用折价发行的方式。美国证券交易委员会（SEC，1971）的研究报告指出，美国上市公司私募发行的价格相对于其市价有30%的折扣率。而后大量有关美国私募发行的研究分析显示，美国私募发行的折扣率一般在11.3%～20%，其明显高于配股的折扣率（Wruck，1989，Hertzel和Smith，1993；Hertzel et al.，2002）。有关定向增发折扣定价的原因，有的学者（Silber，1991）认为对新股流动性的限制是影响股价折扣的重要因素，美国参与私募发行的投资者持有的股份，一般要在36个月以后才能上市流通，为弥补投资者股份暂时失去流动性而产生的风险，私募发行的上市公司往往采取折扣定价的方式来补偿他们。虽然流动性受限对私募发行折价现象提供了部分解释，但是关于机构投资者为何会要求折扣，并且上市公司也愿意接受这么大折价的问题，其研究中并未回答清楚（Hertzel和Smith，1993）。基于此，国外学者还从其他角度对上市公司折价发行进行了理论阐释和经验研究。如Myers和Majluf（1984）的研究认为，上市公司实施发行新股的决定，是向市场投资者释放公司资产被高估的负面信号，当上市公司的资产被低估，进行折价发行时，持有公司大量股权的原大股东或关联投资者才会参与新股认购。但他的研究中，也没有对发行定价折扣率的确定作出合理解释。

有的学者（Herds和Smith，2004）则从信息不对称角度对上市公司规模对其定向增发新股折价的影响进行了分析，其认为小公司的非对称信息更高，因而，投资者参与定向增发的风险也更大，其对定向增发新股的折价要求也更高。还有的学者（Asquith，1986；Mullins，1998；Mikkelson，1986；Partch，2004）对私募发行定价折扣率与发行后宣告效应的关系进行了研究，其认为明显偏低的定向增发定价会对公司股价产生不利影响，对现有股东利益造成侵害，上市公司公告新股发行后常出现股价下跌的现象。

在国内方面，中国监管机构证监会首先对定向增发定价折扣作了政策性引导。2006年6月5日，证监会颁布的《上市公司证券发行管理办法》中，有关非公开发行新股定价的规定为“发行价格不低于定价基准日前二十个交易日公司股票均价的百分之九十”；2007年9月17日又颁布了《上市公司非公开发行股票实施细则》，其中明确了上市公司非公开发行的“定价基准日为计算发行底价的基准日”，“定价基准日前20个交易日股票交易均价的计算公式为：定价基准日前20个交易日股票交易均价 = 定价基准日前20个交易日股票交易总额/定价基准日前20个交易日股票交易总量”。

随后，国内的很多学者针对中国上市公司定向增发的定价折扣进行了研究。何丹（2007）对我国2007年6月以前参加定向增发的上市公司数据进行了统计分析，研究发现，我国上市公司定向增发的折价率平均为33%，折价率超过50%以上的公司占所有样本公司数的20%，可见，定向增发折价的现象在我国已非常明显。张力上等（2009）以2006年至2008年6月实施定向增发的200家上市公司为样本，利用多元线性回归模型对定向增发定价的影响因素进行了实证分析。研究结果显示：如果发行公司的控股股东、实际控制人或其控制的关联人参与定向增发，则定向增发的发行折价率较大，并且其购买比例与折价率正相关。在上市公司定向增发的定价过程中，增发前发行公司的财务状况对定价的折扣率影响不明显，发行对象更关注发行公司的投资项目风险和未来盈利能力。股本规模有稳定发行价格的作用，股本规模与定向增发的折价率呈负相关关系。张鸣等（2009）对2005—2007年参与定向增发的179家上市公司进行研究，发现中国上市公司定向增发的大股东认购比例和股价折扣率共同决定了大股东从上市公司转移财富的多寡；定向增发股价折扣率受多种因素的影响，当大股东通过定向增发从上市公司转移财富时，市场呈现负面反应。

还有国内学者从信息透明角度对我国上市公司定向增发的折价率进行了研究。李德忠（2008）基于信息不对称的研究角度，对我国上市公司定向增发股价折扣率的影响因素进行了分析，其研究发现定向增发的股东身份会影响新股股价折扣率的高低。何丹等（2009）的研究认为，信息假说能够解释我国上市公司定向增发过程中的折价现象，折价是对投资者所承担信息成本的回报，增发比例越大，投资风险越大，信息成本也就越高，因而折扣率也越大。其研究还发现，向公司原控股股东定向增发额越大，定向增发新股的折价率就越高，这说明存在控股股东操纵发行价格，降低其筹资成本的可能。

（3）定向增发利益相关者的研究

国外有关上市公司定向增发过程中利益相关者的研究很多，Leland 和 Pyle（1977）认为，当上市公司发展前景较好或者有好的投资项目时，为了筹资投入项目，一般会采用定向增发新股而放弃公开增发新股。因为持有大量股权的大股东或内部关联者担心公开增发新股会稀释他们的持股比例，弱化其对公司的控制权，从而影响他们的利益；而采用向关联投资者或大股东定向增发新股筹资，其持股比例将进一步增加，股权更加集中，公司投资项目如果获益，其收益也会提高。Barclay 等（2007）从公司管理层控制权角度运用市场模型法计算定向增发前后的超额累积收益率，发现定向增发后业绩下降的上市公司主要是那些向消极投资者增发的公司，其认为公司业绩下降的主要原因在于参与认购的投资者参与公司治理的消极行为，管理层通常通过向现有管理层或那些承诺按管理层意愿投票的消极投资者增发新股，以巩固管理层对公司的实际控制权，从而实现其控制效应（Managerial Entrenchment），这都会导致公司业绩的下降。但在此研究中，由于其对消极投资者的界定不具有一般性，主观性较强，因而研究结论不够稳健。同样，Baek 等（2006）通过对韩国参与定向增发的上市公司进行研究发现，定向增发后的长期累积超额收益率为负，韩国上市公司的大股东在定向增发过程中的确利用其控股权进行了利益输送，损害了上市公司及其他中小股东利益，从而导致上市公司的长期业绩下降，这符合股东控制权理论观点。但其研究只局限于家族型的控股企业，并且家族式企业同时控股多家上市公司的情况在我国资本市场中并不多见，因而对我国上市公司定向增发过程中的利益转换问题没有很强的解释力。

除此之外，Ronald J. Gilson 和 Jeffrey N. Gordon（2003）的研究发现上市公司控股股东对中小股东利益侵害的事实，并总结了控股股东最大化其自身价值的三条途径：以高价在二级市场出售所持股份；低价强迫收购中小股东的股份；获取与其所持股份不对称的收益。Shleiferand Vishny（1997）；Paganoand Roel（1998）的研究发现，上市公司控股股东可以通过利用中小股东无法分享的控制权来侵害其利益，进而获取私利。以上研究都对上市公司定向增发过程中的利益转换及利益相关者问题进行了深入研究，具有很好的借鉴意义。

我国上市公司进行定向增发的目的一般是实现资产重组并购或集团整体上市，增发对象往往是公司大股东、关联投资者或机构投资者等，中国证监会 2006 年 5 月 6 日颁布的《上市公司证券发行管理办法》中明确提出“非公开发行的对象除要符合股东大会决议规定外，总体不超过 10 名，如果发行对象为境外战略投资者的，还应经国务院相关部门事先批准”。

从理论上讲，定向增发股票价格存在折价率是一种正常现象，是从价格方面对发行对象的补偿。但我国 A 股市场上市公司定向增发股票的平均折价率为40%左右，远高于国外私募发行的折价率，特别是当控股股东参与认购时折价率更高，其中就存在控股股东等利用定向增发输送利益的可能性（张力上等，2009）。上市公司在定向增发宣告日前，在二级市场故意操纵公司股价，如提前释放利空消息，刻意隐藏公司盈利信息，联合庄家打压股盘，借口股改或并购重组而长期停牌等，以达到降低二级市场股价的目的，从而降低增发对象的持股成本，实现低价向关联股东定向发行股份，完成利益输送（黄建中，2007）。

另外，有的国内学者从公司控制权角度对定向增发的利益相关者问题进行了研究，何丽梅等（2009）研究发现，上市公司股东控制权会影响上市公司再融资方式的选择，第一大股东持股比例较低的上市公司则更倾向于向关联大股东定向增发，以加强其对公司的控制权，实现控制权收益；而第一大股东持股比例较高的上市公司，大股东不担心股权分散问题，其较倾向于向机构投资者非公开发行。同时，其研究还发现，盈利能力是影响我国上市公司选择定向增发或公开增发的重要因素之一，盈利能力较弱上市公司更喜欢选择定向增发，但其并没有解释机构投资者为什么愿意参与业绩较差的上市公司的定向增发。田艺等（2006）的研究认为，股权分置改革完成后的非流通股大股东利益与流通股股东利益趋于一致，大股东通过定向增发可以实现集团公司整体上市，使集团公司的资产得到合理定价，上市公司通过向战略投资者定向增发新股还可以解决公司治理问题。章卫东（2007）选取2005—2007年参与定向增发的上市公司为研究样本，发现上市公司通过向控股股东及其关联股东定向增发新股，实现集团公司整体上市的宣告效应要好于向其他非控股股东定向增发的宣告效应。这是因为上市公司在向控股股东及其关联股东定向增发的过程中，集团公司的确向上市公司注入了优质资产，集团公司整体上市减少了上市公司与集团公司的内部关联交易和同业竞争等问题，有利于实现集团公司及股东整体价值的最大化。

除此之外，还有国内学者（张鸣等，2009）对大股东控制下的上市公司定向增发财富转移效应进行了研究，发现我国上市公司大股东的机会主义行为是影响公司进行定向增发的重要因素，上市公司定向增发的折价水平和大股东的认购比例共同决定了大股东从上市公司转移财富的多寡；当大股东通过定向增发从上市公司转移财富时，市场呈现负面反应，从而提供了大股东借助定向增发从上市公司直接转移财富的证据。此外，何丽梅（2009）的研究还发现，控股股东和关联股东参与认购上市公司定向增发的宣告效应比其未参与认购时的差，这说明市场投资者已高度重视控股股东和关联股东侵害中小股东利益的现象。

上述研究文献从不同视角对上市公司股权再融资的偏好、宣告效应、长期业绩及利益转换等问题进行了细致深入的研究，大大丰富了该研究领域，并将对本书的后续写作构思具有重要的借鉴和启示作用。现今的国内文献有关股权分置改革后上市公司股权再融资短期和长期绩效的研究较少，尤其是对上市公司定向增发后长期业绩的研究，以及配股、公开增发和定向增发后长期业绩的对比研究还不完善。本书的研究重点是股权分置改革后中国上市公司股权再融资的短期效应和长期业绩，并对股改后的公司规模、资产负债率、发行定价折价率、控股股东参与定向增发的程度等影响因素作深入分析，以期对完善该领域研究有所贡献。

2 中国股权再融资的制度变迁与实践

我国上市公司股权融资方式，按之前是否在证券市场发售过股票划分，可分为首次公开发行（Initiative Public Offerings，IPO）和股权再融资（Seasoned Equity Offerings，SEO）。首次公开发行是指公司或企业在一级市场上通过证券公司帮助完成股票发行的过程，一级市场又称初级市场，是发行人以发行证券的方式筹集资金的场所，它是相对于进行证券交易的二级市场或次级市场而言的。而股权再融资是指已经上市的公司为企业发展再次在金融市场上筹集资金的行为，其可分为配股和增发两种方式，其中增发新股又可分为公开增发新股和定向增发新股，定向增发在国外也称作私募发行新股（Private Placements）。

2.1 配股的政策演变及实践

配股是上市公司以原股本为基础，按一定比例向公司老股东配售新股，筹集资金的行为。按照惯例，公司配股时新股的认购权按照原有股权比例在原股东之间分配，即原股东拥有优先认购权。配股是中国上市公司股权再融资最早的方式，也是2002年前中国上市公司最主要的股权再融资方式。

2.1.1 配股法规的演进

中国的配股政策是随着中国证券市场的发展和完善而逐渐演进的，中国证监会出台了一系列法律法规对其进行修正改进。1990年中国证券市场起步，配股也随之产生。1992年中国证券监督管理委员会（以下简称“证监会”）成立，1993年12月17日，证监会颁布了《证监会关于上市公司送配股的暂行规定》，对上市公司的配股条件和程序进行了规范，规定“上市公司配股筹集资金投向必须符合配股说明书中的承诺；距离前一次配股时间不得少于12个月；公司必须连续两年盈利等”，但该规定并没有对上市公司配股前的ROE标准、配股比例和大股东是否参与配股等作详细说明。因而，很多上市公司的大股东尤其是国有股股东和法人股股东因无足额资金而放弃配股，这种行为当时被国资委认为是国有资产的流失，分散了国有股控制权，侵犯了国有股的权益。

1994年9月28日，证监会颁布《关于执行〈公司法〉规范上市公司配股的通知》，对上市公司配股进行了细则规定，主要有：“（1）配股公司的配售比例上限为10∶3；（2）要求配股后的公司业绩不低于同期银行存款利率；（3）配股公司三年平均净资产收益率在10%以上，对国家支持的产业，如：农业能源、原材料、基础设施、高科技类可略低于10%的标准等。”很多公司为了达到上市“圈钱”的目的，不惜通过盈余管理来达到三年平均净资产收益率在10%以上的配股标准，恶性“圈钱”的行为并没有得到有效制止。

1996年1月24日，证监会又发布《关于1996年上市公司配股工作的通知》，严格了上市公司配股的条件，有：“（1）配股公司三年平均净资产收益率在10%以上，对国家支持的产业，如：农业能源、原材料、基础设施、高科技类可略低于10%的标准，上述指标计划期内任何一年的净资产收益率不得低于6%；（2）放宽了国家重点项目建设所需资金的配股要求，可以不严格按照10∶3的比例配售筹资。”随着中国股市“牛市”的到来，后来上市的公司，只要达到配股标准，几乎无一例外地进行了配股再融资。很多公司通过造假、关联交易、资产重组等手法进行盈余管理，以达到上市“圈钱”的目的。面对愈演愈烈的恶意“圈钱”行为，1997年证监会发布的《关于做好1997年股票发行工作的通知》规定“企业在其招股说明书中的盈利预测应切合实际，凡年度报告的利润实际数低于盈利预测20%以上的，将停止发行公司两年内的配股资格”。1998年，又要求“上市公司在上市一个完整会计年度后，达到配股资格的，才可进行配股；并且距前一次配股的时间不低于一个完整会计年度。还规定配股上市公司最近三年的平均净资产收益率不低于8%，最低年份不低于6%”，这些规定的出台，为抑制上市公司恶意“圈钱”发挥了一定的作用。

1999 年 3 月 17 日，中国证监会颁布了《关于上市公司配股工作有关问题的通知》，放宽配股对净资产收益率的要求，规定“国家重点支持的产业，如：农业能源、原材料、基础设施、高科技类行业，平均在 6% 以上即可”；2001 年 2 月 25 日证监会颁布了《上市公司新股发行管理办法》，2001 年 3 月 15 日发布的《关于做好上市公司新股发行工作的通知》规定“三年的净资产收益率平均不低于 6%”，要求进一步降低；但规定“将扣除非经常损益后的净利润与扣除前的净利润相比，计算二者的净资产收益率，并以低者作为依据”。然而，2001 年之后的中国证券市场陷入低迷，配股公司的数量和配股价格都呈现下降趋势，同时，公开增发新股出现并逐渐占据市场主导地位。此后，证监会对配股政策的调整不是很多。

2005 年股权分置改革完成，2006 年中国证券市场重新走强，上市融资公司也开始有所增加。2006 年 5 月 8 日，证监会发布《上市公司证券发行管理办法》，其对配股部分的规定有：“（1）最近三个会计年度连续盈利，扣除非经常性损益后的净利润与扣除前的净利润相比，以低者作为计算依据；（2）业务和盈利来源相对稳定，不存在严重依赖于控股股东、实际控制人的情形；（3）现有主营业务或投资方向能够可持续发展，经营模式和投资计划稳健，主要产品或服务的市场前景良好，行业经营环境和市场需求不存在现实或可预见的重大不利变化；（4）高级管理人员和核心技术人员稳定，最近十二个月内未发生重大不利变化；（5）公司重要资产、核心技术或其他重大权益的取得合法，能够持续使用，不存在现实或可预见的重大不利变化；（6）不存在可能严重影响公司持续经营的担保、诉讼、仲裁或其他重大事项；（7）最近二十四个月内曾公开发行证券的，不存在发行当年营业利润比上年下降百分之五十以上的情形。”此规定与之前的法规相比，强化了对配股的市场约束，突出了保护公众投资者利益的要求，并简化了发行程序。2020 年 2 月，证监会发布《关于修改〈上市公司证券发行管理办法的决定〉》，对发行文件、批文有效期等做了进一步改进。

2.1.2 配股的实践现状

我国真正意义上的配股是从 1993 年开始的，在 2001 年之前，一直占据主导地位。根据中国证监会发布数据及CCER、WIND等数据库统计（见表2－1），1996年之前，虽然每年参与配股的公司数量不多，但平均占当年上市公司数的五分之一以上，1993年更是达到了41.81%；2000年中国证券市场上参加配股的公司最多，达到162家；从2001年开始，参加配股的上市公司数量显著下降；2005年股权分置改革期间，则没有任何公司进行配股融资；2006—2009年，每年参与配股公司更是不超过15家。

表2－1　　1993—2009年中国A股市场配股筹资额概况

年份	上市公司家数	配股公司数	配股公司数占比（%）	股权再融资筹资总额（亿元）	配股筹资额（亿元）	配股筹资额占股权再融资总额比（%）
1993	177	74	41.81	81.85	81.85	100.00
1994	287	67	23.34	50.16	50.16	100.00
1995	311	67	21.54	62.83	62.83	100.00
1996	514	49	9.53	69.89	69.89	100.00
1997	720	111	15.42	198	198	100.00
1998	825	153	18.55	365.43	334.97	91.66
1999	921	117	12.70	380.02	320.27	84.28
2000	1010	162	16.04	686.06	511.09	74.50
2001	1130	126	11.15	647.85	430.64	66.47
2002	1199	21	1.75	221.97	55.75	25.12
2003	1261	25	1.98	184.58	69.98	37.91
2004	1377	6	0.44	211.46	53.98	25.53

续 表

年份	上市公司家数	配股公司数	配股公司数占比（%）	股权再融资筹资总额（亿元）	配股筹资额（亿元）	配股筹资额占股权再融资总额比（%）
2005	1381	0	0.00	264.4	0	0.00
2006	1434	13	0.91	740.19	230.23	31.10
2007	1550	7	0.45	3020.19	194.43	6.44
2008	1625	8	0.49	2068.97	94.37	4.56
2009	1718	13	0.76	3125.91	105.97	3.39

资料来源：1993—2005 年数据来自 CSMAR 和 WIND 数据库，2006—2009 年数据来自中国证监会和 CCER 数据库。

根据统计数据得出，1993—2009 年中国上市公司中，参加配股公司数占当年上市公司总数的比例如图 2 - 1 所示。

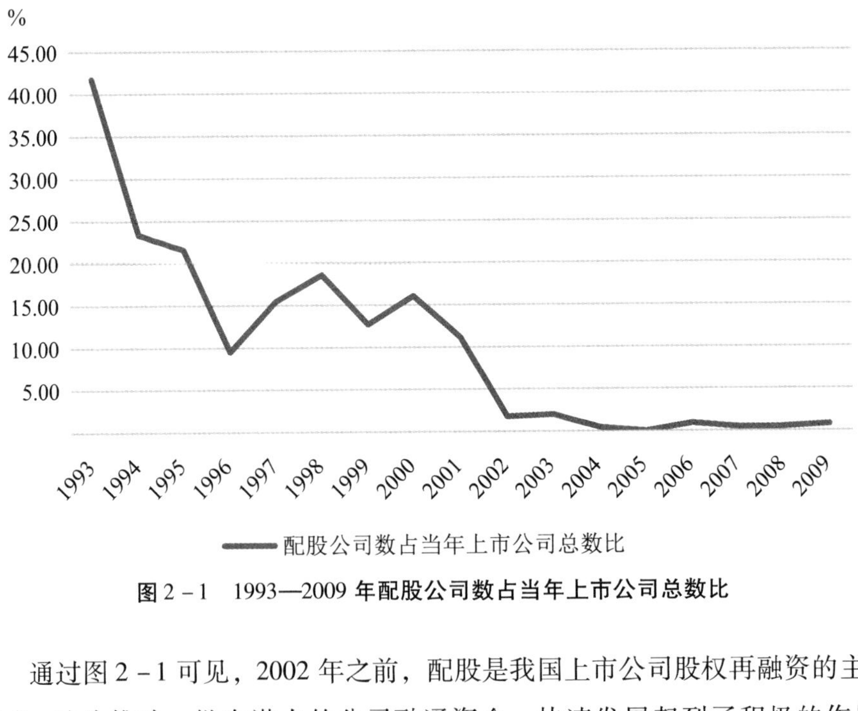

图 2 - 1　1993—2009 年配股公司数占当年上市公司总数比

通过图 2 - 1 可见，2002 年之前，配股是我国上市公司股权再融资的主要方式，这为推动一批有潜力的公司融通资金、快速发展起到了积极的作用。

1993 年参加配股的上市公司有 74 家，占比最高，为当年上市公司总数的 41.81%。随后，至 2001 年前，参与配股公司的数量总体是增加的，但占历年上市公司总数的比例却呈下降趋势。2000 年参加配股公司的绝对数达到最多，为 162 家，却只占当年上市公司总数的 16.04%；2001 年参与配股的公司数为 126 家，占当年上市公司总数的 11.15%。自 2002 年至 2009 年，参与配股的上市公司无论是绝对数量还是占比方面，都呈显著下降趋势。2002 年参加配股公司数为 21 家，占当年上市公司总数的 1.75%；至 2005 年，更是降为零家，无任何上市公司在当年进行配股融资；此后的 2005—2009 年，每年参加配股的上市公司数与当年上市公司总数比一直处于低位，均不超过 1%，可见，配股方式严重萎缩。

为进一步分析我国上市公司配股融资发展状况，现根据以上数据作配股筹资总额与股权再融资总额对比，如图 2－2 所示。

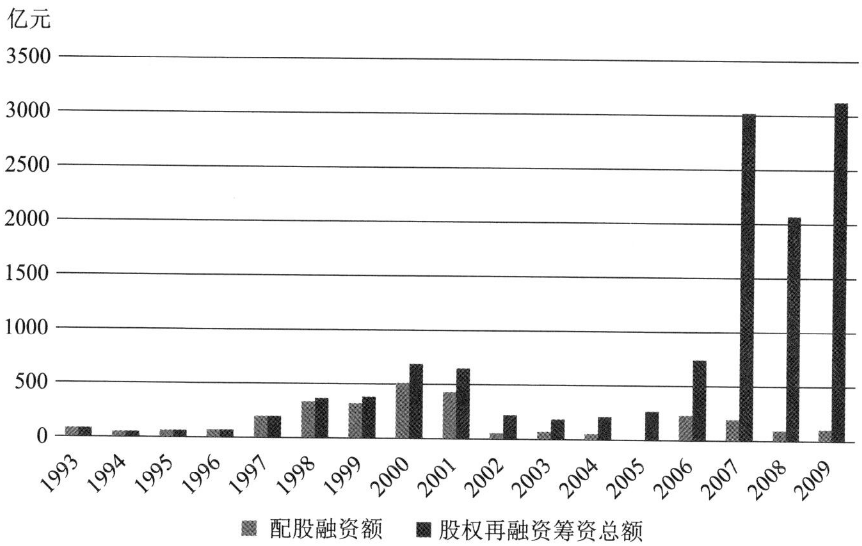

图 2－2　1993—2009 年配股筹资总额与股权再融资筹资总额对比

由图 2－2 分析可见，1998 年之前，中国上市公司股权再融资的方式非常单一，几乎只有配股，所以，1998 年之前配股发展迅速，筹资额呈逐年递增趋势；1998—2000 年，上市公司配股处于繁荣期，筹资额度年均占整个股权再融资总额的 66% 以上；2000 年，中国上市公司通过配股方式筹资总额更是达到顶峰，为 511.09 亿元，占整个股权再融资募集资金总额的 74.50%。但 2002 年之后，配股筹资额度明显下降，2005 年筹资额为零；2006—2009 年的配股筹资额逐年下降，2009 年仅为 105.97 亿元，占当年股权再融资总额的 3.39%，下降幅度非常显著。

2.2　公开增发的政策演变及实践

增发新股指已上市公司通过资本市场，增发新股募集资金的行为，其又分为公开增发新股和定向增发新股两种。公开增发新股指已上市公司以原有股本为基础，通过中介机构和证券市场向公司老股东和新股东公开发行新股的行为；而定向增发新股指已上市公司以非公开发行的方式，向特定投资者增发新股募集资金的行为。在美国等国资本市场上，也称为私募发行。

2.2.1　有关公开增发法律法规的发展历程

在我国，1994 年 4 月上海石化向原 A 股股东增发 3.2 亿流通股，开创了中国上市公司公开增发新股再融资的先河。1997 年 6 月，吉林化工获证监会批准公开增发，但由于当时证券市场的机制等问题而被搁浅。1998 年 6 月，申达股份、龙头股份、太极实业、上海三毛、巴士股份和深惠中 6 家上市公司进行大规模资产重组和股权调整，停牌一个月，使得公开增发新股这一创新的再融资方式得以重新启动。因而，证券业界普遍认为 1998 年是我国上市公司正式试点公开增发的起点。其产生是在国有大企业三年基本解困的大背景下，为满足国有大企业融通资金需求，提高公司治理水平而进行的一种积极性尝试，当时并没有出台具体的法律法规来加以引导，只有《公司法》对公开增发新股有若干模糊的条款。

正式的法规《上市公司向社会公开募集股份暂行办法》是在 2000 年 4 月 30 日才出台的，以规范引导上市公司的公开增发行为，从而确定了公开增发作为我国上市公司再融资的主要方式，在中国证券市场化过程中的地位。该管理办法将申请公募增发的上市公司原则上限于以下范围：“（1）符合上市公司重大资产重组有关规定的公司；（2）具有自主开发核心技术能力、在行业中具有竞争优势、未来发展有潜力的公司；（3）向社会公开发行股份的比例小于总股本 25% 或 15%（总股本为 4 亿股以上时）的公司；（4）既发行境内上市内资股，又发行境内或境外上市外资股的公司。”但这一法规并没有对上市公司的经营业绩提出要求。这一规定的执行意味着我国上市公司的再融资对象将不再局限于管理层，而可以面向社会投资者，很快就引发了增发的热潮，此阶段增发的发行方式和定价方式也逐步市场化，但增发后的上市公司二级市场股价频频跌破发行价，增发对上市公司的负面效应开始显现。

2001 年 3 月 28 日，中国证券监督管理委员会颁布了《上市公司新股发行管理办法》，其中增加了对公开增发新股公司部分指标的要求，提高了公开增发的门槛。该办法对公开增发新股公司的要求主要有：“（1）具有完善的法人治理结构，与对其具有实际控制权的法人或其他组织及其他关联企业在人员、资产、财务上分开，保证上市公司的人员、财务独立以及资产完整；（2）公司章程符合《公司法》和《上市公司章程指引》的规定；（3）股东大会的通知、召开方式、表决方式和决议内容符合《公司法》及有关规定；（4）本次新股发行募集资金用途符合国家产业政策的规定；（5）本次新股发行募集资金数额原则上不超过公司股东大会批准的拟投资项目的资金需要数额；（6）不存在资金、资产被具有实际控制权的个人、法人或其他组织及其关联人占用的情形或其他损害公司利益的重大关联交易；（7）公司有重大购买或出售资产行为的，应当符合中国证监会的有关规定；（8）中国证监会规定的其他要求。”本次法规与上次相比，增加了对申请公开增发公司的法人治理结构水平、增发的利益相关者、募集资金是否符合国家产业政策、是否存在重大关联交易等的规定。但这些规定与配股要求相比，门槛还是较低，并且缺乏硬约束，因而并未有效抑制上市公司的恶性增发“圈钱”行为。

为进一步规范上市公司公开增发，2002 年 7 月 24 日，中国证券监督管理委员会颁布了《关于上市公司增发新股有关条件的通知》，该法规主要规定有：“（1）最近三个会计年度加权平均净资产收益率平均不低于 10%，且最近一个会计年度加权平均净资产收益率不低于 10%。扣除非经常性损益后的净利润与扣除前的净利润相比，以低者作为加权平均净资产收益率的计算依据。(2) 增发新股募集资金量不超过公司上年度末经审计的净资产值；(3) 发行前最近一年及一期财务报表中的资产负债率不低于同行业上市公司的平均水平。(4) 前次募集资金投资项目的完工进度不低于70%。(5) 增发新股的股份数量超过公司股份总数20%的，其增发提案还须获得出席股东大会的流通股（社会公众股）股东所持表决权的半数以上通过。股份总数以董事会增发提案的决议公告日的股份总数为计算依据。(6) 上市公司及其附属公司最近12个月内不存在资金、资产被实际控制上市公司的个人、法人或其他组织及关联人占用的情况。(7) 上市公司及其董事在最近12个月内未受到中国证监会公开批评或者证券交易所公开谴责等。(8) 重大资产重组的上市公司，重组完成后首次申请增发新股的，其最近三个会计年度加权平均净资产收益率不低于6%，且最近一个会计年度加权平均净资产收益率不低于6%等。”本次规定的颁布，进一步提升了增发门槛，提振了市场对公开增发新股的信心，降低了以前由于增发泛滥引起的股市恐慌现象，同时也对提升上市公司治理水平起到了积极的作用。2002年以后进行公开增发的上市公司质量明显提高，股票定价也渐趋合理，发行后公司的业绩也有所提升，广大投资者对增发的热情开始回温，公开增发新股也越来越受到市场的追捧。

2006年5月8日，中国证券监督管理委员会发布的《上市公司证券发行管理办法》中，对上市公司公开增发的健康发展做了进一步规范，主要有：“(1) 最近三个会计年度加权平均净资产收益率平均不低于百分之六，扣除非经常性损益后的净利润与扣除前的净利润相比，以低者作为加权平均净资产收益率的计算依据；(2) 最近二十四个月内曾公开发行证券的，不存在发行当年营业利润比上年下降百分之五十以上的情形；(3) 最近三年以现金或股票方式累计分配的利润不少于最近三年实现的年均可分配利润的百分之二十；(4) 除金融类企业外，最近一期末不存在持有金额较大的交易性金融资产和可供出售的金融资产、借予他人款项、委托理财等财务性投资的情形；(5) 发行价格应不低于公告招股意向书前二十个交易日公司股票均价或前一个交易日的均价等。”通过本项新法规的实施，保证上市公司公开增发新股更加科学合理有序地进行。

2009年7月9日，证监会又针对《上市公司证券发行管理办法》第三十九条中“上市公司申请非公开发行股票，不得存在上市公司及其附属公司违规对外提供担保且尚未解除的情形”，专门进行了解释说明，以规范指导上市公司增发行为，提高增发再融资的融资效率。2020 年 2 月，证监会专门针对创业板出台了《关于修改〈创业板上市公司证券发行管理暂行办法〉的决定》，将创业板上市公司的再融资条件改为以信息披露为主。

2.2.2　中国增发新股的实践状况

中国上市公司增发新股是从 1997 年开始的，2001 年以后逐步成为中国上市公司股权再融资的主要方式。根据中国证券监督管理委员会统计数据整理显示（见表 2－2），自 2002 年至 2009 年，中国上市公司利用增发新股筹集资金总额最高，为 9754.31 亿元，占整个股权再融资募集资金总额的 93.04%。

表 2－2　　2002—2009 年中国 A 股市场增发新股筹资额概况

年份	上市公司家数	增发公司数	增发公司数占比（%）	股权再融资筹资总额（亿元）	增发融资额（亿元）	增发筹资额占比（%）
2002	1224	32	2.61	221.28	164.68	74.42
2003	1287	15	1.17	192.65	116.12	60.28
2004	1377	12	0.87	264.5	159.73	60.39
2005	1381	3	0.22	281.4	278.78	99.07
2006	1434	40	2.79	993.54	989.22	99.57
2007	1550	172	11.10	2981.72	2754.04	92.36
2008	1625	135	8.31	2423.37	2271.80	93.75
2009	1718	119	6.93	3125.91	3019.94	96.61

数据来源：根据 CCER 经济金融数据库和中国证券监督管理委员会公布的历年中国证券市场数据整理所得①。

① 此处数据大部分来源于中国证监会，后经作者整理而得。由于数据来源的差异，此表中部分统计指标值与配股概况表中的有所差异。

根据以上统计数据，2002—2009 年，中国上市公司中参加增发公司数占当年上市公司总数的比例如图 2 -3 所示。

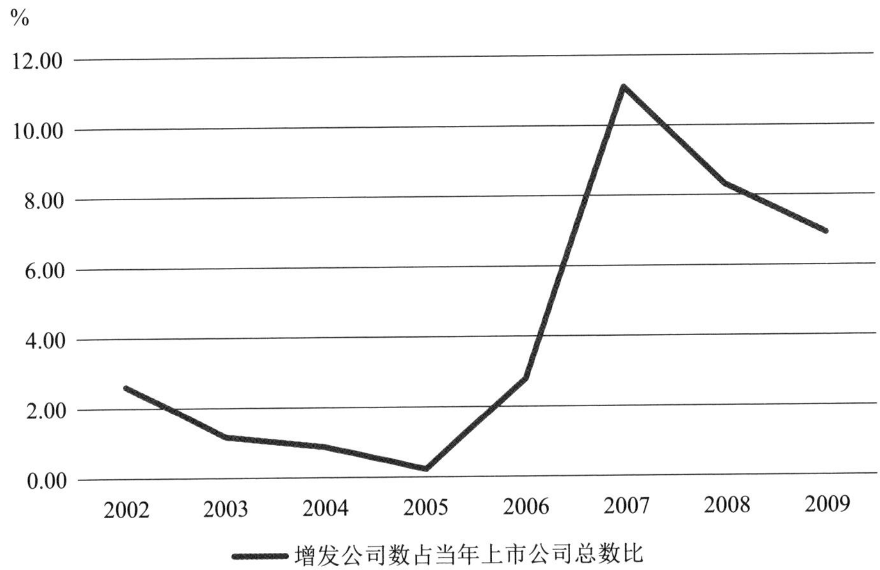

图 2 -3　2002—2009 年增发公司数占当年上市公司总数比

通过图 2 -3 可见，2005 年股权分置改革之前，无论是增发新股的公司数，还是增发公司占当年上市公司总数比，都是呈下降状态；2005 年的股权分置改革期间，只有 3 家上市公司进行了增发再融资，仅占当年上市公司总数的 0.22%；2005—2007 年金融危机前期，我国上市公司进行增发再融资的数量稳步上升，2007 年参加增发的公司数达到 172 家，占当年上市公司总数的 11.1%。随后，由于金融危机的影响，上市公司再融资步伐有所减缓，增发公司数也稍微有所下降，2008 年增发公司数下降为 135 家，占当年上市公司总数的 8.31%。随着国家一系列救市政策的出台，经济企稳向好，2009 年上市公司增发数量达到 119 家，占当年上市公司总数的 6.93%。

为进一步分析我国上市公司增发新股发展状况，现根据以上数据作增发筹资总额与股权再融资总额对比，如图 2 -4 所示。

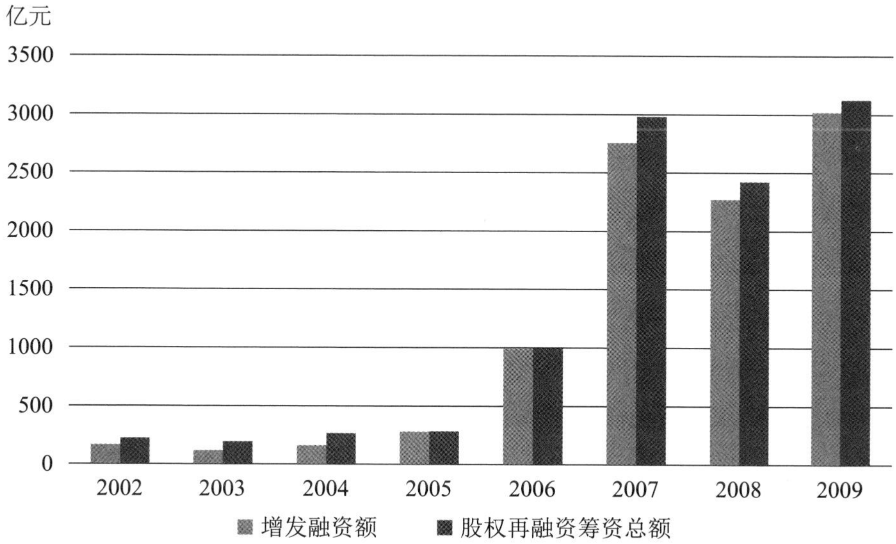

图 2-4　2002—2009 年增发新股筹资额与股权再融资筹资总额对比

据图 2-4 分析，2002—2005 年，增发新股筹资额先抑后扬，筹资量缓慢提升；2005—2007 年的股权分置改革期间，配股发展缓慢，2005 年的筹资额度几乎降为 0，而增发新股发展迅猛，筹资数量明显大幅上升，并且这一趋势一直保持到 2007 年次贷危机前期；2007—2008 年，由于金融危机的影响，增发新股筹资额虽明显下降，但其筹资额仍占整个股权再融资的 92.36% 和 93.75%；随着一系列抵御金融危机、稳定经济、促进社会发展等救市政策的效果发挥作用，2008—2009 年增发再融资的筹资额再次大幅上升，并达到创纪录的 3019.9 亿元，占 2009 年股权再融资总额的 96.61%。综上分析可见，增发新股发展至今，已逐渐成为中国上市公司股权再融资的主流。

2.3　定向增发的政策演变及实践

2.3.1　有关定向增发法律法规的发展历程

定向增发作为增发新股的方式之一，自 2005 年股权分置改革之后，逐渐成为我国上市公司股权再融资的主要选择。中国最早进行定向增发新股的公司可追溯到 1994 年的江铃汽车向美国福特定向增发 B 股，开创了中国证券市场定向增发的先河。随后出现了1999年的大众交通和东软股份等定向增发公司。但由于早期的法律法规对定向增发具体实施细则一直没有明确规定，因而，2005年股权分置改革之前，进行定向增发的上市公司不是很多。2005年股权分置改革完成以及新修订的《证券法》获得通过，定向增发作为上市公司再融资方式之一被明确下来。新修改的《证券法》规定，向特定对象发行证券累计小于等于200人的即可归为定向增发新股。同时，新修订的《公司法》也规定："股东除可用货币出资外，也可用实物、知识产权、土地使用权等可以用货币估价并可依法转让的非货币财产作价出资。"这意味着投资者可以非现金资产如股权、债券等来认购定向增发新股的股份，从而为定向增发的实施提供了便利。

随后，2005年年末颁布的《外国投资者对上市公司战略投资管理办法》对国外投资者向A股上市公司战略投资作了规定，使得国外战略投资者可以通过上市公司定向增发的方式进行投资，该办法还对这种方式的具体执行程序做了说明。2006年4月，中国证监会又明确提出"恢复不增加即期扩容压力的定向增发以及以股本权证方式进行的远期再融资"。随后，2006年5月8日，证监会正式颁布了《上市公司证券发行管理办法》，该办法对上市公司非公开发行行为，对定向增发发行条件、资格认定和具体操作程序等作了详细规定，如："（1）本办法规定的非公开发行股票，是指上市公司采用非公开方式，向特定对象发行股票的行为。（2）非公开发行股票的特定对象应当符合下列规定：特定对象符合股东大会决议规定的条件；发行对象不超过十名；发行对象为境外战略投资者的，应当经国务院相关部门事先批准。（3）发行价格不低于定价基准日前二十个交易日公司股票均价的百分之九十；本次发行的股份自发行结束之日起，十二个月内不得转让；控股股东、实际控制人及其控制的企业认购的股份，三十六个月内不得转让；募集资金使用符合本办法第十条的规定；本次发行将导致上市公司控制权发生变化的，还应当符合中国证监会的其他规定。（4）上市公司存在下列情形之一的，不得非公开发行股票：本次发行申请文件有虚假记载、误导性陈述或重大遗漏；上市公司的权益被控股股东或实际控制人严重损害且尚未消除；上市公司及其附属公司违规对外提供担保且尚未解除；现任董事、高级管理人员最近三十六个月内受到过中国证监会的行政处罚，或者最近十二个月内受到过证券交易所公开谴责；上市公司或其现任董事、高级管理人员因涉嫌犯罪正被司法机关立案侦查或涉嫌违法违规正被中国证监会立案调查；最近一年及一期财务报表被注册会计师出具保留意见、否定意见或无法表示意见的审计报告，保留意见、否定意见或无法表示意见所涉及事项的重大影响已经消除或者本次发行涉及重大重组的除外；严重损害投资者合法权益和社会公共利益的其他情形。”同时，为配合定向增发的审核，证监会还修订了《中国证券监督管理委员会发行审核委员会办法》，为定向增发量身定制了审核特别程序，使其比其他发行方式操作起来更加简洁。

2007 年 7 月证监会下发了《关于上市公司做好非公开发行股票的董事会、股东大会决议有关注意事项的函》，2009 年 9 月 17 日又颁布了《上市公司非公开发行股票实施细则》，对定向增发进一步规范，其中主要有：“（1）定价基准日是指计算发行底价的基准日。定价基准日可以为关于本次非公开发行股票的董事会决议公告日、股东大会决议公告日，也可以为发行期的首日。上市公司应按不低于该发行底价的价格发行股票。（2）定价基准日前 20 个交易日股票交易均价 = 定价基准日前 20 个交易日股票交易总额/定价基准日前 20 个交易日股票交易总量。（3）‘发行对象不超过 10 名’是指认购并获得本次非公开发行股票的法人、自然人或者其他合法投资组织不超过 10 名。证券投资基金管理公司以其管理的 2 只以上基金认购的，视为一个发行对象。信托公司作为发行对象，只能以自有资金认购。（4）发行对象属于下列情形之一的，具体发行对象及其认购价格或者定价原则应当由上市公司董事会的非公开发行股票决议确定，并经股东大会批准；认购的股份自发行结束之日起 36 个月内不得转让：a. 上市公司的控股股东、实际控制人或其控制的关联人；b. 通过认购本次发行的股份取得上市公司实际控制权的投资者；c. 董事会拟引入的境内外战略投资者等。”

2009 年 5 月 13 日，证监会还进一步修订了《中国证券监督管理委员会发行审核委员会办法》；2009 年 7 月 9 日，证监会又针对《上市公司证券发行管理办法》第三十九条中有关定向增发部分的理解作了详细解释说明：“（1）非公开发行股票的上市公司应当具有规范的公司治理结构和相应的内控制度，并应严格控制对外担保风险，避免给上市公司、附属公司及其股东产生重大不利影响和造成经济损失。（2）《上市公司证券发行管理办法》所规定的‘尚未解除’，是指上市公司递交非公开发行股票申请文件时，上市公司及其附属公司违规担保尚未解除或其风险隐患尚未消除，上市公司及其股东的利益安全存在重大不确定性，而不局限于《合同法》中‘合同解除’的概念。担保责任解除主要指上市公司及其附属公司违规担保状态的停止、担保责任的消灭，或者上市公司及其附属公司已经采取有效措施消除了违规担保对上市公司及股东带来的重大风险隐患等。（3）递交非公开发行股票申请文件前，保荐机构和发行人律师经核查存在下列情形之一的，可以出具意见认定违规担保已经解除或其对上市公司的风险隐患已经消除：a. 上市公司及其附属公司已经采取相应纠正措施，自律组织、行政监管部门或司法机关已依法追究违规单位及相关人员的法律责任（包括立案调查或立案侦查），相关信息已及时披露；b. 上市公司及其附属公司已按企业会计准则的要求对因违规担保而承担的付款义务确认预计负债或者已经承担担保责任，自律组织、行政监管部门或司法机关已依法追究违规单位及相关人员的法律责任（包括立案调查或立案侦查），相关信息已及时披露；c. 担保合同未成立、未生效或已经被宣告无效、解除或撤销，上市公司及其附属公司不再继续承担担保责任以及其他相关赔偿责任；d. 由于债务人已经全额偿还债务，或债权人未依法要求上市公司及其附属公司承担责任等原因，导致担保责任已经解除；e. 因其他事由导致担保事项不再继续对上市公司及其社会公众股东利益产生重大不利影响。”

2020 年 2 月，证监会发布《关于修改〈上市公司非公开发行股票实施细则〉的决定》，优化非公开发行制度，支持上市公司引入战略投资者。

综上分析，有关定向增发法律法规的陆续出台，为中国上市公司定向增发再融资提供政策法规和操作细则上的支持，也为我国上市公司定向增发的繁荣发展提供良好的再融资环境。

2.3.2 中国定向增发的实践状况

我国上市公司进行定向增发早在股权分置改革之前就已存在，在当时主要为了解决一些特定的问题，如：解决地方柜台交易的历史性遗留问题；使上市公司获得重新上市机会；或消除国有股“一股独大”现象等具有中国特色的股权结构问题。在当时不规范的市场条件下，是企业在监管部门的指导下进行的政策性尝试，并没有被企业真正地用作再融资手段。后来，随着企业并购的增多，定向增发逐渐被当作一种通过股权支付实现公司、资产收购和产业整合的工具，并广泛地用于企业并购重组和项目融资中。股权分置改革前的定向增发只是作为外资并购上市公司的一种途径或是并购的支付手段，并没有体现其本身所拥有的再融资作用。直到2006年5月8日，中国证监会颁布的《上市公司证券发行管理办法》中首次将非公开增发纳入规章，对其从法律层面上加以规范，定向增发才真正开始在中国上市公司再融资中发挥作用。随后，采用定向增发进行再融资的上市公司数量显著增长，现已成为我国上市公司股权再融资的主流。

根据中国证券监督管理委员会公布数据和CCER金融经济数据库数据整理显示（见表2-3）：2006年，我国进行定向增发的上市公司有32家；2007年猛增到140家；2008年由于金融危机的影响，定向增发公司数有所下降，但仍达到了109家；2009年稳定在103家。

表2-3　2005—2009年中国市场公司定向增发情况

年份	定向增发公司数	上市公司数	定向增发公司数占比（%）	定向增发筹资额（亿元）	股权再融资筹资总额（亿元）	定向增发筹资额占比（%）
2005	0	1381	0	0	281.4	0
2006	32	1434	2.23	409.48	993.54	41.21
2007	140	1550	9.03	2166.03	2981.72	72.64
2008	109	1625	6.71	1472.6	2423.37	60.77
2009	103	1718	6.00	1737.93	3125.91	55.60

数据来源：根据中国证券监督管理委员会公布数据和CCER金融经济数据库数据整理所得。

为形象显示定向增发公司的发展趋势，根据以上数据整理2005—2009年定向增发公司数占当年上市公司总数比，如图2－5所示。

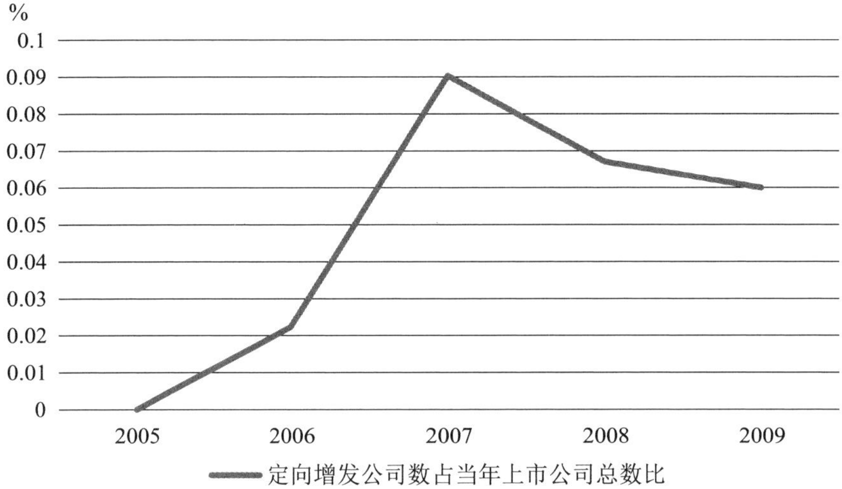

图2－5　2005—2009年定向增发公司数占当年上市公司总数比

从图2－5可以发现，2006年，中国证券市场上采用定向增发再融资的公司数占当年上市公司总数的2.23%；2007年猛增到了9.03%；2008年由于金融危机的影响稍微有所下降，但仍占当年上市公司总数的6.71%；2009年为6.00%。

除此之外，我们还进一步对2005—2009年上市公司采用定向增发的筹资额与当年股权再融资总额做了对比分析，如图2－6所示。

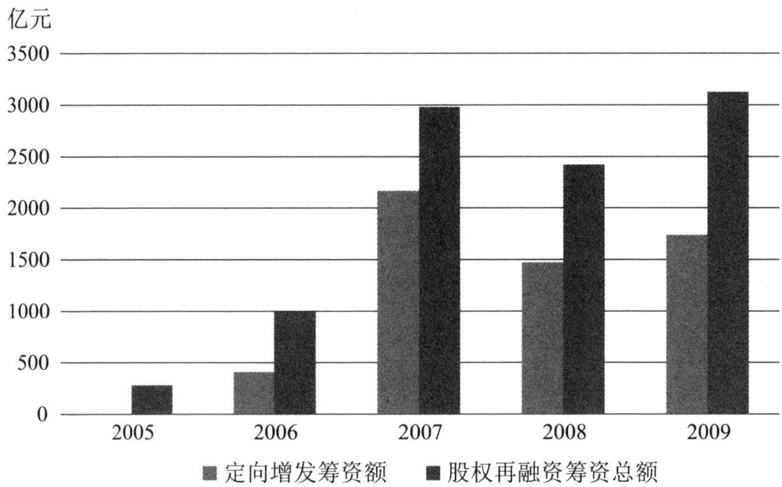

图2－6　2005—2009年定向增发筹资额与当年股权再融资总额对比

通过图 2 -6 可以发现，2005 年，由于股权分置改革正在进行中，当年的股权再融资总额很低，只有 281.4 亿元，定向增发公司数为 0；2006 年新颁布的《上市公司证券发行管理办法》对上市公司进行定向增发在法律层面上进行了支持，当年定向增发筹资额就达到了 409.48 亿元，占当年股权再融资总额的 41.21%；2007 年定向增发的筹资额猛增到 2166.03 亿元，占当年股权再融资总额的 72.64%，远远超过了公开增发和配股的筹资额；2008 年定向增发的筹资额有所下降，但仍然达到了 1472.6 亿元，占当年股权再融资总额的 60.77%；2009 年定向增发的筹资额为 1737.93 亿元，占当年股权再融资总额的 55.60%。

通过以上分析可见，定向增发无论是从历年参与公司数量上，还是在筹资额占比上，定向增发都明显占据优势，受到上市公司的广泛青睐，并已经成为我国上市公司股权再融资的主流模式。

3 股权再融资方式的比较

3.1 配股、公开增发与定向增发的监管对比

中国证券监督管理委员会作为我国资本市场的主要监管者，对中国上市公司股权再融资行为的规范发挥了重要作用。为保证整个资本市场的健康发展，提高上市公司股权再融资效率，中国证监会出台了一系列的政治措施。1999 年 3 月 17 日发布了《关于上市公司配股工作有关问题的通知》，对配股进行了规范；2000 年 4 月 30 日发布了《上市公司向社会公开募集股份暂行办法》；2001 年 3 月 28 日颁布了《上市公司新股发行管理办法》；2002 年 7 月 24 日颁布了《关于上市公司增发新股有关条件的通知》，增加了对公开增发新股的有关细则规定，对中国上市公司的股权再融资行为进一步加以规范引导；2005 年 9 月 4 日，证监会颁布的《上市公司股权分置改革管理办法》拉开了股权分置改革的序幕；随着改革的推进，证监会于 2006 年 5 月 6 日又发布了《上市公司证券发行管理办法》，在其中首次明确了定向增发的地位；2007 年 9 月 17 日颁布的《上市公司非公开发行股票实施细则》，专门针对定向增发的有关细节进行了规定；2009 年 7 月 9 日，证监会又对《上市公司证券发行管理办法》中第三十九条有关定向增发“违规对外提供担保且尚未解除”的理解和适用做了特别解释和说明。2020 年 2 月，证监会又对再融资制度部分条款作了优化调整。为更加清晰地比较配股、公开增发和定向增发三者的政策监管的状况，现作对比如下（见表 3－1）。

表 3-1　　中国上市公司不同股权再融资方式的政策监管比较

	配股	公开增发新股	定向增发新股
认购对象	面向老股东	社会公众投资者	特定对象，但不超过10名
盈利能力	最近三年内盈利	最近三个会计年度加权平均净资产收益率平均不低于6%	无规定
资金方式	现金	现金	现金或资产、权益、债权
定价方法	市价发行原则，参照二级市场的价格，结合公司资金需求由上市公司和承销商决定	不低于公告招股意向书前二十个交易日公司股票均价或前一交易日的均价	不低于定价基准日前二十个交易日公司股票均价的90%
融资规模	不得超过原股本的百分之三十	增发新股募集资金量不得超过公司上年度末经审计的净资产值	无限制
发行频率	距上次发行股票时间间隔不少于一个完整的会计年度	距离上次增发股票时间间隔不少于12个月	无限制
发行后盈利水平	无规定	发行完当年加权平均净资产收益率不低于6%，或不低于前一年的水平	无规定
支付利息率的要求	不低于银行同期存款利率	无规定	无规定

资料来源：根据中国证监会公布的法律法规和部分学者①的研究文献整理而得。

① 章卫东：《上市公司定向增发新股：理论与实证分析》，经济科学出版社2009年版。

据表3-1，中国证监会分别从认购对象、盈利能力、资金方式、定价方法、融资规模、发行频率、发行后盈利水平、支付利息率的要求等方面，对三者进行了严格规定和指导，以期提高上市公司股权再融资效率，促进资本市场健康发展。

3.2 配股、公开增发与定向增发的实践对比

配股作为中国上市公司最早的股权再融资方式，2001年之前是主流。2001年后，公开增发新股这种新的再融资方式出现，上市公司可以通过公开面向老股东或新投资者增发新股来筹资，再融资渠道得到进一步扩展，股权结构有所改善，因而发展迅速；2005年，股权分置改革拉开序幕，股改完成后，上市公司中的原非流通股股份逐步解禁，实现上市全流通，股权结构得到进一步优化，定向增发作为上市公司的新宠也开始登场。定向增发的优势在于：第一，可以为企业发展引入战略投资者。上市公司通过定向增发，可以实现与战略投资者战略共享，吸收对方先进的管理经验和技术，进而提升企业的绩效和市场竞争力。第二，实现整体上市。上市公司通过向控股股东定向增发新股来换取大股东相关经营性资产，从而达到上市公司控股股东整体上市的目的。第三，为企业进行项目融资。企业遇到资金瓶颈时，可通过向大的机构投资者定向增发来获得融通资金，实现业务开拓和提升整体竞争力，而对于机构投资者来说，其参与具有发展前景的新项目既能使证券本身具有流动性，又能为机构本身带来利益。第四，实现财务重组。资产质量较差但具有借壳上市资源的上市公司，可通过定向增发引入优质资产，避免退市风险。第五，增强公司控制权。股改后的上市公司股权可能有所分散，大股东可以通过增持上市公司股份来保证公司经营的连续性，避免被收购的风险。基于以上优势，定向增发受到了市场和上市公司的广泛青睐，发展迅猛。

我们基于2005—2009年中国证监会公布的数据及CCER数据库的数据，对三者展开对比分析，见表3-2。

表 3－2　2005—2009 年配股、公开增发和定向增发三者比较

年份	配股		公开增发		定向增发		股权再融资总额（亿元）
	家数	融资额（亿元）	家数	融资额（亿元）	家数	融资额（亿元）	
2005	0	0	3	264. 4	0	0	264. 4
2006	13	230. 23	8	100. 48	32	409. 48	740. 19
2007	7	194. 43	32	659. 73	140	2166. 03	3020. 19
2008	8	94. 37	26	502	109	1472. 6	2068. 97
2009	13	105. 97	15	92. 35	103	1737. 93	1936. 25
合计	41	625	84	1618. 96	384	5786. 04	8030

数据来源：作者根据中国证监会公布数据、CCER 金融经济数据库数据整理所得。

对比可见，2005 年由于股权分置改革，当年股权再融资的公司数总共只有 3 家，而且全部以公开增发方式进行再融资；随着股权分置改革的完成，2006 年，股权再融资重新开闸，当年有 13 家公司进行了配股，8 家选择公开增发，32 家选择了定向增发，股权再融资总额也明显增多；2007 年，筹资总额达到 3020. 19 亿元，有 140 家上市公司进行了定向增发再融资，只有 32 家公开增发，7 家进行了配股；2008 年，由于金融危机的影响，参加再融资公司数量明显下降，有 8 家选择了配股，26 家选择了公开增发，109 家选择了定向增发，再融资总额也下降到了 2068. 97 亿元；随着国家一系列抵御金融危机、刺激经济增长措施的出台和实施，效果开始显现，2009 年，上市公司进行股权再融资总额达到 1936. 25 亿元，配股的有 13 家，公开增发的有 15 家，定向增发的有 103 家。

为进一步对比 2005—2009 年参与配股、公开增发和定向增发公司数量，做对比如图 3－1 所示。

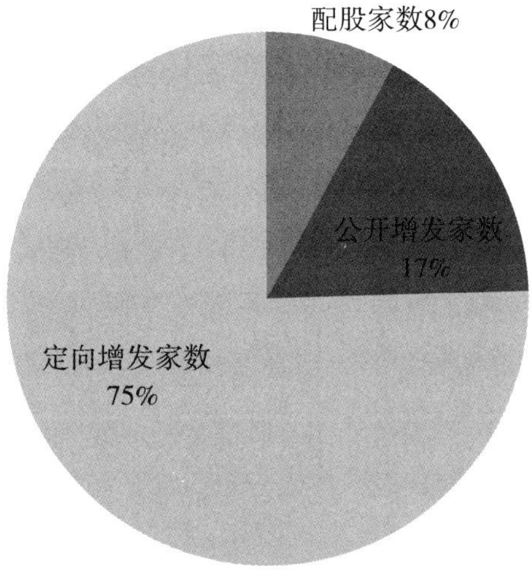

图3-1　2005—2009年参与不同股权再融资方式公司总数对比

2005—2009年的五年间，参加配股的上市公司数占参与股权再融资公司总数的8%；公开增发上市公司数占参与股权再融资公司总数的17%；定向增发上市公司数占参与股权再融资公司总数的75%。通过对比可见，定向增发最受上市公司青睐，公开增发次之，配股逐渐减少。

根据以上数据作2005—2009年配股、公开增发和定向增发筹资额对比如图3-2所示。

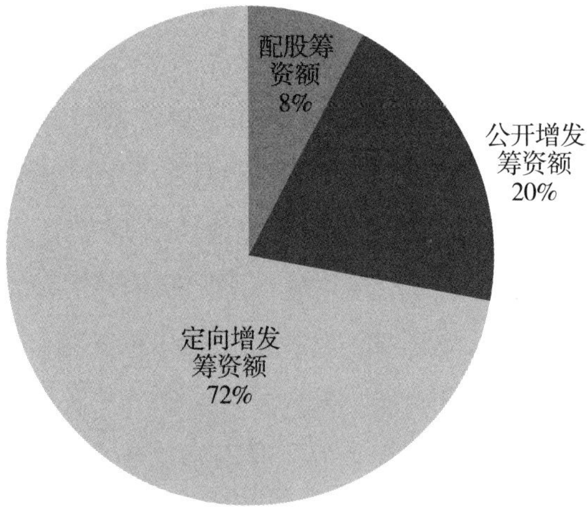

图3-2　2005—2009年不同股权再融资方式筹资总额对比

2005—2009 年，配股筹资总额占股权再融资总额的 8%；公开增发筹资额占股权再融资总额的 20%；定向增发筹资额占股权再融资总额的 72%。从筹资额度来看，定向增发筹资额度最高，公开增发次之，配股最少。

综上分析，股权再融资发展至今，为我国上市公司发展提供了重要的资金来源，作用巨大。从股权再融资选择上看，配股在股权再融资中的比重越来越低；公开增发尤其是定向增发正发展成为我国上市公司最主要的股权再融资方式。

4 股权再融资的模型构建

2005 年之前由于股权分置，我国上市公司实行特殊的股权结构，导致了流通股与非流通股的存在。流通股股东大多为中小股东，他们拥有的股份全流通，其利益通过二级市场股价得以体现，因而更关注二级市场股价变化；非流通股股东拥有的股份不上市流通，并且非流通股股东大多为上市公司的大股东或控股股东，更关注所持股的上市公司总资产值或每股净资产的变化。股权再融资新股发行会扩容股份总量，稀释股价，增加每股净资产值，这对非流通股股东有利，而对流通股股东不利。而作为大股东或控股股东的非流通股股东，拥有信息优势和影响公司高层决策的能力，其为了自身利益，会更倾向于采取股权再融资方式筹资，从而导致流通股股东与非流通股股东利益的不一致。2005 年股权分置改革成功实施，上市公司的非流通股陆续解禁，大部分上市公司的股权可以实现上市全流通，非流通股股东将消失，理论上，其利益也将与原流通股股东渐趋一致。那么，我国上市公司“一股独大”的股权结构对股改后上市公司的股价变化有什么新的影响？股改后的上市公司股权再融资行为是否还存在着利益侵害或利益转换现象？鉴于此，本章将努力对配股、公开增发和定向增发的实施机理进行理论探讨分析。

4.1 配股发行的模型构建

4.1.1 假设前提及变量设计

4.1.1.1 假设前提

上市公司配股虽然使公司股份总量增加，但上市公司配股后的市场价值应与发行前的市场价值以及发行股份价值的总和相等。基于此，作假设如下。

假设一：从全体股东角度，上市公司配股前后全体股东财富总量守恒。

2005 年之前的股权分置造成我国上市公司流通股与非流通股的存在，作为流通股股东的中小股东拥有的股份全流通，他们更关注股价变动，其财富主要由二级市场的股价来衡量；而作为上市公司大股东或控股股东的非流通股股东所拥有的股份不上市流通，其拥有的财富并不能通过股价及时准确计量，实质上其更加关心他所持股的上市公司的总资产值或者说每股净资产。配股发行会增加上市公司股份总量，稀释股价，增加每股净资产值，导致流通股股东的财富减少，非流通股股东的财富增加。因而，对股改前的配股研究，非流通股股东的财富将由上市公司每股净资产来计量（李康，2003；章卫东，2005）。基于此，我们作如下假设。

假设二：股权分置改革前的上市公司配股，以每股净资产 N 来衡量非流通股的每股价值。

在我国股改前的股权结构下，只要配股的价格大于配股前的每股净资产，非流通股东即使放弃新股的认购，也会因为每股净资产的增加而财富增加。现实的情况也正是如此，我国上市公司正是以高于每股净资产的价格增发新股的。因而，本书的推导过程也将遵循这个事实，做假设如下。

假设三：如果上市公司配股，上市公司配股价格高于配股前每股净资产。

4.1.1.2　变量设计

股改前，非流通股股东不参加配股时的变量设计如下：

P'_0 为配股前公司股票二级市场收盘价格；

Q'_{01} 为配股前流通股的股数；

Q'_{02} 为配股前非流通股的股数；

Q'_0 为配股前公司的总股本，所以，$Q'_0 = Q'_{01} + Q'_{02}$；

Q' 为配股的总量；

P' 为配股价格；

P'_1 为配股后公司股票在二级市场的除权价格；

P^* 为配股后上市公司二级市场的理论价格；

N'_0 为配股前公司每股净资产；

N'_1 为配股后公司每股净资产；

$\Delta W'_{01}$ 为配股后流通股股东的财富变化；

$\Delta W'_{02}$ 为配股后非流通股股东的财富变化。

股改前，非流通股股东参加配股的变量设计，是在其不参加配股变量设计的基础上，增设如下新变量：

Q'_1 为向流通股股东配售的数量；

Q'_2 为向非流通股股东配售的数量。

据此可得：$Q' = Q'_1 + Q'_2$。

股改后，上市公司配股发行的变量设计如下：

股权分置改革后，根据2006年5月中国证监会颁布的《上市公司证券发行管理办法》中对配股发行的规定。“上市公司原股东应参与拟配售股份的70%以上”，假设上市公司向原股东配售数量为 Q_3'，向社会公众发行的数量为 Q_4'，则：$Q' = Q_3' + Q_4'$；配股后上市公司原股东的财富变化量为 $\Delta W_3'$，新股东的财富变化量为 $\Delta W_4'$。

4.1.2 股权分置改革前配股模型的构建

4.1.2.1 非流通股股东不参加配股时的理论分析

第一，上市公司配股后的所有者权益为：$N'_0Q'_0 + P'Q'$，配股后上市公司每股净资产为：$N'_1 = (N'_0Q'_0 + P'Q')/(Q'_0 + Q')$。

基于假设一可得：

$$P'_0Q'_{01} + N'_0Q'_{02} + P'Q' = P^*(Q'_{01} + Q') + N'_1Q'_{02} \tag{4-1}$$

将 N'_1 带入公式（4-1）得：

$$P^* = \frac{P'_0Q'_{01}Q'_0 + P'_0Q'_{01}Q' + N'_0Q'_{02}Q' + P'Q'Q'_0 + P'(Q')^2 + P'Q'Q'_{02}}{(Q'_0 + Q')(Q'_{01} + Q')} \tag{4-2}$$

上市公司配股后流通股股东的财富变化为：

$$\Delta W'_{01} = P^*(Q'_{01} + Q') - P'Q' - P'_0Q'_{01}$$

基于假设二，上市公司配股后非流通股股东的财富变化为：

$$\Delta W'_{02} = N'_1Q'_{02} - N'_0Q'_{02} = \frac{Q'Q'_{02}(P' - N'_0)}{Q' + Q'_0}$$

将公式（4－2）带入 ΔW_{01} 中整理可得：$\Delta W'_{01} = N'_0 Q'_{02} - N'_1 Q'_{02} = -\Delta W'_{02}$

根据假设三可得：上市公司配股价格高于配股前每股净资产，即 $P' > N'_0$，则 $\Delta W'_{02} > 0$，$\Delta W'_{01} < 0$，且 $|\Delta W'_{01}| = |\Delta W'_{02}|$。也即，上市公司配股后，非流通股股东的财富增加，流通股股东的财富减少，并且非流通股股东财富增加的量恰好等于流通股股东财富减少的量，财富实现了从流通股股东向非流通股股东的转移。

进一步，我们假设配股前非流通股股东的占比为 h'，则 $Q'_{02} = h'Q'_0$。将其带入 $\Delta W'_{01}$，$\Delta W'_{02}$ 中分别对 h' 求导可得：

$$\frac{\partial \Delta W'_{01}}{\partial h'} = \frac{Q'Q'_0(N'_0 - P')}{Q' + Q'_0}$$

$$\frac{\partial \Delta W'_{02}}{\partial h'} = \frac{Q'Q'_0(P' - N'_0)}{Q' + Q'_0}$$

对上式进行分析可得：由于 $P' > N'_0$，所以 $\frac{\partial \Delta W'_{01}}{\partial h'} < 0$，$\frac{\partial \Delta W'_{02}}{\partial h'} > 0$。即，股改前上市公司配股时，配股前非流通股股东的占比越大，配股后非流通股股东财富增加越多，流通股股东财富损失越大，财富从流通股股东向非流通股股东的转移也越大，也即非流通股股东对流通股股东的利益侵占越严重。

第二，配股时市场短期绩效的检验。

现假设上市公司配股后，市场实际价格为 $P^{\prime}$，则配股后市场的累积异常回报率 CAR' 为：

$$CAR' = \frac{P^{\prime} - P'_1}{P'_1} = \frac{P^{\prime} - P^*}{P'_1} + \frac{P^* - P'_1}{P'_1} = CAR'_1 + CAR'_2$$

在全流通股权结构下，配股的除权价格与其理论价格应一致，即 $P_1^{\prime} = \frac{P_0^{\prime}Q_0^{\prime} + P^{\prime}Q^{\prime}}{Q_0^{\prime} + Q^{\prime}}$。

而对比股改前特殊股权结构下的 P^* 与全流通股权结构下的除权价格 $P_1^{\prime}$ 可见：$P^* < P_1^{\prime}$，股改前特殊股权结构的存在，使交易规定的除权价格高于配股后的理论价格。由于 $P^* < P_1^{\prime}$，所以从公式可知 $CAR_2^{\prime}$ 为负值，即在我国特

殊的股权结构和除权制度的存在，导致了上市公司配股后会出现部分额外的负的累积异常回报率（$CAR'_2 < 0$）。进一步分析，将 h' 带入 CAR' 中，并对 h' 求导可得：$\frac{\partial\ CAR'}{\partial\ h'} < 0$，即上市公司配股前，非流通股股东占比越大，配股后市场的累积异常回报率就越小。

4.1.2.2　非流通股股东参加配股时的理论分析

第一，配股后公司的所有者权益仍为 $N'_0Q'_0 + P'Q'$，配股后上市公司每股净资产为 $N'_1 = (N'_0Q'_0 + P'Q')/(Q'_0 + Q')$。基于假设一，配股前后全体股东的财富总和保持守恒，可得：

$$P'_0Q'_{01} + N'_0Q'_{02} + P'Q' = P^*(Q'_{01} + Q') + N'_1Q'_{02}$$

将 N'_1 带入上式得：

$$P^* = \frac{P'_0Q'_{01}Q'_0 + P'_0Q'_{01}Q' + N'_0Q'_{02}Q' + P'Q'Q'_0 + P'(Q')^2 + P'Q'Q'_{02}}{(Q'_0 + Q')(Q'_{01} + Q')}$$

则非流通股股东参与配股后，流通股股东的财富变化为：

$$\begin{aligned}\Delta W'_{01} &= P^*(Q'_1 + Q'_{01}) - P'Q'_1 - P'_0Q'_{01}\\ &= \frac{Q'_{01}Q'_2(P' - P'_0) - (N'_1Q'_{02} - N'_0Q'_{02})(Q'_{01} + Q'_1)}{Q' + Q'_{01}}\end{aligned}$$

非流通股股东的财富变化为：

$$\begin{aligned}\Delta W'_{02} &= N'_1Q'_{02} + P^*Q'_2 - N'_0Q'_{02} - P'Q'_2\\ &= \frac{Q'_{01}Q'_2(P'_0 - P') + (Q'_1 + Q'_{01})(N'_1Q'_{02} - N'_0Q'_{02})}{Q' + Q'_{01}}\end{aligned}$$

同理，对比 $\Delta W'_{01}$ 与 $\Delta W'_{02}$ 可得：$\Delta W'_{01} = -\Delta W'_{02}$。所以，上市公司配股后非流通股股东财富增加，流通股股东财富减少，并且流通股股东财富减少额等于非流通股股东财富增加额。

进一步假设 h' 为配股前非流通股股东占比，则 $h' = Q'_{02}/Q'_0$；将其带入 $\Delta W'_{01}$ 与 $\Delta W'_{02}$ 并对 h' 求导可得：

$$\frac{\partial\ \Delta W'_{01}}{\partial\ h'} < 0\ ;\ \frac{\partial\ \Delta W'_{02}}{\partial\ h'} > 0$$

由上分析可见，上市公司配股前非流通股股东占比越大，配股后非流通股股东财富的增加越大，流通股股东财富的损失越大，财富从流通股股东向非流通股股东转移的越多，即非流通股股东对流通股股东的剥削越严重。

第二，配股时市场短期绩效的检验。

现假设上市公司配股后，股票的市场实际价格为 $P^{\prime}$，则配股后市场的累积异常回报率 CAR' 为：

$$CAR' = \frac{P^{\prime} - P'_1}{P'_1} = \frac{P^{\prime} - P^*}{P'_1} + \frac{P^* - P'_1}{P'_1} = CAR'_1 + CAR'_2$$

同理，由于股改前特殊股权结构的存在，导致了 $CAR'_2 < 0$，即上市公司配股后会出现部分额外的负的累积异常回报率。进一步分析，将 h' 带入 CAR' 中，并对 h' 求导可得：$\frac{\partial\ CAR'}{\partial\ h'} < 0$，即上市公司配股前，非流通股股东占比越大，配股后市场的累积异常回报率就越小。

综上分析，股改前上市公司配股的研究结论如下。

（1）上市公司配股后，非流通股股东的财富增加，流通股股东的财富减少，并且非流通股股东财富增加的量恰好等于流通股股东财富减少的量，财富实现了从流通股股东向非流通股股东的转移。

（2）上市公司配股前非流通股股东的占比越大，配股后非流通股股东财富增加越多，流通股股东财富损失越大，财富从流通股股东向非流通股股东的转移也越大，也即非流通股股东对流通股股东的利益侵占越大。

（3）上市公司配股后会出现部分额外的负的累积异常回报率，本书后文对股改后上市公司配股时宣告效应的实证检验，也支持了这一理论结论；上市公司配股前非流通股股东占比越大，配股后市场的累积异常回报率就越小；衡量股改后股权结构的第一大股东持股比例对上市公司的配股宣告效应有影响，但不显著。

4.1.3 股权分置改革后配股模型的构建

基于前文，假设上市公司配股前后全体股东的财富守恒，可得：

$$P_0{}'Q_0{}' + P'Q' = P^*(Q_0{}' + Q')$$

由上式可得：$P^* = \frac{P_0{}'Q_0{}' + P'Q'}{Q_0{}' + Q'}$

基于此，可得配股后上市公司原股东的财富变化：

$$\Delta W_3{}' = P^*(Q_0{}' + Q_3{}') - P'Q_3{}' - P_0{}'Q_0{}' = \frac{Q_0{}'Q_4{}'(P' - P_0{}')}{Q_0{}' + Q'}$$

同样，可得配股后上市公司新股东的财富变化：

$$\Delta W_4' = P^* Q_4' - P'Q_4' = \frac{Q_0'Q_4'(P_0' - P')}{Q_0' + Q'}$$

理论上，上市公司为了鼓励新老股东参与配股发行，一般会采取折价方式进行配股。即 $P' < P_0'$。在此情况下，$\Delta W_3' < 0$，$\Delta W_4' > 0$，并且 $|\Delta W_3'| = |\Delta W_4'|$。这意味着：在理论上，配股前后上市公司老股东的财富变化恰好与新股东的财富变化相等，老股东财富的减少恰好弥补了新股东财富的增加。并且，我们还可进一步得出，在配股发行总量 Q' 和向社会公开配售股份 Q_4' 一定的情况下，配股时的定价折扣率越高，老股东财富的损失越大，新股东财富的增加越多；在发行价格 P' 和发行总股本 Q' 一定的情况下，老股东参与认购量 Q_3' 越小，老股东财富的损失越大，新股东财富的增加越多。

综上分析，股改后上市公司配股折价发行的研究结论如下。

第一，在理论上，配股前后上市公司老股东的财富变化恰好与新股东的财富变化相等，老股东财富的减少恰好弥补了新股东财富的增加。

第二，在配股发行总量 Q' 和向社会公开配售股份 Q_4' 一定的情况下，配股时的定价折扣率越高，老股东财富的损失越大，新股东财富的增加越多；在发行价格 P' 和发行总股本 Q' 一定的情况下，老股东参与认购量 Q_3' 越小，老股东财富的损失越大，新股东财富的增加越多。因而，在现实中监管部门要求公司原股东参与认购比例不低于 70% 的规定具有一定的合理性。

4.2 公开增发新股的模型构建

4.2.1 假设前提及变量设计

(1) 假设前提

上市公司公开增发新股虽然使公司股份总量增加，但上市公司公开增发后的市场价值应与发行前的市场价值以及发行股份价值的总和相等。基于此，假设如下。

假设四：从全体股东角度来看，上市公司公开增发前后全体股东财富总量守恒。

在我国股权分置改革前特殊的股权结构下，只要公开增发的价格大于增发前的每股净资产，非流通股东即使放弃认购新股，也会因为每股净资产的增加而导致财富的增加。现实的情况也是如此，上市公司正是以高于每股净资产的价格增发新股。因而，本书在推导过程中也将遵循这个事实，做如下假设。

假设五：如果上市公司公开增发新股，则其增发价格高于增发前每股净资产。

公开增发新股会增加上市公司的总股本，稀释二级市场股价；同时，由于公开增发为上市公司筹集了新的资金，从而增加了股东拥有上市公司的总资产值或每股净资产值，每股净资产的变动需要经过一段时间沉淀后才会从股票的价格上反映出来。对于流通股股东来说，其股份全流通，他们拥有的财富主要通过上市公司的股价得以体现；而对于非流通股股东来说，其股份不上市流通，他们的财富不能通过股价来体现，实质上，非流通股股东更关心他所持股的上市公司总资本值或每股净资产值的变化（邵志高，2005）。因而，在分析股改前上市公司非流通股股东的财富变化时，我们做如下假设。

假设六：股权分置改革前的上市公司公开增发，以每股净资产 N 来衡量非流通股股东财富。

（2）变量设计

股权分置改革前特殊股权结构模型的初始变量假定如下：

P_0 为上市公司公开增发前股票在二级市场的收盘价；

P 为公开增发的新股价格（$P < P_0$）；

P_1 为公开增发新股后公司股票二级市场的除权价格；

P^* 为公开增发新股后股票在二级市场的理论价格；

Q_{01} 为公开增发前流通股的股数；

Q_{02} 为公开增发前非流通股的股数；

Q_0 为公司公开增发前的总股本（$Q_0 = Q_{01} + Q_{02}$）；

Q_1 为公司原流通股股东配售的新股总量；

Q_2 为公开增发扣除配售后，其余向社会公开募集的股票总量；

Q 为公开增发新股总量（$Q = Q_1 + Q_2$）；

N_0 为公开增发前公司每股净资产；

N_1 为公开增发后公司每股净资产；

ΔW_{01} 为公开增发新股后流通股老股东的财富变化；

ΔW_{02} 为公开增发新股后非流通股股东的财富变化；

ΔW_{03} 为公开增发新股后流通股新股东的财富变化；

ΔW_{04} 为公开增发新股后全体流通股股东的财富变化。

股权分置改革后股权全流通模型的指标变量设计，在保留以上变量的基础上，增加新变量如下：

W_0 为公开增发新股前公司原股东拥有的公司股权财富（$W_0 = P_0Q_0$）；

ΔW_0 为公开增发新股后公司原股东的股权财富变化；

W_1 为公开增发新股前公司新股东拥有的与认购新股相关的财富；

ΔW_1 为公开增发新股后公司新股东的股权财富变化。

4.2.2 股权分置改革前公开增发模型的构建

第一，基于以上变量假定可得，上市公司公开增发后的所有者权益为 $N_0Q_0 + PQ$，所以公开增发后的每股净资产为：

$$N_1 = (N_0Q_0 + PQ)/(Q_0 + Q) \tag{4-3}$$

基于假设四可得：

$$P_0Q_{01} + N_0Q_{02} + PQ = P^*(Q_{01} + Q) + N_1Q_{02} \tag{4-4}$$

将式（4－3）带入式（4－4）中可得：

$$P^* = \frac{P_0Q_{01}Q_0 + P_0Q_{01}Q + N_0Q_{02}Q + PQQ_0 + PQ^2 + PQQ_{02}}{(Q_0 + Q)(Q_{01} + Q)}$$

当上市公司公开增发新股时，如果非流通股股东不参加认购，则增发新股后非流通股股东的财富变化为：

$$\Delta W_{02} = N_1Q_{02} - N_0Q_{02} = \frac{QQ_{02}(P - N_0)}{Q + Q_0}$$

上市公司增发新股后，流通股老股东的财富变化：

$$\Delta W_{01} = P^*(Q_1 + Q_{01}) - P_0Q_{01} - PQ_1$$
$$= \frac{Q_{01}Q_2(P - P_0)(Q + Q_0) - QQ_{02}(P - N_0)(Q_1 + Q_{01})}{(Q + Q_{01})(Q + Q_0)}$$

上市公司增发新股后，流通股新股东的财富变化：

$$\Delta W_{03} = P^*Q_2 - PQ_2 = \frac{Q_{01}Q_2(P_0 - P)(Q + Q_0) - QQ_{02}Q_2(P - N_0)}{(Q + Q_{01})(Q + Q_0)}$$

全体流通股股东财富变化为：

$$\Delta W_{04} = \Delta W_{01} + \Delta W_{03} = -\frac{QQ_{02}(P - N_0)}{Q + Q_0} = -\Delta W_{02}$$

由上式及假设五可得，$P > N_0$ 。即 $\Delta W_{02} > 0$ ，增发后非流通股股东的财富增加；$\Delta W_{04} < 0$ ，增发后全体流通股股东的财富减少，并且二者变化额相等。非流通股股东财富增加的量恰好是流通股股东财富减少的量，这进一步说明在股改前特殊股权结构下，上市公司通过公开增发实现财富从流通股股东向非流通股股东的转移。

如果我们进一步假设增发前非流通股股东占总股本的比为 h ，则 $Q_{02} = hQ_0$ ；将其带入 ΔW_{02} 与 ΔW_{04} 中，并对 h 求偏导可得：

$$\frac{\partial\ \Delta W_{02}}{\partial\ h} = \frac{QQ_0(P - N_0)}{Q + Q_0}$$

$$\frac{\partial\ \Delta W_{04}}{\partial\ h} = -\frac{QQ_0(P - N_0)}{Q + Q_0}$$

由以上两式可得 $P > N_0$ ，所以 $\frac{\partial\ \Delta W_{02}}{\partial\ h} > 0$ ，$\frac{\partial\ \Delta W_{04}}{\partial\ h} < 0$ 。即增发前非流通股股东占总股本的比例 h 越高，增发后非流通股股东财富 ΔW_{02} 增加越多，而全体流通股股东的财富 ΔW_{04} 损失越大。也即，增发前非流通股股东占总股本的比例 h 越高，增发后全体股东的财富转移效应越大，非流通股股东对流通股股东的利益侵占也越大。

第二，检验公开增发新股时市场短期绩效的反应。

我们假设上市公司增发后，新股的实际价格为 P_2 ，CAR_1 为相当于美国等国家股权结构下的市场累积异常回报率；而 CAR_2 为我国股改前特殊股权结构下的市场累积异常回报率，则增发新股时市场的累积异常回报率 CAR（Cumulative Abnormal Return）为：

$$CAR = \frac{P_2 - P_1}{P_1} = CAR_1 + CAR_2 = \frac{P_2 - P^*}{P_1} + \frac{P^* - P_1}{P_1}$$

首先，在全流通股权结构下，公开增发新股的除权价格与增发理论价格一致，即 $P_1 = \frac{P_0 Q_0 + PQ}{Q_0 + Q}$ 。

其次，对比股改前特殊股权结构下的 P^* 与全流通股权结构下的除权价格 P_1 ，可知 $P^* < P_1$ ，股改前特殊股权结构的存在使交易规定的除权价格高于增发新股后的理论价格。由于 $P^* < P_1$ ，所以从公式可知 CAR_2 为负值，即我国特殊的股权结构和除权制度的存在，导致上市公司增发新股会产生一部分额外的负的市场累积异常回报率（ CAR_2 ）。

进一步分析，如果再将 h 、P^* 、P_1 带入 CAR 中，并对 h 求偏导，可得 $\frac{\partial CAR}{\partial h} < 0$ 。即在这种特殊的股权结构下，公开增发前非流通股占比 h 越大，上市公司增发后，$|CAR_2|$ 就越大，进而导致市场总的累积异常回报率 CAR 就越小。

综上分析，股改前上市公司公开增发的研究结论如下。

第一，公开增发后非流通股股东的财富 ΔW_{02} 增加，全体流通股股东的财富 ΔW_{04} 减少，并且二者变化额相等，非流通股股东财富增加的量恰好是流通股股东财富减少的量，这说明在股改前特殊股权结构下，上市公司通过增发实现了财富从流通股股东向非流通股股东的转移。

第二，公开增发前非流通股股东占总股本的比例 h 越高，增发后非流通股股东的财富 ΔW_{02} 增加越多，而全体流通股股东的财富 ΔW_{04} 损失也就越大。也即增发前非流通股股东占总股本的比例越高，增发后全体股东的财富转移效应越大，非流通股股东对流通股股东的利益侵占也越大。

第三，上市公司公开增发后会出现部分额外的负的累积异常回报率；并且上市公司增发前非流通股股份占比 h 越大，增发后市场的累积异常回报率 CAR 就越小。

4.2.3 股权分置改革后公开增发模型的构建

据上设定可得，公开增发后上市公司全体股东财富总量：$P_0 Q_0 + PQ =$

$P^*(Q_0+Q)$

所以，公开增发新股后股票二级市场理论价格为：$P^* = \dfrac{P_0Q_0+PQ}{Q_0+Q} = P_1$

即股票全流通时，其除权价格与理论价格相等。

进而可得公开增发新股后，老股东的财富变化如下：

$$\Delta W_0 = P^*(Q_0+Q_1) - PQ_1 - W_0 = \frac{Q_0Q_2(P-P_0)}{Q_0+Q}$$

新股东财富变化为：$\Delta W_1 = P^*Q_2 - PQ_2 = \dfrac{Q_0Q_2(P_0-P)}{Q_0+Q}$

理论上，上市公司为了鼓励投资者参与公开增发，一般会采取折价发行，即 $P<P_0$。此时，ΔW_0 为负值，ΔW_1 为正值，这意味着上市公司公开增发新股后，老股东的财富减少，新股东的财富增加。从数学模型推导 $\Delta W_0+\Delta W_1=0$ 可得，老股东减少的财富恰好等于新股东增加的财富。我们还可进一步得出，在公开增发新股总量 Q 和向社会公开发行股份 Q_2 一定的情况下，公开增发新股的折扣率越高，老股东财富的损失越大，新股东财富的增加越多；在发行价格 P 和发行总股本 Q 一定的情况下，老股东参与认购的量 Q_1 越小，老股东的财富损失越大，新股东财富的增加越多。

综上分析，股改后上市公司公开增发折价发行的结论如下。

第一，上市公司公开增发新股时，老股东的财富 ΔW_0 减少，新股东的财富 ΔW_1 增加，并且二者财富变化的量相等，老股东减少的财富正好等于新股东增加的财富，财富实现了在二者之间的转移再分配。理论上，新股东可以从股改后的公开增发中获益，本书的后续实证分析也发现，股改后公开增发具有正的宣告效应，市场投资者可以通过参与公开增发获得股价超额累积异常收益率。

第二，在公开增发新股总量 Q 和向社会公开发行股份 Q_2 一定的情况下，公开增发新股的折扣率越高，老股东的财富损失越大，新股东的财富增加越多；在发行价格 P 和发行总股本 Q 一定的情况下，老股东参与认购的量 Q_1 越小，老股东财富的损失越大，新股东财富的增加越多。

4.3 定向增发新股的模型构建

4.3.1 假设分析及变量设计

由于定向增发是股权分置改革后出现的新股权再融资方式，所以，本小节的理论分析中，并不涉及流通股与非流通股的区别问题。现假定[①]上市公司定向增发前的总股本为 S_1 ，上市公司定向增发的新股总量为 S_2 ，上市公司定向增发后的总股本为 S_t ，则由以上假定可得：$S_t = S_1 + S_2$ 。

假设上市公司定向增发前，其股份的价格为 P_1 ，定向增发的发行价格为 P_2 ，定向增发的折扣率为 D ，则折扣率的计算公式为：$D = \frac{P_2 - P_1}{P_1}$ 。

同时，还假设定向增发前上市公司控股股东拥有的股权比例为 α ，定向增发时，控股股东参与的认购比例为 β ；上市公司定向增发前的市场价值为 W_1 ，定向增发后的市场价值为 W_2 ，上市公司控股股东在上市公司定向增发前拥有的财富为 W_3 ，定向增发后拥有的财富为 W_4 。

4.3.2 定向增发理论模型的构建

根据以上指标变量的假定，我们可得上市公司定向增发前的市场价值为：

$$W_1 = P_1 S_1$$

上市公司定向增发后的市场价值为：

$$W_2 = P_1 S_1 + P_2 S_2$$

基于以上结果，我们可以进一步计算上市公司控股股东的财富，控股股东在上市公司定向增发前拥有的财富总量为：

$$W_3 = \alpha W_1 = \alpha P_1 S_1$$

控股股东在上市公司定向增发后拥有的财富总量为：

---

① 张鸣、郭思永：《大股东控制下的定向增发和财富转移——来自中国上市公司的经验证据》，《会计研究》2009 年第 5 期。

$$W_4 = \frac{\alpha S_1 + \beta S_2}{S_t} W_2 = \frac{\alpha S_1 + \beta S_2}{S_1 + S_2}(P_1 S_1 + P_2 S_2)$$

所以，控股股东在上市公司定向增发前后的财富变化量为：

$$\begin{aligned}\Delta W &= W_4 - W_3 - \beta P_2 S_2 \\ &= \frac{\alpha S_1 + \beta S_2}{S_1 + S_2}(P_1 S_1 + P_2 S_2) - \alpha P_1 S_1 - \beta P_2 S_2 \\ &= \frac{S_1 S_2}{S_1 + S_2}[(\alpha - \beta)(P_2 - P_1)]\end{aligned}$$

上市公司定向增发前的总股份 S_1 和定向增发的总股份 S_2 都为正值，但（$\alpha - \beta$）和（$P_2 - P_1$）的值不确定，因而，要使上市公司控股股东的财富变化值 ΔW 为正，则会有以下两种可能：

$$\begin{cases}\alpha < \beta \text{并且} P_2 < P_1 & (4-5)\\ \alpha > \beta \text{并且} P_2 > P_1 & (4-6)\end{cases}$$

根据以上理论分析，得结论如下：

第一，当上市公司在式（4－5）的条件下定向增发时，$P_2 < P_1$ 表示折价定向增发，现实情况中，大多上市公司也的确是采取折价定向增发的方式发行新股。在此情况下，上市公司控股股东要想获得的收益 ΔW 为正值，必须使自己参与定向增发的认购比例 β 大于增发前拥有的股权比例 α，定向增发由于折价而产生的每 1 单位财富转移，参与定向增发的控股股东就会从上市公司原股东处获得 β 单位的收益；但同时，控股股东又是上市公司的原大股东，占股比例为 α，因而，其又会损失 α 单位的财富，所以，参与定向增发控股股东的最终财富量变为（$\beta - \alpha$）。也即，上市公司定向增发时的折价率 D 越大，控股股东参与认购比例越高，其参与定向增发后获得的收益也越多，从而向市场传递的消极信息越严重，定向增发时的短期市场宣告效应也就越差。本书在后文的实证分析中，部分支持了这一研究结论。

当上市公司处于式（4－6）的条件下定向增发时，$P_2 > P_1$ 表示溢价增发，现实中却很少发生。此时的上市公司控股股东要想获得的收益 ΔW 为正值，必须使自己参与定向增发的认购比例 β 小于增发前的股权比例 α，定向增发由于溢价而产生的每 1 单位财富转移，参与定向增发控股股东就会遭受 β 单位的损失；但同时，控股股东又是上市公司的原大股东，占股比例为 α，因而，

其又会获得 α 单位的财富，所以，参与定向增发控股股东的最终财富量变为（$\alpha - \beta$）。也即，上市公司定向增发时的溢价越高，控股股东参与认购比例越低，其获得收益越高，在极端情况下，控股股东会完全不参与溢价定向增发。

第二，参与定向增发控股股东的收益来自公司原股东财富的转移，而上市公司原股东除了包括控股股东或大股东，还包含中小股东。当上市公司采取折价（$P_2 < P_1$）定向增发时，控股股东作为上市公司原大股东虽然部分利益受损，但其可通过参与折价定向增发获得收益来弥补损失，并可根据参与数量比例来控制获利；而中小股东由于在整个折价定向增发过程中被排除在外，只承受了折价带来的损失，却没有得到任何回报。因而，从理论上说，定向增发时的折扣率越高，原中小股东利益受损越严重，短期市场绩效应该越差。本书中对定向增发折扣率与宣告时的股价累积异常收益率的实证分析，也支持了这一观点，发行价折扣率与其宣告时的股价累积异常收益率负相关，定向增发上市公司发行价折扣率每提升1%，其宣告时的股价累积异常收益率就下降9.4%，并且统计在5%的水平上显著，稳健性检验后，在5%的水平上仍然显著。

当上市公司采取溢价（$P_1 < P_2$）定向增发时，上市公司股东会从参与定向增发的对象中获得收益，此时的上市公司原中小股东也会获益。因而，从理论上说，定向增发时的溢价越高，市场反应应该越好，但现实中，很少有上市公司采取溢价定向增发。

5　中国上市公司股权再融资短期效应的实证研究

有关中国上市公司配股、公开增发和定向增发时短期效应（或称为宣告效应）的研究很多，其中，大部分观点是上市公司股权再融资具有负的宣告效应。刘瑞等（2006）选用中国1998—2004年符合条件的参加配股、增发的A股上市公司为研究样本，以上市公司股价累积异常收益率作为宣告效应的代理变量，发现上市公司股权再融资公告具有显著的负宣告效应，市场投资者把新股发行公告当作不利消息，从而产生发行逆向选择成本。但也有的研究认为，上市公司股权再融资的负宣告效应不是很明显，股价收益率在一定条件下还会有较好的表现。如郑琦等（2009）选取增发新股的上市公司为样本，研究发现在增发新股政策相对宽松时期，发行新股的上市公司发行后的股价收益和会计业绩并不突出。但在证监会严格增发条件后，满足条件的上市公司增发后的股价收益率明显高于同行业、同规模未进行股权再融资的上市公司，并且这种收益率具有较强的持续性。

基于对以前研究文献的学习，本章第一节将首先对股改后配股和公开增发的短期宣告效应进行研究分析，再对定向增发的短期宣告效应进行研究分析；在第二节中，将对三者宣告时的短期股价效应进行对比分析，以期发现配股、公开增发和定向增发短期宣告效应的优劣。

5.1　配股和公开增发短期效应的实证研究

5.1.1　样本选取及指标设计

（1）数据来源及样本选取

数据来源：本节数据主要来源于北京色诺芬公司CCER中国经济金融数

据库，部分源于中国证券监督管理委员会公开数据。

样本选取：选取了2005年1月1日至2008年12月31日，所有符合配股、公开增发和定向增发条件的上证和深证A股上市公司为研究样本。为提高本研究的严谨性，获取更为“清洁”的研究样本，现进一步对样本公司做如下标准限定。

第一，本书仅考虑在2005—2008年成功进行了股权再融资并筹得资金，并且属于上证和深证的A股上市公司；剔除进行配股、公开增发或定向增发的B股上市公司；剔除A股公司配股、公开增发或定向增发H股；剔除H股公司配股、公开增发或定向增发A股的上市公司。

第二，剔除原始样本中在2005—2008年进行股权再融资行为的银行金融类上市公司，因为其会计标准和经营范围与一般上市公司有所差异，即仅考虑非金融类上市公司的宣告效应。基于此，分别剔除1家配股上市公司，5家定向增发上市公司，2家公开增发上市公司，共剔除8家银行金融类样本公司。

第三，剔除2005—2008年连续两次或两次以上进行过股权再融资的样本公司，以减少对本研究的影响。

第四，剔除同时进行过配股、公开增发或定向增发中，至少两种或两种以上的样本公司，因为重复的股权再融资会影响公司股价及未来业绩，使影响公司业绩的因素不确定。

经过第三条和第四条的筛选后，共剔除42家样本公司。

第五，剔除已退市或被ST或PT的样本公司，共剔除4家样本公司。

第六，上市公司的金融数据和财务数据需可获得，最终剔除数据缺失或异常的样本公司58家。

经过以上条件的选取，最后获得符合条件的样本公司223家，其中配股融资的样本公司19家，公开增发的样本公司38家，定向增发的样本公司166家。现将配股和公开增发上市公司的统计数据制表，见表5－1和表5－2。

表 5－1　　样本公司统计表

	深证证券交易所	上海证券交易所	合计
配股公司数	5	14	19
公开增发公司数	15	23	38
合　计	20	37	57

数据来源：根据 CCER 经济金融数据库整理而得。

表 5－2　　样本公司按年份统计表

年份	2005	2006	2007	2008	合计
配股公司数	0	9	4	6	19
公开增发公司数	1	5	22	10	38
合计	1	14	26	16	57

数据来源：根据 CCER 经济金融数据库整理而得。

（2）指标变量设计

所谓上市公司的宣告效应是指证券市场各因素的变动，引起股价发生波动而给投资者带来的额外收益，本研究将使用上市公司公告日作为基准日，用公告前后窗口期内股价的累积异常收益率来衡量投资者的收益。

①公告日及窗口期的确定

事件日是公司重大事件发生日或重要信息公告日，其中包括董事会公告日、股东大会决议公告日、证监会批准公告日、发行公告日和上市公告日等。本研究中，对于上市公司宣告效应的研究，将以其发行公告日为基准日，由于股权再融资公布日期前，消息往往已被市场中部分机构或投资者所掌握（章卫东，2010），因此，本研究将股权再融资对上市公司股价影响的窗口期锁定于公告日前 20 天和公告日后 5 天，即研究的窗口期为 [－20，5]。在窗口期内，剔除停牌日；如果上市公司公告日当天停牌，则 t_0 顺延为下一个交易日①。

① 陈石清、谢璐：《中国上市公司定向增发的短期财富效应研究》，《财经理论与实践》（双月刊）2009 年第 6 期。

②异常收益率（Abnormal Return，AR）和累积异常收益率（Cumulative Abnormal Return，CAR）的计算

对于异常收益率的计算，一般来说有三种方法[①]：市场调整法、均值调整法和市场模型法。市场调整法假设市场指数收益率是每只股票在事件期内当天的正常收益率，并考虑市场整体情况对单个证券的影响，但这些影响都是一样的，所有证券的正常回报率都是市场平均回报，此法最简单。均值调整法是首先选择一个估计窗口，用来估计正常参数的时期，一般在事件发生之前，多用120天来表示，然后估算此期间内股票的日平均收益率作为其正常收益率，但此法没有考虑市场整体情况对单只股票的影响。市场模型法是根据资产定价模型计算股票的正常收益率，将特定交易日的回报率在市场模型中的估计值作为正常回报率，此法不但考虑了市场整体情况对单个证券的影响，并且认为这种影响对每只证券是不同的。

因而，本研究将采用市场模型法来衡量股权再融资对上市公司股票价格累积异常收益率的影响，计算步骤如下。

A. 根据市场模型确定股票正常回报率

$\hat{r}_{i,t} = \hat{\alpha}_i + \beta_i r_{m,t}$

$\hat{r}_{i,t}$ 为上市公司 i 在时点 t 的回报率，此回报率为考虑分红的日回报率，其计算公式为[②]：

$$r_t = \frac{p_t f_t}{p_{t-1}} + \frac{d_t}{p_{t-1} + k_1 p_1{}' + k_2 p_2{}'} - 1$$

上式中，价格调整因子：$f_t = \dfrac{(1 + k_1 + k_2) p_{t-1}}{p_{t-1} + k_1 p_1{}' + k_2 p_2{}'}$。

k_1，k_2 是流通A股股本变动因子；

p_t 是当日收盘价，p_{t-1} 是前日收盘价；

$p_1{}'$，$p_2{}'$ 是配股价格，分成1和2是因为有时候一天内有不同的配股价格；

d_t 是本交易日的现金分红数额；

---

① Weston（2000）指出：市场调整法、均值调整法和市场模型法，此三种方法计算所得结果是相似的。

② 计算方法：借鉴于CCER中国经济金融数据库的计算方法。

$r_{m,t}$ 表示市场在时点 t 按照相应指数的加权方式计算的考虑分红的回报率，对于上海证券交易所上市的股票，将选用上证综合指数作为可比基准（Benchmark）；对于深圳证券交易所上市的股票，将选用深证成分指数作为可比基准（Benchmark）。

估计 $\hat{\alpha}_i$ 和 β_i 时，选取事件日为基准日，窗口期为［-150，20］，再根据估计得到的 $\hat{\alpha}_i$ 和 β_i 来计算上市公司股票在事件日的正常回报率，所以拟合 $\hat{\alpha}_i$ 和 β_i 的样本点不包括事件日。

B. 异常收益率（Abnormal Return，AR）的计算

对于研究的第 i 只股权再融资样本，其市场调整后的第 t 日异常回报率为：

$$AR_{i,t} = r_{i,t} - \hat{r}_{i,t} = r_{i,t} - (\hat{\alpha}_i + \beta_i r_{m,t})$$

即，$\hat{\alpha}_i + \beta_i r_{m,t}$ 可以看作是一般情况下 $\hat{r}_{i,t}$ 的无偏估计。

C. 累积异常收益率（Cumulative Abnormal Return，CAR）的计算

根据以上计算，对于窗口期［-20，5］内，第 i 只股权再融资样本的累积异常收益率为：

$$CAR_{(-20,5)} = \sum_{t=-20}^{5} AR_{it}$$

D. 平均异常收益率（Average Abnormal Return，AAR）的计算

为研究样本在股权再融资公告期间［-20，5］内的平均异常收益率，本研究将定义平均异常收益率如下：

$$AAR_t = \frac{1}{n}\sum_{i=1}^{n} AR_{it}$$

其中，n 为样本数；i 为某一样本公司；t 为窗口期。

第 t 日所有样本公司的平均异常收益率 AAR_t（Average Abnormal Return）。

E. 平均累积异常收益率（CAAR）的计算

$$CAAR_{(t_1,t_2)} = \frac{1}{n}\sum_{i=1}^{n} CAR_i(t_1,t_2)$$

其中，n 为样本数；i 为某一样本公司；t 为窗口期。

即，某一窗口期［t_1，t_2］内所有样本公司的平均累积异常收益率 $CAAR_{(}t_1$，$t_2)$。

③公司规模（Size）

用股权再融资前上市公司总资产的自然对数 Ln（Size）表示。公司规模可以作为财务破产成本代理变量，也可以作为信息不对称的代理变量（Blazenko，1987）。一般认为，公司规模越大，管理越完善，信息披露就越及时，从而对其股价的影响也越透明。

④发行量比率（SEOratio）

用以度量价格压力假说的指标，其计算方法为：股权再融资发行新股数/再融资前总股本。价格压力假说认为（Akhigbe 和 Harikumar，1996），上市公司股票的需求曲线下斜，上市公司增加发行，会稀释股本，引发股票价格下降；并且发行量越大，向外界传递的消息越消极，引起股价下跌幅度也越大。

⑤发行相对规模（Isize）

用于度量信息释放假说的指标，其计算方法为实际发行金额与公司市场价值之比。其中，上市公司市场价值 = 计算窗口内平均股价 × 总股本 + 长期负债。信息释放假说认为，上市公司股权再融资的发行规模与股价异常收益率负相关（Barclay 和 Litzenberger，1988）。

⑥财务杠杆（Dratio）

即资产负债率用于检验信号传递模型（Heinkel，1982）的指标，可用来衡量企业负债水平及风险程度，其计算公式为：资产负债率 =（负债总额/资产总额）×100%。负债总额指企业的全部负债，不仅包括长期负债，而且包括流动负债；资产总额指企业的全部资产总额，包括流动资产、固定资产、长期投资、无形资产和递延资产等。

⑦第一大股东持股比例（SHratio）

用以衡量我国上市公司特殊的股权结构及财富再分配效应（Akhigbe 和 Harikumar，1996）的指标，计算公式为：持股比例最大的股东持有上市公司股份/总股本。第一大股东持股比例越高，国有股和法人股“一股独大”现象越严重，存在大股东侵占中小股东利益的可能性就越大。

⑧托宾 Q（Tobin Q）

反映一个企业用两种不同价值估计的比值，计算公式为：Tobin Q = 上市公司的市场价值/其资产重置成本。当 Q > 1 时，购买新生产的资本产品更有利，这会增加投资的需求；当 Q<1 时，购买现成的资本产品比新生成的资本产品更便宜，这样就会减少资本需求。金融市场价值包括公司股票的市值和债务资本的市场价值；重置成本是指现在要用多少钱才能买下该上市公司的所有资产，即，如果我们不得不从零开始再来一遍，创建该公司需要花费多少钱。

⑨市值账面价值比（MB）

公司股票的市场价值与其账面价值之比，计算公式：上市公司市场价值 = 计算窗口内平均股价 × 总股本 + 长期负债；账面价值采用总资产来表示。

⑩虚拟变量（RO）

表示上市公司是否进行配股的虚拟变量，如进行配股则为 1，否则为 0。

5.1.2 研究方法和研究假设

（1）研究方法

本书将采用大多数学者常用的事件研究（Event Study）方法来展开研究，事件研究法是一种统计方法，由于其思路清晰、过程简单且具有前瞻性的特点，现已成为金融财务研究领域常用的方法之一。所谓的事件研究方法，就是当市场上某一个事件发生时，通过对其发生前后二级市场股价波动走势的考察分析，来研究该事件是否为股东带来累积超额收益率（高愈湘，2004），从而，我们就可以了解到股价的波动与该事件是否相关。使用事件研究方法对上市公司宣告效应进行研究，可以准确直观地刻画出股权再融资对上市公司股价波动的影响。

（2）研究假设

中国证监会在 2006 年 5 月 6 日发布的有关配股和公开增发的法律法规《上市公司证券发行管理办法》（以下简称《管理办法》），对上市公司公开增发的规定有“最近 3 个会计年度加权平均净资产收益率平均不低于 6%”，与 2000 年 4 月 30 日《上市公司向社会公开募集股份暂行办法》中的规定“公司在最近 3 年内连续盈利，本次发行完成当年的净资产收益率不低于同期银行存款利率水平”相比，门槛提高了很多。证监会对公开增发要求提高，有利于筛选出更优质的上市公司进行公开增发，优化资源配置，保护中小股东利益，因而，市场对上市公司公开增发的反应比较积极（郑琦，2009）。但是，2006年的《管理办法》中却只对配股规定“最近3个会计年度连续盈利，扣除非经常性损益后的净利润与扣除前的净利润相比，以低者作为计算依据”，其并没有对配股上市公司的经营业绩指标作出具体明确的规定，这相对于公开增发来说，门槛低了很多，市场对上市公司配股行为普遍持消极态度。基于此分析，作假设如下。

H_1：上市公司配股时有负的宣告效应，公开增发时有正的宣告效应；上市公司公开增发时股价的累积异常收益率要好于配股时的累积异常收益率。

上市公司发行新股的价格压力假说（Akhigbe 和 Harikumar，1996）认为，上市公司股票的需求曲线下斜，上市公司增加发行，会稀释股本，引发股票价格下降；并且发行量越大，向外界传递的消息越消极，引起股价下跌幅度也越大。因此，我们作如下假设。

H_2：上市公司配股或公开增发的发行量比率与其股价累积异常收益率负相关。

5.1.3 实证研究

（1）描述性统计分析及参数检验

①描述性统计分析

本小节中，首先对影响配股和公开增发宣告效应的各指标变量做描述性统计分析。影响配股时宣告效应的各指标变量描述性统计分析见表5-3。

表5-3 配股的各指标变量的描述性统计表

	CAR	Size	SEOratio	Isize	Dratio	SHratio	Tobin Q	MB
N	19	19	19	19	19	19	19	19
Mean	-0.027	22.379	0.277	0.146	0.512	0.378	0.665	1.698
Median	-0.003	22.340	0.250	0.128	0.491	0.368	0.708	1.348
Sd	0.155	1.019	0.173	0.083	0.155	0.133	0.198	1.221
Range	0.560	3.306	0.697	0.340	0.542	0.451	0.871	4.584
Min	-0.359	21.047	0.096	0.037	0.241	0.183	0.000	0.416
Max	0.201	24.353	0.793	0.377	0.783	0.635	0.871	5.001

数据来源：CCER经济金融数据库。

根据表5－3统计可见，进行配股再融资的上市公司累积异常收益率（CAR）的均值和中位数都为负值且分别约为－0.027和－0.003，即从整体来看，市场对上市公司的配股行为持消极态度，上市公司配股发行有负的宣告效应，部分支持了以上假设 H_1；配股公司规模（Size）的均值和中位数分别约为22.38和22.34，但标准差较大，为1.02，说明个别样本公司规模存在极端情况，偏离样本均值较大；市值账面价值比（MB）的均值和中位数分别约为1.70和1.35，并且标准差较大，为1.22，说明有的公司的MB较大，有的较小，而且存在个别极端异常值；除此之外，发行量比率（SEOratio）的均值和中位数分别约为0.28和0.25，发现相对规模（Isize）的均值和中位数分别约为0.15和0.13，资产负债率（Dratio）的均值和中位数分别约为0.51和0.49，第一大股东持股比例（SHratio）的均值和中位数分别约为0.38和0.37，托宾Q（Tobin Q）的均值和中位数分别约为0.67和0.71，以上指标的均值和中位数比较接近，且标准差和Range也都比较合理，总体上都呈现比较合理的分布特征。影响公开增发时宣告效应的各指标变量描述性统计分析见表5－4。

表5－4　　公开增发的各指标变量的描述性统计表

	CAR	Size	SEOratio	Isize	Dratio	SHratio	Tobin Q	MB
N	38	38	38	38	38	38	38	38
Mean	0.055	22.444	0.229	0.157	0.490	0.346	0.681	1.663
Median	0.056	22.166	0.175	0.127	0.506	0.345	0.693	1.276
Sd	0.211	1.302	0.231	0.104	0.158	0.168	0.131	1.439
Range	1.316	5.123	1.309	0.481	0.614	0.658	0.509	7.390
Min	－0.901	20.556	0.033	0.032	0.157	0.121	0.372	0.248
Max	0.415	25.679	1.342	0.513	0.771	0.779	0.881	7.639

数据来源：CCER经济金融数据库。

根据表 5 –4 统计可见，进行公开增发的上市公司累积异常收益率（CAR）的均值和中位数都为正值且非常接近，分别约为 0.055 和 0.056，即从整体来看，市场对上市公司的公开增发行为持积极态度，上市公司公开增发有正的宣告效应，这也部分支持了以上假设 H_1；公开增发的上市公司规模（Size）的均值和中位数分别约为 22.44 和 22.17，但标准差较大，为 1.3，说明个别公司的规模偏离整体均值较大；市值账面价值比（MB）的均值和中位数分别约为 1.66 和 1.28，并且标准差也较大，为 1.44，这说明有的公司的 MB 较大，而有的较小，且个别公司的 MB 存在极端异常；除此之外，发行量比率（SEOratio）的均值和中位数分别约为 0.23 和 0.18，发现相对规模（Isize）的均值和中位数分别约为 0.16 和 0.13，资产负债率（Dratio）的均值和中位数分别约为 0.49 和 0.51，第一大股东持股比例（SHratio）的均值和中位数分别约为 0.35 和 0.35，托宾 Q（Tobin Q）的均值和中位数分别约为 0.68 和 0.69，这些指标的均值和中位数比较接近，且标准差和 Range 也都比较合理，说明符合研究条件。

基于以上简单分析，对比配股和公开增发的相关指标特征发现，参与公开增发的上市公司的异常累积收益率要明显好于参加配股的上市公司的异常累积收益率，这也支持了假设 H_1；除此之外，进行配股或公开增发的上市公司的公司规模、发行量比率、发行相对规模、资产负债率、第一大股东持股比例、托宾 Q 和市值账面比的均值和中位数都很接近，各研究指标分布特征基本符合研究要求。

②单变量 T 检验和 Wilcoxon 非参检验

本书中，选用累积异常收益率（CAR）作为上市公司配股和公开增发宣告效应的衡量指标，首先对配股和公开增发的累积异常收益率（CAR）作 T 检验和 Wilcoxon 非参检验，见表 5 –5 和表 5 –6。

表 5 –5　　配股时 CAR 的 T 检验和 Wilcoxon 检验

指标变量	T Test			Wilcoxon Test		
	Mean	T – value	P – value	Median	Z – value	P – value
CAR	–0.03	–0.76	0.772	–0.003	–0.52	0.601

表 5-6　　公开增发时 CAR 的 T 检验和 Wilcoxon 检验

指标变量	T Test			Wilcoxon Test		
	Mean	**T - value**	**P - value**	**Median**	**Z - value**	**P - value**
CAR	0.05	1.60	0.050	0.056	2.66	0.008

通过表 5-5、表 5-6 检验发现，上市公司配股时累积异常收益率（CAR）的均值为 -0.03，中位数为 -0.003，但 T 检验和 Wilcoxon 检验都不显著，说明市场投资者对配股发行持消极态度，配股对市场股价在短期内有负效应，但不显著；而上市公司公开增发时累积异常收益率（CAR）的均值为 0.05，中位数是 0.056，其中 T 检验在 5% 的水平上显著，Wilcoxon 检验在 1% 水平上显著，说明市场投资者对公开增发比较乐观，公开增发对公司股价在短期内有正效应。以上分析，无论是参数检验还是非参数检验，其结果都支持了假设 H_1 。

（2）多元 OLS 回归及稳健性检验分析

为进一步验证我们的假设条件，本研究将在以上分析基础上，以上市公司的累积异常收益率（CAR）为被解释变量，以上市公司的发行量比率（SEOratio）、相对发行规模（Isize）、第一大股东持股比例（SHratio）为解释变量，并引入其他控制变量，如公司规模（Size）、财务杠杆（Dratio）、托宾 Q（Tobin Q）、市场价值账面比（MB）和区分配股和公开增发的虚拟变量（RO），考虑它们对配股和公开增发时宣告效应的影响，构造多元 OLS 回归模型一如下。

$$CAR = \beta_0 + \beta_1 Size + \beta_2 SEOratio + \beta_3 Isize + \beta_4 Dratio + \beta_5 SHratio + \beta_6 Tobin\ Q + \beta_7 MB + \beta_8 RO + \varepsilon$$

对配股和公开增发的上市公司的多元回归及稳健性检验结果见表5-7。

表 5-7　配股和公开增发累积异常收益率（CAR）的多元回归及稳健性检验

指标变量	CAR	CAR（Robust）
Size	-0.058 (-2.17)**	-0.058 (-2.50)**
SEOratio	-0.502 (-3.94)***	-0.502 (-2.82)***

续 表

指标变量	CAR	CAR（Robust）
Isize	0.133 (0.42)	0.133 (0.44)
Dratio	0.416 (2.11)**	0.416 (2.34)**
SHratio	0.181 (1.16)	0.181 (1.04)
Tobin Q	-0.140 (-1.85)**	-0.140 (-1.13)**
MB	0.008 (1.35)**	0.008 (1.47)**
RO	-0.077 (-1.65)*	-0.077 (-1.68)*
常数项	1.276 (2.27)**	1.276 (2.70)***
样本总体	57	57
R^2	0.439	0.439
$Adj. R^2$	0.346	
F-Value	4.70***	5.44***

注意：*，**，***分别表示在10%、5%、1%的水平上显著；第二列回归采用了消除异方差的Huber-White稳健性标准误。

从整体回归结果来看，模型首次回归后的拟合优度 R^2 为0.439，调整后的拟合优度 $Adj. R^2$ 为0.346，F值为4.7，并且在1%的水平上显著，说明模型构造较合理，整体拟合较好；在对其进行稳健性检验后，拟合优度为0.439，F值调整为5.44，且在1%水平上显著，再次证明模型整体设计的合理性和可行性。

基于上表回归结果，分别对各指标变量作分析如下。

第一，上市公司规模与其宣告时股价的累积异常收益率负相关。其对配股或公开增发后股价累积异常收益率的平均影响程度为 -5.8%，并且在5%的水平上显著，稳健性检验后，仍然在5%的水平上显著。这与利润稀释假说的结论相一致，公司规模越大，配股或公开增发新股对公司股权稀释能力越小，公司利润稀释度越小，对公司股价的影响也越小，因而，其配股或公开增发后的股价累计异常收益率也就越低。但这与信息不对称理论解释不符，也与国外学者（Blazenko，1987）的研究结论不一致。

第二，上市公司的发行量比率与其宣告时股价的累积异常收益率负相关。上市公司配股或公开增发的发行量比率每提高1%，其宣告时股价的累积异常收益率就下降50.2%，并且在1%的水平上显著，稳健性检验后，仍然在1%水平上显著。这说明作为价格压力假说度量指标的发行量比率对我国上市公司配股或公开增发后的股价累计异常收益率变化具有较强的解释力。价格压力假说（Akhigbe 和 Harikumar，1996）认为，上市公司股票的需求曲线下斜，上市公司增加发行，会稀释股本，引发股票价格下降；并且发行量越大，向外界传递的消息就越消极，引起股价下跌也越大。因而，发行量比例越高，增配后的股价累积异常收益率也就越低，这很好地支持了我们的假设条件 H_2：上市公司配股或公开增发的发行量比率与其股价累积异常收益率负相关。

第三，相对发行规模与其宣告时股价的累积异常收益率正相关。上市公司的相对发行规模每提高1%，其宣告时股价的累积异常收益率提高13.3%，但统计上不显著，对其进行稳健性检验后，仍然不显著。信息释放假说（Barclay 和 Litzenberger，1988）认为“股权再融资的相对发行规模与公司的累积异常收益率负相关”，而实证检验发现，我国上市公司的相对发行规模与其宣告时股价的累积异常收益率正相关，这说明作为信息释放假说度量指标的相对发行规模对我国上市公司的配股或公开增发宣告效应没有很好的解释力，相对发行规模不是造成上市公司增配后股价累积异常收益率变化的主要原因，我们的研究结果与 Mikkelson 和 Partch（1996）的研究结论比较相近。

第四，上市公司的资产负债率（财务杠杆）与其宣告时股价的累积异常收益率正相关。上市公司资产负债率每提高1%，其宣告时股价的累积异常收益率就提高41.6%，并且在5%的水平上显著，稳健性检验后，仍然在5%水平上显著。信号传递模型（Heinkel，1982）认为，上市公司的资产负债率向市场外部传递了正的信号，当上市公司的负债率较高时，意味着公司的经营质量较好，二者呈正相关。上市公司配股或公开增发前的资产负债率越高，其增配后的市场短期绩效也越好，我们的研究结果符合信号传递假说，说明该假说对我国上市公司配股和公开增发的宣告效应具有一定解释力。但我们的实证结果与国内部分学者（章卫东，2005；王汀汀，2006）的研究有差异，章卫东（2005）的研究认为，上市公司的财务杠杆与其宣告时股价的累积异常收益率正相关，但不显著；而王汀汀（2006）认为上市公司的财务杠杆与其宣告时股价的累积异常收益率负相关，并且具有解释力。

第五，第一大股东持股比例与其宣告时股价的累积异常收益率正相关。第一大股东的持股比例每增加1%，其宣告时股价的累积异常收益率就增加18.1%，但统计上不显著，稳健性检验后仍然不显著。此指标在本研究中用以衡量我国上市公司特殊的股权结构及财富再分配效应（Akhigbe和Harikumar，1996）。2005年股权分置改革以前，上市公司股东分为非流通股股东和流通股股东，非流通股股东与流通股股东利益目标不同，导致非流通股股东占主导地位的上市公司常通过配股和公开增发来上市“圈钱”，从而实现了财富从流通股股东向非流通股股东的转移，前文的理论推导分析，也印证了这种财富再分配效应。股权分置改革后，上市公司的股份逐步实现全流通，非流通股股东消失，原非流通股股东利益与流通股股东利益趋于一致，原来通过配股或公开增发实施利益转换的现象应该有所减少。股权分置改革应有利于改善配股或公开增发时的宣告效应，即股改后的第一大股东持股比例与宣告时股价的累积异常收益率应正相关，我们的实证结论支持了这一观点；但同时也说明，代表股权结构的第一大股东持股比例不是影响股改后我国上市公司增配时股价累积异常收益率的关键因素，这一观点与Wang（2005）的结论一致，其认为：“股权结构由于好处和坏处的综合而对上市公司再发行行为的影响反而不显著。或者说，大股东通过再发行侵占中小股东利益并没有与股权结构有直接关系，并不是大股东比例越高，其侵占程度就越厉害，关键是看再发行前它是否认可这一融资决策行为，其信号就是大股东参与配股比例。”

第六，托宾 Q 与其宣告时股价的累积异常收益率负相关。上市公司的托宾 Q 每提高 1%，其宣告时股价的累积异常收益率下降 14%，统计上在 5% 的水平上显著，稳健性检验后仍在 5% 的水平上显著。这说明托宾 Q 对我国上市公司配股或公开增发时的宣告效应有显著负影响。

第七，市场价值账面比与其宣告时股价的累积异常收益率正相关。上市公司的市场价值账面比每提高 1%，其宣告时股价的累积异常收益率提高 0.8%，统计上在 5% 的水平上显著，稳健性检验后仍在 5% 的水平上显著。这说明市场价值账面比对我国上市公司配股或公开增发时的宣告效应有显著正影响。

第八，区分配股与公开增发行为的虚拟变量显示，上市公司宣告公开增发时的股价累积异常收益率比宣告配股时的股价累积异常收益率高 7.7%，并且在 10% 的水平上显著，稳健性检验后仍在 10% 的水平上显著。这再次支持了假设 H_1：上市公司公开增发时股价的累积异常收益率要好于配股时的累积异常收益率。

5.2　定向增发短期效应的实证研究

5.2.1　样本选取及指标设计

(1) 数据来源及样本选择

数据来源：本书数据主要源于北京色诺芬公司 CCER 中国经济金融数据库，部分源于中国证券监督管理委员会公开数据。

样本选取：选取了 2005 年 1 月 1 日至 2008 年 12 月 31 日，所有符合定向增发条件的上证和深证 A 股上市公司为研究样本。同时，保留与配股和公开增发相同的六条标准条件。通过以上标准选取，最后获得符合条件的公开增发样本公司有 166 家，见表 5－8 和表 5－9。

表 5－8　　定向增发样本公司统计

	深证证券交易所	上海证券交易所	合计
定向增发公司数	63	103	166

数据来源：根据 CCER 经济金融数据库整理而得。

表 5－9　　定向增发样本公司按年份统计

年份	2005	2006	2007	2008	合计
定向增发公司数	0	16	86	64	166

数据来源：根据 CCER 经济金融数据库整理而得。

（2）指标变量设计

在保留前文指标变量基础上，增设以下新变量。

第一，发行价折扣率（Discount），计算公式：（定向增发公告日前 20 个交易日股价的均值－发行价格）/定向增发公告日前 20 个交易日股价的均值[①]。用以衡量定向增发时信息传递的指标。对于定向增发，如果控股股东或关联投资者愿意以较低的折扣率参与认购，则意味着定向增发公司具有较好的发展前景，这种行为将会向市场传递积极的信息。

第二，定向增发控股股东认购态度（Attitude）：全部参与认购（All），表示控股股东是否全部参与定向增发认购的虚拟变量，如果是，则为 1；如果不是，则为 0。

第三，定向增发控股股东认购态度（Attitude）：部分参与认购（Part），表示控股股东是否部分参与定向增发认购的虚拟变量，如果是，则为 1；如果不是，则为 0。

5.2.2　研究假设

首先，与公开增发新股相比，定向增发的发行对象是原有大股东、关联

① 中国证券监督管理委员会：《上市公司非公开发行股票实施细则》2007 年第 17 期。

投资者和机构投资者等相对成熟并有实力的投资对象，他们一般都对定向增发企业的实际情况比较了解，如果他们愿意参与公司定向增发，说明上市公司有比较好的发展项目和前景（何丽梅，2010）。从信息传递角度分析，当控股股东或关联投资者愿意全部或部分参与上市公司定向增发时，会向市场投资者传递积极的信号，上市公司的短期市场股价表现应该不错（Leland 和 Pyle，1997；Srinivasan Krishnamurthy 等，2005）。基于以上分析，做以下研究假设。

H_3：上市公司定向增发时的股价累积异常收益率为正，即上市公司定向增发具有正的宣告效应。

其次，定向增发向市场传递积极信号的强弱，还应该与控股股东或关联投资者的参与程度有关。如果控股股东或关联投资者全部参与定向增发，则说明其对公司的未来发展看好，并达成共识，此时的定向增发会有最好的宣告效应；如果控股股东或关联投资者部分参与定向增发，则说明部分人对公司未来发展看好，而另一部分人不看好，此时的定向增发会有较好的宣告效应；如果没有控股股东或关联投资者参与定向增发，则说明其都不看好公司未来的开发项目，此时的定向增发会有最差的宣告效应。因而，我们作以下假设。

H_4：控股股东全部参与定向增发时的宣告效应要好于控股股东部分参与时的宣告效应。

H_5：控股股东部分参与定向增发时的宣告效应要好于控股股东不参与时的宣告效应。

再次，在美国的私募发行过程中，股价折扣率与股价异常收益率具有相关性（Leland 和 Pyle，1997）。从信息不对称理论角度分析，较高的股价折扣率与较低的异常收益率相关，但股价异常收益率仍然为正（Danny Meidan，2006）。在我国，参与上市公司定向增发的大部分是控股股东、关联投资者和机构投资者等，他们对定向增发公司的内部管理、账面状况、项目收益和资产负债等有比较清楚的了解，当他们愿意以更低的股价折扣率认购定向增发股票时，意味着定向增发公司的投资项目发展前景很好，值得投资，此时的定向增发会带来正的超额累积收益率（章卫东，2010）。因此，作假设条件如下。

H_6：定向增发新股的发行折扣率与股价超额累积收益率负相关。

5.2.3 实证研究

(1) 描述性统计分析及参数检验

①描述性统计分析

本小节中，首先对影响定向增发宣告效应的各指标变量做描述性统计分析，见表 5－10。

表 5－10　　定向增发各指标变量的描述性统计

	CAR	Size	SEOratio	Isize	Dratio	SHratio	Discount	Tobin Q	MB
N	166	166	166	166	166	166	166	166	134
Mean	0.030	22.072	0.346	0.180	0.492	0.400	0.239	0.689	1.981
Median	0.020	21.944	0.205	0.111	0.491	0.401	0.258	0.740	1.405
Sd	0.168	0.958	0.477	0.279	0.150	0.162	0.388	0.212	1.616
Range	0.935	5.913	3.633	2.089	0.665	0.786	2.546	0.934	11.734
Min	－0.503	19.270	0.033	0.019	0.093	0.035	－1.647	0.000	0.165
Max	0.431	25.183	3.667	2.108	0.758	0.821	0.899	0.934	11.899

资料来源：CCER 经济金融数据量。

根据表 5－10 各指标特征统计可见，进行定向增发上市公司累积异常收益率（CAR）的均值和中位数都为正值且非常接近，分别约为 0.030 和 0.020，即从整体来看，市场对上市公司的定向增发行为持积极态度，定向增发有正的宣告效应，这也支持了假设 H_3；定向增发上市公司的市值账面价值比（MB）的均值和中位数分别约为 1.98 和 1.41，并且标准差也较大，为 1.62，这说明有的公司的 MB 较大，而有的较小，且个别公司的 MB 存在极端异常。

Discount 的均值和中位数分别约为 0.24 和 0.26，比较接近，说明样本整体分布较均匀合理；但高达 25.8% 的发行价折扣率，说明我国上市公司定向增发的发行价格远低于公告日当天的收盘价格。同时，本研究样本中只有18家上市公司的定向增发属于溢价发行，占整个定向增发总数量的10.8%，数量很少。这可能主要由于定向增发的对象大多为大股东、关联投资者或机构投资者等，他们对上市公司的内部管理运作及融资项目等拥有更多信息，因而，在议价、定价方面也更有优势，其参与上市公司折价定向增发，可以实现财富从公司原股东向新股东的转移，获得利益；而参与溢价定向增发，财富转移方向则恰好相反，其利益受损，而会放弃参与，因而上市公司很少采取溢价定向增发。

除此之外，发行量比率（SEOratio）的均值和中位数分别约为0.35和0.21，二者差距较大，说明部分样本公司发行量比较大，而部分较小，分布不均；定向增发上市公司规模（Size）的均值和中位数分别约为22.07和21.94，发行相对规模（Isize）的均值和中位数分别约为0.18和0.11，资产负债率（Dratio）的均值和中位数分别约为0.49和0.49，第一大股东持股比例（SHratio）的均值和中位数分别约为0.40和0.40，托宾Q（Tobin Q）的均值和中位数分别约为0.69和0.74，这些指标的均值和中位数比较接近，且标准差和Range也都比较合理，说明符合研究条件。

②单变量T检验和Wilcoxon非参检验

本部分研究中，仍选用累积异常收益率（CAR）作为上市公司定向增发宣告效应的衡量指标，对定向增发的累积异常收益率（CAR）作T检验和Wilcoxon非参检验，见表5－11。

表5－11　　定向增发的T检验和Wilcoxon检验

指标变量	T Test			Wilcoxon Test		
	Mean	T－value	P－value	Median	Z－value	P－value
CAR	0.030	2.067	0.020	0.020	2.129	0.033

数据来源：CCER经济金融数据库。

基于表5－11检验发现，上市公司定向增发时累积异常收益率（CAR）的均值为0.03，中位数为0.02，并且无论是T检验还是Wilcoxon非参检验，其都在5%的水平上显著，说明市场投资者对上市公司定向增发行为持积极态度，定向增发在短期内对市场股价有显著正效应。通过分析可见，无论是参数检验还是非参数检验，其结果都支持了假设 H_3：上市公司定向增发时的股价累积异常收益率为正，即上市公司定向增发具有正的宣告效应。

（2）多元 OLS 回归及稳健性检验分析

为进一步验证我们的假设条件，本研究将在以上分析基础上，以上市公司的累积异常收益率（CAR）为被解释变量，以上市公司的发行量比率（SEOratio）、相对发行规模（Isize）、第一大股东持股比例（SHratio）、发行价折扣率（Discount）为解释变量，并引入其他控制变量，如公司规模（Size）、财务杠杆（Dratio）、托宾 Q（Tobin Q）、市场价值账面比（MB）和区分控股股东是否全部或部分参与认购定向增发股票的虚拟变量（All 和 Part），考虑它们对定向增发时宣告效应的影响，构造多元 OLS 回归模型二如下：

$$CAR = \beta_0 + \beta_1 Size + \beta_2 SEOratio + \beta_3 Isize + \beta_4 Dratio + \beta_5 SHratio + \beta_6 Discount + \beta_7 Tobin\ Q + \beta_8 MB + \beta_9 All + \beta_{10} Part + \varepsilon$$

对定向增发上市公司的多元回归及稳健性检验结果见表5－12。

表5－12　定向增发累积异常收益率（CAR）的多元回归及稳健性检验

指标变量	CAR	CAR（Robust）
Size	0.016 (1.91)*	0.016 (1.85)*
SEOratio	0.036 (2.84)***	0.036 (2.96)***
Isize	0.012 (0.16)	0.012 (0.16)
Dratio	−0.118 (−1.05)**	−0.118 (−1.97)**
SHratio	−0.055 (−0.55)	−0.055 (−0.55)
Discount	−0.094 (−1.93)**	−0.094 (−2.01)**

续 表

指标变量	CAR	CAR（Robust）
Tobin Q	0. 102 (1. 37)***	0. 102 (1. 08)***
MB	0. 017 (1. 55)*	0. 017 (1. 73)*
All	0. 124 (2. 65)***	0. 124 (2. 75)***
Part	0. 087 (2. 33)**	0. 087 (2. 17)**
常数项	-0. 364 (-0. 99)	-0. 364 (-0. 90)
样本总体	166	166
R^2	0. 305	0. 305
$Adj.\ R^2$	0. 192	
F - Value	1. 44***	1. 50***

注意：*、**、***分别表示在10%、5%、1%的水平上显著；第二列回归采用了消除异方差的Huber - White稳健性标准误。

5.3 结果分析

从回归结果来看，模型首次回归后的拟合优度 R^2 为0. 305，调整后的拟合优度 $Adj.\ R^2$ 为0. 192，F值为1. 44，并且在1%的水平上显著，说明模型构造较合理，整体拟合较好；在对其进行稳健性检验后，拟合优度为0. 305，F值调整为1. 5，且在1%水平上显著，再次证明模型整体设计的合理性和可行性。

基于以上回归结果，分别对各指标变量作分析如下。

第一，定向增发上市公司规模与其宣告时的股价累积异常收益率正相关。其对上市公司宣告时股价累积异常收益率的影响为1.6%，统计在10%的水平上显著，稳健性检验后仍在10%的水平上显著。本研究中，其作为信息不对称或财务破产成本的代理变量（Blazenko，1987）被引入模型中，一般认为，公司规模越大，管理越科学透明，信息披露就越及时，公司二级市场的股票流动性也越强，从而对其股价的正面影响也越明显。本实证结果说明，信息不对称理论在我国上市公司规模对定向增发宣告正效应的影响方面有一定的解释力。

第二，发行量比率与其宣告时的股价累积异常收益率正相关。定向增发的上市公司的发行量比率每提高1%，其宣告时的股价累积异常收益率提高3.6%，统计在1%的水平上显著，稳健性检验后仍在1%的水平上显著。此指标在本研究中被用来度量价格压力假说，实证结果显示，其对我国上市公司定向增发的宣告效应有解释力，换言之，发行量比率是影响我国上市公司定向增发正宣告效应的主要因素。

第三，发行相对规模与其宣告时的股价累积异常收益率正相关。定向增发的上市公司的发行相对规模每提高1%，其宣告时的股价累积异常收益率提高1.2%，但统计上不显著，稳健性检验后仍然不显著。实证结论显示，该指标用于度量信息释放假说（Barclay 和 Litzenberger，1988），对我国上市公司定向增发宣告效应的解释力不是很强，并且与信息释放假说的观点相左，因而，信息释放假说不适合我国上市公司定向增发宣告效应的解释，发行相对规模也不是影响我国上市公司定向增发正宣告效应的主要因素。

第四，财务杠杆与其宣告时的股价累积异常收益率负相关。定向增发的上市公司的资产负债率每提高1%，其宣告时的股价累积异常收益率下降11.8%，统计在5%的水平上显著，稳健性检验后仍在5%的水平上显著。本指标用以度量信号传递模型（Heinkel，1982），也是衡量企业负债水平及风险程度的重要指标。实证结果显示，信号传递模型对我国上市公司定向增发的宣告正效应有解释力。

第五，第一大股东持股比例与其宣告时的股价累积异常收益率负相关。

定向增发的上市公司第一大股东持股比例每提升1%，其宣告时的股价累积异常收益率就下降5.5%，但统计上不显著，稳健性检验后仍不显著。该指标是衡量我国上市公司特殊的股权结构及财富再分配效应（Akhigbe和Harikumar，1996）的代理变量，股权分置改革后，虽然逐步实现上市公司股份的全流通，但国有股和法人股“一股独大”现象短期内难以改变，因而，第一大股东持股比例越高，在定向增发兼并重组或集团上市的过程中，大股东通过关联交易、低价收购和虚假信息等方式侵害中小股东利益的可能性就越大，当上市公司宣告进行定向增发时，其造成股价累积异常收益率下降的可能性越大。我们的实证研究虽得出第一大股东持股比例与定向增发上市公司的股价累积异常收益率负相关，却不显著，因而不具有很强的解释力。

第六，发行价折扣率与其宣告时的股价累积异常收益率负相关，定向增发的上市公司发行价折扣率每提升1%，其宣告时的股价累积异常收益率就下降9.4%，并且统计在5%的水平上显著，稳健性检验后，在5%的水平上仍然显著。这说明，当上市公司以很低的折扣率折价定向增发，并且大股东或机构投资者愿意参与时，意味着上市公司的股价被市场低估或者上市公司将要投资的项目有很好的发展前景，这是向市场投资者传递一个积极的信号，此时的定向增发会受到市场投资者的青睐，市场对其宣告定向增发时的股价累积异常收益率持乐观态度。这一研究结果也与国外学者（Holderness等，2005；Danny Meidan，2006）对美国的研究结论一致，与国内学者（章卫东，2009；张鸣，2009；何丽梅，2010）的研究结果相同。并且，这一实证结论还有力地支持了本书假设H_6：定向增发新股的发行折扣率与股价超额累积收益率负相关。

第七，托宾Q与其宣告时的股价累积异常收益率正相关。定向增发上市公司的托宾Q每提升1%，其宣告时的股价累积异常收益率就提高10.2%，统计在1%的水平上显著，稳健性检验后仍在1%的水平上显著。这一结论与配股和公开增发上市公司的情况不同。

第八，市场账面价值比与其宣告时的股价累积异常收益率正相关。定向增发上市公司的市场账面价值比每提升1%，其宣告时的股价累积异常收益率就提高1.7%，统计在10%的水平上显著，稳健性检验后，其仍在10%的水平上显著。

第九，区分控股股东全部还是部分参与定向增发认购的虚拟变量（All 和 Part）的实证分析显示，控股股东全部参与认购定向增发时的宣告效应要比不参与定向增发时的宣告效应提高 12.4%，并且统计在 1% 水平上显著，稳健性检验后仍然在 1% 水平上显著。控股股东部分参与认购定向增发时的宣告效应要比不参与定向增发时的宣告效应提高 8.7%，并且统计在 5% 水平上显著，稳健性检验后仍然在 5% 水平上显著。控股股东全部参与认购定向增发时的宣告效应要好于部分参与定向增发时的宣告效应，控股股东部分参与认购定向增发时的宣告效应要好于不参与认购定向增发时的宣告效应。这一实证结论支持了我们的研究假设 H_4：控股股东全部参与定向增发时的宣告效应要好于控股股东部分参与时的宣告效应；也支持了研究假设 H_5：控股股东部分参与定向增发时的宣告效应要好于控股股东不参与时的宣告效应。

6 股权再融资短期绩效的对比研究

本章将对配股、公开增发和定向增发的宣告效应做对比分析，首先，对配股、公开增发和定向增发时的平均累积异常收益率（CAAR）作 T 检验对比分析，以发现三者宣告时短期市场股价平均累积异常收益率反应的差异；然后，选取三者宣告时的累积异常收益率（CAR）为被解释变量，在引入其他影响变量和虚拟变量的基础上做多元回归对比分析，以进一步检验三者宣告时市场股价反应的优劣。

6.1 样本选取及指标设计

6.1.1 数据来源和样本选取

本节的数据来源和样本选取标准与前文类似。数据主要来源于北京色诺芬公司 CCER 中国经济金融数据库，部分源于中国证券监督管理委员会公开数据。本部分选取了 2005 年 1 月 1 日至 2008 年 12 月 31 日，所有符合配股、公开增发和定向增发条件的上证和深证 A 股上市公司为研究样本。为提高研究的严谨性，获取更为“清洁”的研究样本，现进一步对样本公司作以下标准限定。

第一，本节仅考虑在 2005—2008 年成功进行了股权再融资并筹得资金，且属于上证和深证的 A 股上市公司；剔除进行配股、公开增发或定向增发的 B 股上市公司；剔除 A 股公司配股、公开增发或定向增发 H 股；剔除 H 股公司配股、公开增发或定向增发 A 股的上市公司。

第二，剔除原始样本中在2005—2008年进行过股权再融资的银行金融类上市公司，因为其会计标准和经营范围与一般上市公司有所差异，即仅考虑非金融类上市公司的宣告效应。剔除1家配股上市公司，5家定向增发上市公司，2家公开增发上市公司，共剔除8家银行金融类样本公司。

第三，剔除2005—2008年连续两次或两次以上进行过股权再融资的样本公司，以减少对本研究的影响。

第四，剔除同时进行过配股、公开增发或定向增发中，至少两种或两种以上的样本公司，因为重复的股权再融资会影响公司股价及未来业绩，使影响公司业绩的因素不确定。

经过条件第三和条件第四的筛选后，共剔除42家样本公司。

第五，剔除已退市或被ST或PT的样本公司，共剔除4家样本公司。

第六，上市公司的金融数据和财务数据都可获得，最终剔除数据缺失或异常的样本公司58家。

经过以上条件的选取，最后获得符合条件的样本公司223家，其中配股融资的样本公司19家，公开增发的样本公司38家，定向增发的样本公司166家。

6.1.2 指标设计

本节的指标设计与前文类似。上市公司的宣告效应是指证券市场各因素的变动，引起股价波动而给投资者带来的额外收益或损失，本研究将使用上市公司公告日作为基准日，用公告前后窗口期内股价的累积异常收益率来衡量投资者的收益或损失。具体设计如下。

（1）公告日及窗口期的确定

事件日是公司重大事件发生日或重要信息公告日，其中包括董事会公告日、股东大会决议公告日、证监会批准公告日、发行公告日和上市公告日等。本研究中，对于上市公司宣告效应的研究，将以其发行公告日为基准日，由于股权再融资公布日期前，消息往往已被市场中部分机构或投资者所掌握（章卫东，2010），因此，本研究将股权再融资对上市公司股价影响的窗口期锁定于公告日前20天和公告日后5天，即研究的窗口期为［-20，5］。在窗口期内，剔除停牌日；如果上市公司公告日当天停牌，则 t_0 顺延为最新的下一个交易日。[①]

（2）异常收益率（Abnormal Return，AR）和累积异常收益率（Cumulative Abnormal Return，CAR）的计算

对于异常收益率的计算，一般来说有三种方法[②]：市场调整法、均值调整法和市场模型法。市场调整法假设市场指数收益率是每只股票在事件期内当天的正常收益率，并考虑市场整体情况对单个证券的影响，但这些影响都是一样的，所有证券的正常回报率都是市场平均回报，此法最简单；均值调整法是首先选择一个估计窗口，用来估计正常参数的时期，一般在事件发生之前，多用120天来表示，然后估算此期间内股票的日平均收益率作为其正常收益率，但此法没有考虑市场整体情况对单只股票的影响；市场模型法是根据资产定价模型计算股票的正常收益率，将特定交易日的回报率在市场模型中的估计值作为正常回报率，此法不但考虑了市场整体情况对单个证券的影响，并且认为这种影响对每只证券是不同的。

因而，本研究中将采用市场模型法来衡量股权再融资对上市公司股票价格累积异常收益率的影响，计算步骤如下。

①根据市场模型确定股票正常回报率

$$\hat{r}_{i,t} = \hat{\alpha}_i + \beta_i r_{m,t}$$

$\hat{r}_{i,t}$ 为上市公司 i 在时点 t 的回报率，此回报率为考虑分红的日回报率，其计算公式为[③]：

$$r_t = \frac{p_t f_t}{p_{t-1}} + \frac{d_t}{p_{t-1} + k_1 p_1{}' + k_2 p_2{}'} - 1$$

上式中，价格调整因子：$f_t = \dfrac{(1 + k_1 + k_2) p_{t-1}}{p_{t-1} + k_1 p_1{}' + k_2 p_2{}'}$

k_1 、k_2 是流通A股股本变动因子；

① 陈石清、谢璐：《中国上市公司定向增发的短期财富效应研究》，《财经理论与实践》（双月刊）2009年第6期。

② Weston（2000）指出：市场调整法、均值调整法和市场模型法，此三种方法计算所得结果是相似的。

③ 计算方法：借鉴于CCER中国经济金融数据库的计算说明。

p_t 是当日收盘价，p_{t-1} 是前日收盘价；

p_1'、p_2' 是配股价格，分成 1 和 2 是因为有时候一天内有不同的配股价格；

d_t 是本交易日的现金分红数额；

$r_{m,t}$ 表示市场在时点 t 按照相应指数的加权方式计算的考虑分红的回报率。对于上海证券交易所上市的股票，将选用上证综合指数作为可比基准（Benchmark）；对于深圳证券交易所上市的股票，将选用深证成分指数作为可比基准（Benchmark）。

估计 $\hat{\alpha}_i$ 和 β_i 时，选取事件日为基准日，窗口期为［-150，20］；再根据估计得到的 $\hat{\alpha}_i$ 和 β_i 来计算上市公司股票在事件日的正常回报率，所以拟合 $\hat{\alpha}_i$ 和 β_i 的样本点不包括事件日。

②异常收益率（Abnormal Return，AR）的计算

对于研究的第 i 只股权再融资样本，其市场调整后的第 t 日异常回报率为：

$$AR_{i,t} = r_{i,t} - \hat{r}_{i,t} = r_{i,t} - (\hat{\alpha}_i + \beta_i r_{m,t})$$

即，$\hat{\alpha}_i + \beta_i r_{m,t}$ 可以看作一般情况下 $\hat{r}_{i,t}$ 的无偏估计。

③累积异常收益率（Cumulative Abnormal Return，CAR）的计算

根据以上计算，对于窗口期［-20，5］内，第 i 只股权再融资样本的累积异常收益率为：

$$CAR_{(-20,5)} = \sum_{t=-20}^{5} AR_{it}$$

④平均异常收益率（Average Abnormal Return，AAR）的计算

为研究样本在股权再融资公告期间［-20，5］内的平均异常收益率，本研究将定义平均异常收益率如下：

$$AAR_t = \frac{1}{n}\sum_{i=1}^{n} AR_{it}$$

其中，n 为样本数；i 为某一样本公司；t 为窗口期。

即，第 t 日所有样本公司的平均异常收益率 AAR_t（Average Abnormal Return）。

⑤平均累积异常收益率（CAAR）的计算

$$CAAR_{(t_1,t_2)} = \frac{1}{n}\sum_{i=1}^{n} CAR_i(t_1,t_2)$$

其中，n 为样本数；i 为某一样本公司；t 为窗口期。

即，某一窗口期［t_1，t_2］内所有样本公司的平均累积异常收益率 $CAAR_{(t_1,t_2)}$。

（3）公司规模（Size）

用股权再融资前上市公司总资产的自然对数 Ln（Size）表示。公司规模可以作为财务破产成本代理变量，也可以作为信息不对称的代理变量（Blazenko，1987）。一般认为，公司规模越大，管理越完善，信息披露越及时，从而对其股价的影响也越透明。

（4）发行量比率（SEOratio）

用以度量价格压力假说的指标，其计算方法为：股权再融资发行新股数/再融资前总股本。价格压力假说认为（Akhigbe 和 Harikumar，1996），上市公司股票的需求曲线下斜，上市公司增加发行，会稀释股本，引发股票价格下降；并且发行量越大，向外界传递的消息越消极，引起股价下跌幅度也越大。

（5）发行相对规模（Isize）

用于度量信息释放假说的指标，其计算方法为实际发行金额与公司市场价值之比。其中，上市公司市场价值 = 计算窗口内平均股价 × 总股本 + 长期负债。信息释放假说认为，上市公司股权再融资的发行规模与股价异常收益率负相关（Barclay 和 Litzenberger，1988）。

（6）财务杠杆（Dratio）

即资产负债率，用于度量信号传递模型（Heinkel，1982）的指标，衡量企业负债水平及风险程度，其计算公式为：资产负债率 =（负债总额/资产总额）×100%。负债总额指企业的全部负债，不仅包括长期负债，而且包括流动负债；资产总额指企业的全部资产总额，包括流动资产、固定资产、长期投资、无形资产和递延资产等。

（7）第一大股东持股比例（SHratio）

用以衡量我国上市公司特殊的股权结构及财富再分配效应（Akhigbe 和 Harikumar，1996）的指标，计算公式为：持股比例最大的股东持有上市公司股份/总股本。第一大股东持股比例越高，国有股和法人股“一股独大”现象越严重，存在大股东侵占中小股东利益的可能性就越大。

（8）托宾 Q（Tobin Q）

反映一个企业用两种不同价值估计的比值，计算公式为：Tobin Q = 上市公司的市场价值/其资产重置成本。当 Q > 1 时，购买新生产的资本产品更有利，这会增加投资的需求；当 Q < 1 时，购买现成的资本产品比新生成的资本产品更便宜，这样就会减少资本需求。金融市场价值包括公司股票的市值和债务资本的市场价值；重置成本是指现在要用多少钱才能买下该上市公司的所有资产，即，如果我们不得不从零开始再来一遍，创建该公司需要花费多少钱。

（9）市值账面价值比（MB）

公司股票的市场价值与其账面价值之比，计算公式：上市公司市场价值 = 计算窗口内平均股价 × 总股本 + 长期负债；账面价值采用总资产来表示。

（10）虚拟变量（RO）

表示上市公司是否进行配股的虚拟变量，如进行配股则为 1，否则为 0。

在保留以上部分指标设计基础上，引入以下新指标。

虚拟变量（PO），表示上市公司是否进行公开增发的虚拟变量，如进行公开增发则为 1，否则为 0。

6.2 研究假设

2006 年中国证监会颁布的《管理办法》中，对上市公司公开增发的规定比早期严格了许多，尤其在对申请公开增发上市公司的净资产收益率等方面作了更加严格的规定，因而只有优质的上市公司才会获得公开增发资格，市场对公开增发时的宣告效应普遍看好。而 2006 年的《管理办法》中，并没有对定向增发有太多约束，只是规定“发行对象不超过 10 名；发行定价不低于定价基准日前 20 个交易日公司股票均价的 90%”。这会导致很多业绩较差，达不到配股或公开增发标准的上市公司转而寻求定向增发来达到再融资目的，因而，其宣告时的市场反应应该比公开增发时的稍差。基于此，我们作以下假设。

H_7：上市公司公开增发时的宣告效应要好于定向增发时的宣告效应。

2006 年的《管理办法》虽对配股有所规定“最近 3 个会计年度连续盈利；原控股股东必须达到配股总额的 70% 以上等”，但并没有对配股上市公司的经营业绩指标作出具体明确的规定，上市公司大股东迫于法规规定虽然参与了配股，但有可能采用所谓的“优质实物资产”方式进行配股，在成功再融资后，再将资产折价卖给关联企业进行套现获利；更有甚者会将那些废旧过时的、无法为企业带来收益的资产溢价处理参与配股，实质上还是变相地向参与配股的中小股东“圈钱”，因而，市场对上市公司宣告配股时的反应比较消极。同时，该《管理办法》也没有对定向增发的门槛作出严格的规定，但我国现阶段的定向增发多被用于上市公司兼并重组，或通过控股公司向上市公司注入优质资产，实现集团整体上市，因而，市场对上市公司宣告定向增发时的反应应该比配股时的好。基于此，作以下假设。

H_8：上市公司定向增发时的宣告效应要好于配股时的宣告效应。

6.3 实证研究及结果

6.3.1 单变量检验

本节首先对配股、公开增发和定向增发的平均累积异常收益率（CAAR）做单变量 T 检验对比分析，结果见表 6-1。

表 6-1　中国上市公司配股、公开增发和定向增发宣告效应的对比

事件窗口	配股			公开增发			定向增发		
	AAR（%）	t 值	CAAR（%）	AAR（%）	t 值	CAAR（%）	AAR（%）	t 值	CAAR（%）
[-21, -20]	0.11	0.17	0.11	0.61	1.17	0.61	0.08	0.32	0.08
[-20, -19]	-0.49	-0.66	-0.38	0.56	1.24	1.17	0.19	0.83	0.27

续表

事件窗口	配股			公开增发			定向增发		
	AAR (%)	t值	CAAR (%)	AAR (%)	t值	CAAR (%)	AAR (%)	t值	CAAR (%)
[-19, -18]	0.44	0.56	0.06	0.49	0.91	1.65	0.47	1.80**	0.74
[-18, -17]	0.47	0.57	0.53	0.40	0.74	2.05	0.53	2.00**	1.27
[-17, -16]	-0.56	-0.61	-0.03	-0.63	-1.37	1.42	0.15	0.56	1.42
[-16, -15]	-0.29	-0.42	-0.33	-0.08	-0.28	1.34	0.31	1.26	1.73
[-15, -14]	-0.13	-0.19	-0.45	0.81	1.38*	2.15	0.18	0.74	1.91
[-14, -13]	0.59	0.59	0.14	1.13	2.26**	3.28	0.53	1.99**	2.44
[-13, -12]	-1.70	-1.87	-1.56	-0.04	-0.07	3.24	0.43	1.62**	2.87
[-12, -11]	0.98	1.20	-0.59	0.54	1.27*	3.78	0.10	0.44	2.97
[-11, -10]	-1.04	-1.28	-1.63	0.32	0.65	4.10	0.10	0.36	3.07
[-10, -9]	1.68	1.92**	0.05	-0.06	-0.13	4.05	0.64	2.54***	3.70
[-9, -8]	1.79	2.76***	1.84	-0.02	-0.04	4.03	-0.28	-1.14	3.43
[-8, -7]	-0.91	-1.51	0.93	0.02	0.03	4.04	0.09	0.32	3.52
[-7, -6]	0.76	1.01	1.68	0.64	1.61**	4.68	-0.23	-0.98	3.28
[-6, -5]	0.05	0.08	1.74	0.81	1.62*	5.49	0.27	1.19	3.56
[-5, -4]	-0.55	-0.66	1.19	-0.54	-1.34	4.95	0.05	0.24	3.61
[-4, -3]	0.91	1.16	2.10	0.08	0.14	5.03	0.14	0.59	3.75
[-3, -2]	0.01	0.01	2.11	0.77	1.37*	5.80	0.26	1.03	4.00

续表

事件窗口	配股			公开增发			定向增发		
	AAR(%)	t值	CAAR(%)	AAR(%)	t值	CAAR(%)	AAR(%)	t值	CAAR(%)
[-2,-1]	-2.03	-1.21	0.08	2.18	3.89***	7.98	-0.12	-0.26	3.89
[-1,0]	3.13	2.45**	3.21	0.51	0.72	8.49	1.02	1.86**	4.91
[0,1]	-1.27	-1.21	1.94	-1.02	-1.90	7.47	-0.53	-1.97	4.38
[1,2]	0.26	0.64	2.20	-1.95	-0.86	5.52	-0.27	-1.17	4.11
[2,3]	-4.18	-3.69	-1.97	-0.26	-0.47	5.26	-0.21	-0.80	3.90
[3,4]	-0.41	-0.55	-2.38	-0.59	-1.02	4.67	-0.27	-1.13	3.63
[4,5]	-0.33	-0.23	-2.71	0.80	1.31*	5.47	-0.59	-1.59	3.04
	CAAR(%)			CAAR(%)			CAAR(%)		
[-2,0]	1.1			2.69			0.9		
[-2,1]	-0.17			1.67			0.37		
[-2,2]	0.09			-0.28			0.1		
[-2,3]	-4.09			-0.54			-0.11		
[-2,4]	-4.5			-1.13			-0.38		
[-2,5]	-4.83			-0.33			-0.97		

注：*表示在10%的水平上显著，**表示在5%的水平上显著，***表示在1%的水平上显著。

表6-1是2005—2008年进行配股、公开增发和定向增发的中国上市公司在窗口期［-20，5］内，每日股价的平均异常收益率（AAR）和平均累积异常

收益率（CAAR）及其T检验结果。由表6－1可见，配股当日［－1，0］的平均异常收益率（AAR）和平均累积异常收益率（CAAR）分别为3.13%和3.21%，并且在5%的水平上显著；公开增发当日［－1，0］的平均异常收益率（AAR）和平均累积异常收益率（CAAR）分别为0.51%和8.49%，但统计上并不显著；定向增发当日［－1，0］的平均异常收益率（AAR）和平均累积异常收益率（CAAR）分别为1.02%和4.91%，并且在5%的水平上显著。仅从宣告当日三者的CAAR对比来看，宣告公开增发时的平均累积异常收益率（CAAR）要比宣告定向增发时的平均累积异常收益率（CAAR）好；宣告定向增发时的平均累积异常收益率（CAAR）要比宣告配股时的平均累积异常收益率（CAAR）好。

如果以宣告日前一天为基期，重新计算三者宣告时股价的平均累积异常收益率（CAAR）可以发现，配股宣告当日的平均累积异常收益率（CAAR）为1.1%，随后基本呈下降趋势；到宣告日后第三天［－2，3］，其平均累积异常收益率（CAAR）为－4.09%；随后的两天，CAAR持续下降，幅度较大。公开增发宣告当日的平均累积异常收益率（CAAR）为2.69%；从宣告后第二天［－2，2］开始，其平均累积异常收益率（CAAR）为－0.28%；随后三天虽也有下降趋势，当远比配股的宣告效应好。定向增发宣告当日的平均累积异常收益率（CAAR）为0.9%；在宣告后第三天［－2，3］，CAAR开始变为－0.11%；随后两天虽有下降，但相对于配股时的宣告效应，却明显较好。

综上分析，无论是在窗口期［－20，5］，还是在宣告日后［－2，5］，公开增发宣告时的平均累积异常收益率（CAAR）明显要好于配股宣告时的平均累积异常收益率（CAAR）；定向增发宣告时的平均累积异常收益率（CAAR）也好于配股宣告时的平均累积异常收益率（CAAR）；并且公开增发宣告时的平均累积异常收益率（CAAR）还要好于定向增发宣告时的平均累积异常收益率（CAAR）。这一研究结论支持了研究假设H_7：上市公司公开增发时的宣告效应要好于定向增发时的宣告效应；也支持了研究假设H_8：上市公司定向增发时的宣告效应要好于配股时的宣告效应。

根据表6－1数据，我们可得出配股、公开增发和定向增发时股价的平均累积异常收益率（CAAR）走势，如图6-1[①]所示。

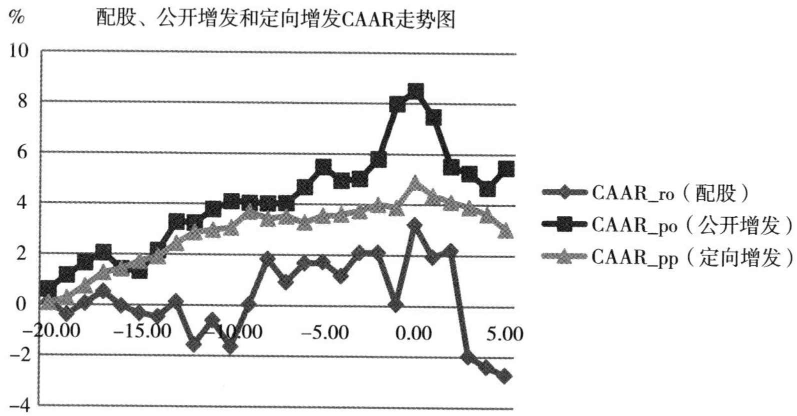

图6-1　2005—2008年中国上市公司配股、公开增发和定向增发的CAAR对比

从图6-1可以清晰地发现，公开增发和定向增发的平均累计异常收益率（CAAR）在窗口期［-20，5］内基本为正值，并且公开增发的平均累计异常收益率（CAAR）要好于定向增发的平均累计异常收益率（CAAR）；而配股的平均累计异常收益率（CAAR）在窗口期［-20，5］内的波动较大，在宣告日后，其平均累计异常收益率（CAAR）下降趋势显著，并最终于宣告后的第三天变为负值并持续恶化，因而配股的宣告效应明显差于公开增发和定向增发时的宣告效应。

以上分析说明，市场普遍不看好上市公司进行配股再融资，认为这是大股东操纵的上市"圈钱"行为，会侵害中小股东的利益，因而在其配股前后股价有负的异常收益率。而对于公开增发和定向增发，市场的反应比较积极，由于定向增发多被用于项目重组或收购集团公司优质资产，实现集团整体上市等目的，这些都被市场认为是利好信号，因而定向增发前后，上市公司的股价一般具有正的异常收益率。同时，由于2006年后证监会提高了上市公司公开增发的门槛，因而，上市公司公开增发宣告后也有正的股价异常收益率。

---

① 图6-1中，CAAR_ ro表示在窗口期［-20，5］内，配股的平均累计异常收益率走势；CAAR_ po表示在窗口期［-20，5］内，公开增发的平均累计异常收益率走势；CAAR_ pp表示在窗口期［-20，5］内，定向增发的平均累计异常收益率走势。

研究还发现，公开增发的宣告效应要好于定向增发和配股的宣告效应，这也支持了前文的假设 H_7 和假设 H_8。

6.3.2 多元 OLS 回归及稳健性检验

(1) 描述性统计分析

对影响股权再融资时宣告效应的各指标变量作描述性统计分析见表 6－2。

表 6－2 配股、公开增发和定向增发的指标统计

	CAR	Size	SEOratio	Isize	Dratio	SHratio	Tobin Q	MB
N	223	223	223	223	223	223	223	223
Mean	0.030	22.114	0.316	0.176	0.487	0.380	0.683	1.860
Median	0.028	22.014	0.206	0.118	0.485	0.374	0.731	1.348
Sd	0.171	1.041	0.404	0.244	0.154	0.165	0.197	1.479
Range	1.332	6.409	3.633	2.089	0.701	0.786	0.934	11.734
Min	－0.901	19.270	0.033	0.019	0.088	0.035	0.000	0.165
Max	0.431	25.679	3.667	2.108	0.789	0.821	0.934	11.899

由表 6－2 统计可见，股权再融资后股价的累积异常收益率（CAR）的均值和中位数分别为 0.030 和 0.028，非常接近，并且方差和 Range 比较合理；发行量比率（SEOratio）的均值和中位数分别为 0.316 和 0.206，差距较大，说明样本中有的公司的发行量比率较大，而有的较小，公司规模（Size）的均值和中位数分别为 22.11 和 22.01，相对发行规模（Isize）的均值和中位数分别为 0.18 和 0.12，资产负债比（Dratio）的均值和中位数分别为 0.487 和 0.485，第一大股东的持股比例（SHratio）的均值和中位数分别为 0.38 和 0.37，托宾 Q 的均值和中位数分别为 0.68 和 0.73，市场账面价值比（MB）的均值和中位数分别为 1.86 和 1.35，以上统计指标的均值和中位数都比较接

近，且方差和 Range 分布较合理，因而符合研究要求。

(2) 多元 OLS 回归及稳健性检验

本部分将在以上单因素变量 T 检验和描述性统计分析的基础上，以配股、公开增发和定向增发的累积异常收益率（CAR）为被解释变量，以上市公司的发行量比率（SEOratio）、相对发行规模（Isize）、第一大股东持股比例（SHratio）为解释变量，并引入两个区分配股、公开增发和定向增发的虚拟变量（PO 和 RO）和其他控制变量，如公司规模（Size）、财务杠杆（Dratio）、托宾 Q（Tobin Q）、市场价值账面比（MB），对三者的宣告效应进行多元回归对比分析，以进一步检验三者宣告效应的优劣。构造多元 OLS 回归模型三如下。

$$CAR = \beta_0 + \beta_1 Size + \beta_2 SEOratio + \beta_3 Isize + \beta_4 Dratio + \beta_5 SHratio + \beta_6 Tobin\ Q + \beta_7 MB + \beta_8 PO + \beta_9 RO + \varepsilon$$

对上市公司配股、公开增发和定向增发宣告效应对比的多元回归及稳健性检验结果见表 6-3。

表 6-3 配股、公开增发和定向增发宣告效应（CAR）的多元回归及稳健性检验

指标变量	CAR	CAR（Robust）
Size	-0.015 (-1.12)**	-0.015 (-1.91)**
SEOratio	-0.040 (-3.15)**	-0.040 (-3.75)***
Isize	0.076 (1.33)	0.076 (1.23)
Dratio	-0.002 (-1.02)**	-0.002 (-1.89)**
SHratio	-0.039 (-0.50)	-0.039 (-0.46)
Tobin Q	0.065 (1.03)***	0.065 (2.70)***
MB	0.010 (1.11)*	0.010 (1.25)*

续 表

指标变量	CAR	CAR（Robust）
PO	0. 029 (2. 42)**	0. 029 (2. 86)**
RO	-0. 052 (-2. 24)***	-0. 052 (-2. 31)***
常数项	0. 322 (1. 13)	0. 322 (0. 90)
样本总体	223	223
R^2	0. 481	0. 481
$Adj.\ R^2$	0. 378	
F - Value	1. 19***	1. 47***

注意：*、**、*** 分别表示在10%、5%、1%的水平上显著，第二列回归采用了消除异方差的 Huber - White 稳健性标准误。

从回归结果来看，模型首次回归后的拟合优度 R^2 为0. 481，调整后的拟合优度 $Adj.\ R^2$ 为0. 378，F值为1. 19，并且在1%的水平上显著，说明模型构造较合理，整体拟合较好。在对其进行稳健性检验后，拟合优度为0. 481，F值调整为1. 47，且在1%的水平上显著，再次证明模型整体设计的合理性和可行性。

基于以上回归结果，分别对各指标变量作以下分析。

第一，上市公司规模与其宣告股权再融资时的累积异常收益率呈负相关。其对上市公司宣告股权再融资时累积异常收益率的平均影响为 -1. 5%，统计在5%的水平上显著，稳健性检验后仍在5%的水平上显著。这与国内部分学者（原红旗，2003）的研究结论相似，即中国上市公司规模越大，配股后的股票回报率下降越严重。

第二，发行量比率与其宣告股权再融资时的累积异常收益率呈负相关。说明发行量比率每提高1%，其宣告股权再融资时的累积异常收益率下降

4%，并且在5%的水平上显著，稳健性检验后在1%的水平上显著。该指标作为度量价格压力假说的代表，说明价格压力假说在发行量比率对我国上市公司宣告股权再融资时的累积异常收益率负影响方面具有较强的解释力。

第三，相对发行规模与其宣告股权再融资时的累积异常收益率呈正相关。相对发行规模每提高1%，宣告股权再融资时的累积异常收益率提高7.6%，但统计上不显著，稳健性检验后仍不显著。这说明“认为上市公司股权再融资的发行规模与股价异常收益率负相关”的信息释放假说，对我国上市公司的股权再融资宣告效应没有很好的解释力。

第四，资产负债比与其宣告股权再融资时的累积异常收益率呈负相关。上市公司资产负债率每提高1%，宣告股权再融资时的累积异常收益率下降0.2%，统计在5%的水平上显著，稳健性检验后仍在5%的水平上显著。这说明信号传递模型对我国上市公司的股权再融资宣告效应有很好的解释力，我们的实证结果与国内部分学者（王汀汀，2006）的研究结论相同。

第五，第一大股东持股比例与其宣告股权再融资时的累积异常收益率呈负相关。第一大股东持股比例每提高1%，其宣告股权再融资时的累积异常收益率下降3.9%，但统计上不显著，稳健性检验后仍不显著。一般认为，第一大股东持股比例越高，在股权再融资过程中大股东通过关联交易、低价收购和虚假信息等方式侵害中小股东利益的可能性就越大。当上市公司宣告进行股权再融资时，其使股价累积异常收益率下降的可能性也越大。这一实证结论部分支持了前文中对配股和公开增发效应的理论推导结果，但不显著，因而其不是影响我国上市公司股权再融资宣告效应的主要因素。

第六，托宾Q与其宣告股权再融资时的累积异常收益率呈正相关。上市公司的托宾Q每提高1%，宣告股权再融资时的累积异常收益率提高6.5%，统计在1%的水平上显著，稳健性检验后仍在1%的水平上显著。说明托宾Q对我国上市公司股权再融资的宣告效应有显著正影响。

第七，市场账面价值比与其宣告股权再融资时的累积异常收益率正相关。上市公司的市场账面价值比每提高1%，宣告股权再融资时的累积异常收益率提高1%，并且统计在10%的水平上显著，稳健性检验后仍在10%的水平上显著。说明市场账面价值比对我国上市公司股权再融资的宣告效应有正影响，并具有解释力。

第八，区分配股、公开增发和定向增发的虚拟变量（RO 和 PO）的实证结果显示，公开增发宣告时的股价累积异常收益率比定向增发宣告时的股价累积异常收益率高 2.9%，并且在 5% 的水平上显著，稳健性检验后仍然在 5% 的水平上显著。配股宣告时的股价累积异常收益率比定向增发宣告时的股价累积异常收益率低 5.2%，并且在 1% 的水平上显著，稳健性检验后仍然在 1% 的水平上显著。这进一步验证了我们的假设条件 H_7：上市公司公开增发时的宣告效应要好于定向增发时的宣告效应。也支持了研究假设 H_8：上市公司定向增发时的宣告效应要好于配股时的宣告效应。这说明，市场投资者对上市公司宣告配股持消极态度，认为配股行为更多体现了大股东对中小股东的利益侵害。对上市公司宣告公开增发持积极乐观态度，认为公开增发是向市场传递一种有利信息。对上市公司宣告定向增发的态度介于公开增发和配股之间，比配股要好，比公开增发要差。

7　中国上市公司股权再融资长期业绩的实证研究

在理论上，无论是配股、公开增发还是定向增发，上市公司股权再融资后，新融入的资金都会提高每股净资产，还可增加上市公司资金实力，改善公司财务状况，使公司能够突破资金瓶颈开展新项目，进而提高公司的盈利能力和业绩。但股权再融资资金的使用效果通常要经过一定时间才能显现出来，因而考察股权再融资对公司长期业绩的影响，不能简单地以公司再融资当年的财务指标来进行评价，而要将股权再融资后连续几年的业绩与股权再融资前一年或当年（基年）的业绩作对比分析，才更有说服力。如果股权再融资是有效的，随着再融资筹集资金的合理使用，上市公司的盈利能力和业绩将会得到明显改善和提升。本章将首先对进行配股或公开增发新股的上市公司的长期业绩作实证分析，然后再对定向增发新股的上市公司的长期业绩做实证分析，以为后文三种股权再融资方式长期业绩的对比分析作好铺垫。

7.1　配股和公开增发长期业绩的实证研究

7.1.1　样本选取及指标设计

（1）数据来源及样本选取

数据来源：本节数据主要源于北京色诺芬公司 CCER 中国经济金融数据库，部分源于中国证券监督管理委员会公开数据。

样本选取：选取 2005 年 1 月 1 日至 2008 年 12 月 31 日所有符合配股、公开增发和定向增发条件的上证和深证A股上市公司为研究样本。为提高本研究的严谨性，获取更为“清洁”的研究样本，现进一步对样本公司作以下标准限定。

第一，仅考虑在2005—2008年成功进行了股权再融资并筹得资金，且属于上证和深证的A股上市公司；剔除进行配股、公开增发或定向增发的B股上市公司；剔除A股公司配股、公开增发或定向增发H股；剔除H股公司配股、公开增发或定向增发A股的上市公司。

第二，剔除原始样本中在2005—2008年进行股权再融资行为的银行金融类上市公司，因为其会计标准和经营范围与一般上市公司有所差异，即仅考虑非金融类上市公司的长期业绩。剔除1家配股上市公司，5家定向增发上市公司，2家公开增发上市公司，共剔除8家银行金融类样本公司。

第三，剔除2005—2008年连续两次或两次以上进行过股权再融资的样本公司，以减少对本研究的影响。

第四，剔除同时进行过配股、公开增发或定向增发中至少两种或两种以上的样本公司，因为重复的股权再融资会影响公司股价及未来业绩，使影响公司业绩的因素不确定。

经过第三条和第四条的筛选后，共剔除42家样本公司。

第五，剔除已退市或被ST或PT的样本公司，共剔除4家样本公司。

第六，上市公司的金融数据和财务数据都可获得，最终剔除数据缺失或异常的样本公司58家。

经过以上条件的选取，最后获得符合条件的样本公司223家，其中配股融资的上市公司19家，公开增发的样本公司38家，定向增发的样本公司166家。

（2）研究指标设计

在保留前文部分指标变量的基础上，引入以下新指标。

①调整的净资产收益率（RROE）

净资产收益率是衡量上市公司盈利能力最直接有效的指标。它反映了股东权益的收益水平，是一个综合性最强的财务比率指标。用净资产收益率评价上市公司业绩，可以直观地了解其投资价值，即企业净资产的运用带来的收益。本研究中，计算净资产收指标益率的利润部分采用税后净利润，其计算公式为：净资产收益率 = 净利润/股东权益；计算 RROE 则是考虑了扣除行业平均净资产收益率之后的净资产收益率，公式为：

$$RROE_{i,t} = ROE_{i,t} - ROE_{m,t}$$

$RROE_{i,t}$ 是第 i 家样本公司股权再融资后第 t 年，经行业调整的净资产收益率；

$ROE_{i,t}$ 是第 i 家样本公司股权再融资后第 t 年的净资产收益率；

$ROE_{m,t}$ 是第 i 家样本公司对应的行业在当年的平均净资产收益率。

②调整的总资产收益率（RROA）

资产收益率是一个综合指标，可以用来评价企业经济效益的高低、资产利用的效果等。该指标越高，表明资产的利用效率越高，经营业绩越好。总资产收益率计算公式为：资产收益率 =（净利润/平均资产总额）×100%，平均资产总额 =（期初资产总额 + 期末资产总额）/2。计算 RROA 的方式与计算 RROE 的相似，也是考虑了扣除行业平均总资产收益率之后的资产收益率。

$$RROA_{i,t} = ROA_{i,t} - ROA_{m,t}$$

$RROA_{i,t}$ 是第 i 家样本公司股权再融资后第 t 年，经行业调整的总资产收益率；

$ROA_{i,t}$ 是第 i 家样本公司股权再融资后第 t 年的总资产收益率；

$ROA_{m,t}$ 是第 i 家样本公司对应的行业在当年的平均总资产收益率。

③调整的主营业务收入增长率（MOR）

用来衡量公司的产品生命周期，判断公司发展所处的阶段，此处用以检验企业股权再融资募集资金是否用于其主营业务。如果是，该指标应该为正，企业不是为了“圈钱”而进行股权再融资。其计算公式为本期主营业务收入与上期主营业务收入之差与上期主营业务收入的比值，即，主营业务收入增长率 =（本期主营业务收入 - 上期主营业务收入）/上期主营业务收入 ×100%。MOR 的获得是按照新的会计调整准则对前一年主营业务收入进行调整后的数据①。

---

① 数据来源：CCER 中国经济金融数据库。

④虚拟变量（$Year_i$）

用来衡量是否为股权再融资后第 i 年的 RROE 的哑变量，如果是，则为 1；如果不是，则为 0。

$$\begin{cases} Year_1 = 1，\text{如果是股权再融资后第一年的 RROE；} \\ Year_1 = 0，\text{如果不是股权再融资后第一年的 RROE。} \end{cases}$$

$$\begin{cases} Year_2 = 1，\text{如果是股权再融资后第二年的 RROE；} \\ Year_2 = 0，\text{如果不是股权再融资后第二年的 RROE。} \end{cases}$$

$$\begin{cases} Year_3 = 1，\text{如果是股权再融资后第三年的 RROE；} \\ Year_3 = 0，\text{如果不是股权再融资后第三年的 RROE。} \end{cases}$$

7.1.2 研究方法与研究假设

（1）研究方法

本章将首先对各指标变量作一般描述性统计分析；然后对上市公司不同股权再融资后的长期业绩等指标做配对样本 T 检验；最后，通过引入区分不同股权再融资标志的虚拟变量和年虚拟变量，使用多元 OLS 回归，对比分析其对企业长期业绩的影响。

（2）研究假设

国外（Jensen，1986；McLaughin 等，1996）研究发现，上市公司配股和公开增发后的长期业绩普遍下滑，对这一现象的相关解释有盈余管理假说、自由现金流假说、机会窗口假说和信息不对称假说等；而国内学者基于我国上市公司的实际情况，研究后也得出相似的结论，进而提出了我国上市公司利用配股和公开增发再融资进行“圈钱”，导致其长期业绩不佳的观点（李志文等，2003）。我国上市公司存在特殊的股权结构，大股东拥有绝对的控股权，可以控制股东大会决议进而影响管理层的决策，通过配股或公开增发再融资实现资产转移或关联交易等，谋取私利，侵害中小股东利益，这必然影响公司未来发展。基于此，本书的研究假设如下。

H_9：上市公司配股或公开增发后的长期业绩或主营业务收入增长率下降。

国外（Mikkelson 和 Partch，1986）研究还发现，上市公司配股或公开增发的发行量比率越高，其再融资后的长期业绩下降越明显；国内（章卫东，2005）学者的研究也发现相同的结论，说明中国上市公司配股或公开增发新股的发行比例越高，大股东利用关联交易获取私利的现象越严重，从而对上市公司再融资后长期业绩的负面影响也越大。基于此，作以下研究假设。

H_{10}：上市公司配股或公开增发的发行量比率与其再融资后的长期业绩呈负相关。

7.1.3 实证研究

（1）描述性统计分析及参数检验

①描述性统计分析

前文中已经对配股和公开增发的部分指标变量做了描述性统计分析，因而，此处将主要对上市公司调整的总资产收益率（RROA）、调整的净资产收益率（RROE）和调整的主营业务收入增长率（MOR）做描述性统计分析，结果见表7－1。

表7－1　　配股和公开增发后长期业绩指标的描述性统计

	配股			公开增发		
	RROA	**RROE**	**MOR**	**RROA**	**RROE**	**MOR**
N	76	76	76	146	146	146
Mean	0.051	0.096	0.329	0.057	0.117	0.292
Median	0.044	0.103	0.233	0.057	0.115	0.247
Sd	0.042	0.075	0.402	0.037	0.063	0.319
Range	0.188	0.487	2.258	0.265	0.418	2.330
Min	−0.036	−0.240	−0.271	−0.068	−0.151	−0.716
Max	0.152	0.247	1.988	0.198	0.267	1.614

数据来源：CCER经济金融数据库。

由表7－1描述性统计可见，配股调整的总资产收益率（RROA）的均值和中位数分别为0.051和0.044，调整的净资产收益率（RROE）的均值和中位数分别为0.096和0.103，调整的主营业务收入增长率（MOR）的均值和中位数分别为0.329和0.233，除了MOR的均值和中位数有稍微差距，其他两个指标变量的均值和中位数很接近，并且三者的标准差和Range也都比较合理，因而符合研究条件。公开增发调整的总资产收益率（RROA）的均值和中位数分别为0.057和0.057，调整的净资产收益率（RROE）的均值和中位数分别为0.117和0.115，调整的主营业务收入增长率（MOR）的均值和中位数分别为0.292和0.247，三者的均值和中位数都很接近，并且其标准差和Range也都比较合理，符合研究条件。

②配对样本T检验（Paired－samples T Test）

对2005—2008年间进行配股或公开增发的样本公司调整的总资产收益率（RROA）、调整的净资产收益率（RROE）和调整的主营业务收入增长率（MOR）作配对样本T检验（Paired－samples T Test），结果见表7－2。

表7－2　　上市公司配股或公开增发后长期业绩的配对T检验

指标变量	配股			公开增发		
	N	Mean	t－value	N	Mean	t－value
$RROE^{(0)}-RROE^{(-1)}$	19	－0.025	(－2.206)**	38	－0.041	(－5.103)***
$RROE^{(1)}-RROE^{(-1)}$	13	－0.014	(－0.677)	31	－0.051	(－4.042)***
$RROE^{(2)}-RROE^{(-1)}$	9	－0.031	(－1.210)	9	－0.030	(－1.703)*
$RROE^{(3)}-RROE^{(-1)}$	2	－0.034	(6.125)	2	－0.089	(－1.314)
$RROA^{(0)}-RROA^{(-1)}$	19	0.004	(1.135)	38	0.005	(1.063)
$RROA^{(1)}-RROA^{(-1)}$	13	－0.004	(－0.492)	31	－0.008	(－1.098)
$RROA^{(2)}-RROA^{(-1)}$	9	－0.008	(－0.907)	9	－0.007	(－0.473)
$RROA^{(3)}-RROA^{(-1)}$	2	－0.023	(3.001)	2	－0.065	(－1.268)

续 表

指标变量	配股			公开增发		
	N	Mean	t - value	N	Mean	t - value
$MOR^{(0)} - MOR^{(-1)}$	19	-0.031	(-0.237)	38	0.045	(0.699)
$MOR^{(1)} - MOR^{(-1)}$	13	-0.039	(-0.439)	31	-0.078	(-0.857)
$MOR^{(2)} - MOR^{(-1)}$	9	-0.217	(-1.298)*	9	-0.004	(-0.031)
$MOR^{(3)} - MOR^{(-1)}$	2	-0.215	(-0.899)	2	-0.233	(-6.405)**

注：***、**、*分别表示统计在1%、5%、10%的水平上显著；各指标变量的右上角标（-1）①、(0)、(1)、(2)、(3) 分别表示上市公司配股或公开增发的前一年、当年、后一年、后两年和后三年。

由表7-2分析可见，以配股前一年为对比基年，上市公司调整的净资产收益率（RROE）在配股当年下降显著，其差值的均值为-0.025，并且在5%的水平上显著，随后的第一年、第二年和第三年都持续下降，但统计上不显著。上市公司调整的总资产收益率（RROA）在配股当年变化不大，其差值均值为0.004，统计上不显著，但随后的第一年、第二年和第三年都持续下降，统计上也不显著。上市公司调整的主营业务收入增长率（MOR）在配股当年下降，其差值的均值为-0.031，但统计上不显著，在其随后的第一年、第二年和第三年都持续下降，尤其在配股后的第二年，差值的均值为-0.217，并在10%的水平上显著，这说明上市公司没有把配股筹集资金很好地用于主营业务中。以上分析可见，上市公司配股后，其长期业绩（RROA和RROE）和主营业务收入增长率都持续下滑，支持了本研究假设条件H_9，说明股权分置改革后的上市公司配股再融资，仍可能存在大股东侵害小股东权益的行为，其可能将筹集资金用于其他非主营业务，从而导致企业利润和主营业务收入下滑。

---

① 为了做对比分析，本章补充了样本公司2004年的相关数据，对于2005年进行股权再融资的上市公司，（-1）表示2004年的相关指标数据。

对于公开增发的上市公司，同样选取其增发前一年为对比基年。通过分析发现，公开增发上市公司调整的净资产收益率（RROE）在公开增发当年下降显著，其差值的均值为 -0.041，并且在1%的水平上显著；随后的第一年、第二年和第三年都持续下降。公开增发后的第一年差值的均值为 -0.051，并在1%的水平上显著；第二年差值的均值为 -0.030，在10%的水平上显著；第三年差值的均值虽不显著，但仍为负值。上市公司调整的总资产收益率（RROA）在公开增发当年的均值差值变化不大，为0.005，但统计上不显著；随后的第一年、第二年和第三年都持续下降，但统计上也不显著。上市公司调整的主营业务收入增长率（MOR）在公开增发当年的均值差值为0.045，但统计上不显著；随后的第一年、第二年和第三年都持续下降，尤其在公开增发后的第三年，其均值的差值达到 -0.233，并在5%的水平上显著，说明上市公司没有把公开增发筹集资金很好地用于主营业务中。上市公司公开增发后的长期业绩（RROA 和 RROE）和主营业务收入增长率都持续下滑，支持了本研究假设条件 H_9；同时，也说明上市公司通过公开增发再融资筹集的资金并没有很好地用于企业真正需要融资的项目上，从而导致出现再融资后甚至是再融资当年就出现业绩显著下滑的现象。

（2）多元 OLS 回归及稳健性检验分析

本书在借鉴学习国外研究文献（Barber 和 Lyon，1996）的基础上，采用调整的净资产收益率（RROE）作为考察企业长期业绩变化的代理变量，将其作为被解释变量，以上市公司的发行量比率（SEOratio）、相对发行规模（Isize）、第一大股东持股比例（SHratio）为解释变量，并引入其他控制变量，如公司规模（Size）、财务杠杆（Dratio）、托宾 Q（Tobin Q）、市场价值账面比（MB）和区别配股或公开增发后历年业绩指标的虚拟变量（$Year_i$），构造多元 OLS 回归模型四如下。

$$RROE = \beta_0 + \beta_1 Size + \beta_2 SEOratio + \beta_3 Isize + \beta_4 Dratio + \beta_5 SHratio + \beta_6 Tobin\ Q + \beta_7 MB + \beta_8 Year_1 + \beta_9 Year_2 + \beta_{10} Year_3 + \varepsilon$$

对配股和公开增发上市公司长期业绩的多元回归及稳健性检验结果见表7-3。

表7-3 上市公司配股或公开增发后长期业绩的多元回归及稳健性检验

指标变量	RROE	RROE（Robust）
Size	0.018 (4.62)***	0.018 (4.89)***
SEOratio	-0.044 (-2.17)**	-0.044 (-1.83)*
Isize	-0.092 (-1.91)*	-0.092 (-1.59)
Dratio	-0.028 (-1.02)	-0.028 (-0.95)
SHratio	0.007 (0.29)	0.007 (0.29)
Tobin Q	-0.031 (-1.91)*	-0.031 (-1.88)*
MB	0.008 (2.21)**	0.008 (1.82)*
$Year_1$	-0.043 (-4.00)***	-0.043 (-3.38)***
$Year_2$	-0.059 (-3.57)***	-0.059 (-2.39)**
$Year_3$	-0.099 (-1.59)*	-0.099 (-4.97)***
常数项	-0.234 (-2.85)***	-0.234 (-2.78)***
样本总体	272	272
R^2	0.202	0.202
$Adj.\ R^2$	0.172	
F-Value	6.62***	7.46***

注意：*、**、*** 分别表示在10%、5%、1%的水平上显著；第二列回归采用了消除异方差的Huber-White稳健性标准误。

从回归结果来看，模型首次回归后的拟合优度 R^2 为 0.202，调整后的拟合优度 $Adj.R^2$ 为 0.172，F 值为 6.62，并且在 1% 的水平上显著，说明模型构造较合理，整体拟合较好；在对其进行稳健性检验后，拟合优度为 0.202，F 值调整为 7.46，且在 1% 的水平上显著，再次证明模型整体设计的合理性和可行性。

基于以上回归结果，分别对各指标变量作以下分析。

第一，公司规模与上市公司配股或公开增发后的长期业绩正相关。其对上市公司配股或公开增发后长期业绩的平均影响为 1.8%，并且统计上在 1% 的水平高度显著，稳健性检验后，仍在 1% 的水平显著。这说明公司规模越大，其管理就越科学完善，信息透明度越高，其配股或公开增发后的业绩也表现越好，本研究结论与部分国外学者（Mclaughlin 等，1998）的研究结果相似。

第二，发行量比率与上市公司配股或公开增发后的长期业绩负相关。平均发行量比每提高 1%，上市公司配股或公开增发后的长期业绩就下降 4.4%，并且在 5% 的水平上高度显著；稳健性检验后，仍在 10% 的水平上显著。这说明发行量比率越大，上市公司大股东或利益相关者利用配股或公开增发进行“圈钱”的额度越大，配股或公开增发后的长期业绩表现越差，本研究结论与部分国内学者（李心愉，2004；章卫东，2005；胡援成，2007）的研究相同，并很强地支持了本研究假设 H_{10}：上市公司配股或公开增发的发行量比率与其再融资后的长期业绩负相关。

第三，发行相对规模与上市公司配股或公开增发后的长期业绩负相关。发现相对规模每提高 1%，上市公司配股或公开增发后的长期业绩就下降 9.2%，并且在 10% 的水平上显著；但稳健性检验后，统计上不显著。这一研究结论与国外很多学者（Mikkelson 和 Partch，1986；Hansen 和 Crutchley，1990；McLaughlin 等，1996）的研究很相似，说明发行相对规模越大，其向市场传递的负面消息越强烈，发行后的净资产收益率下降越明显。

第四，资产负债率与上市公司配股或公开增发后的长期业绩负相关。资产负债率每提高 1%，上市公司配股或公开增发后的长期业绩就下降 2.8%，但统计上不显著，稳健性检验后仍不显著。这与信号传递模型（Heinkel，1982）的解说不符，说明信号传递模型不能很好地解释我国上市公司配股或公开增发后长期业绩下滑的现象。

第五，第一大股东持股比例与上市公司配股或公开增发后的长期业绩正相关。第一大股东持股比例每提高1%，上市公司配股或公开增发后的长期业绩就提高0.7%，但统计上不显著，稳健性检验后仍不显著。类似前文研究结论，这说明我国上市公司的股权结构不是造成配股或公开增发后长期业绩下滑的主要原因，而长期业绩下滑的原因可能在于第一大股东参与再融资的意愿（Wang，2005）。

第六，托宾Q与上市公司配股或公开增发后的长期业绩负相关。托宾Q每提高1%，上市公司配股或公开增发后的长期业绩就下降3.1%，并且在10%的水平上显著，稳健性检验后仍在10%的水平上显著。说明中国上市公司的托宾Q越大，其配股或公开增发后的长期业绩越差。

第七，市场账面价值比与上市公司配股或公开增发后的长期业绩正相关。市场账面价值比每提高1%，上市公司配股或公开增发后的长期业绩就提高0.8%，并且在5%的水平上显著，稳健性检验后仍在10%的水平上显著。说明中国上市公司的市场账面价值比越高，配股或公开增发后的长期业绩越好，这一结论与国外学者（Mclaughlin等，1998）的相同。

第八，区别配股或公开增发后历年业绩的虚拟年变量实证结果显示，配股或公开增发后的长期业绩逐年下降。相对于增配当年的净资产收益率，其增配后的第一年下降4.3%，并在1%的水平上高度显著，稳健性检验后仍在1%的水平上显著；增配后的第二年下降5.9%，并在1%的水平上高度显著，稳健性检验后仍在5%的水平上显著；增配后的第三年下降9.9%，在10%的水平上显著，稳健性检验后仍在1%的水平上显著。由此可见，无论是配股还是公开增发，其后的长期业绩都显著下降，这很强地支持了本研究假设H_9：上市公司配股或公开增发后的长期业绩或主营业务收入增长率下降。这也意味着上市公司配股或公开增发再融资筹集的资金并没得到有效利用，有可能被大股东或管理者恶意侵占，从而影响了企业的长期业绩。

7.2 定向增发长期业绩的实证研究

7.2.1 样本选取及指标设计

(1) 数据来源及样本选取

数据来源及样本选取与前文类似。本节数据主要源于北京色诺芬公司CCER中国经济金融数据库，部分源于中国证券监督管理委员会公开数据。选取了2005年1月1日至2008年12月31日所有符合配股、公开增发和定向增发条件的上证和深证A股上市公司为研究样本。为提高本研究的严谨性，获取更为"清洁"的研究样本，现进一步对样本公司作如下标准限定。

第一，本节仅考虑在2005—2008年成功进行了股权再融资并筹得资金，并且属于上证和深证的A股上市公司；剔除进行配股、公开增发或定向增发的B股上市公司；剔除A股公司配股、公开增发或定向增发H股；剔除H股公司配股、公开增发或定向增发A股的上市公司。

第二，剔除原始样本中在2005—2008年进行股权再融资行为的银行金融类上市公司，因为其会计标准和经营范围与一般上市公司有所差异，即仅考虑非金融类上市公司的长期业绩。剔除1家配股上市公司，5家定向增发上市公司，2家公开增发上市公司，共剔除8家银行金融类样本公司。

第三，剔除2005—2008年连续两次或两次以上进行过股权再融资的样本公司，以减少对本研究的影响。

第四，剔除同时进行过配股、公开增发或定向增发中至少两种或两种以上的样本公司，因为重复的股权再融资会影响公司股价及未来业绩，使影响公司业绩的因素不确定。

经过第三条和第四条的筛选后，共剔除42家样本公司。

第五，剔除已退市或被ST或PT的样本公司，共剔除4家样本公司。

第六，上市公司的金融数据和财务数据都可获得，最终剔除数据缺失或异常的样本公司58家。

经过以上条件的选取，最后获得符合条件的样本公司 223 家，其中配股融资的上市公司 19 家，公开增发的样本公司 38 家，定向增发的样本公司 166 家。

（2）指标设计

指标设计与前文中的指标变量保持一致。在保留前文部分指标变量的基础上，引入以下新指标。

①调整的净资产收益率（RROE）

净资产收益率是衡量上市公司盈利能力最直接有效的指标。反映了股东权益的收益水平，是一个综合性最强的财务比率指标。用净资产收益率评价上市公司业绩，可以直观地了解其投资价值，即企业净资产的运用带来的收益。本研究中，计算净资产收益率的利润部分采用税后净利润，其计算公式为：净资产收益率 = 净利润/股东权益；计算 RROE 则是考虑了扣除行业平均净资产收益率之后的净资产收益率，公式为：

$$RROE_{i,t} = ROE_{i,t} - ROE_{m,t}$$

$RROE_{i,t}$ 是第 i 家样本公司股权再融资后第 t 年，经行业调整的净资产收益率；

$ROE_{i,t}$ 是第 i 家样本公司股权再融资后第 t 年的净资产收益率；

$ROE_{m,t}$ 是第 i 家样本公司对应的行业在当年的平均净资产收益率。

②调整的总资产收益率（RROA）

资产收益率是一个综合指标，可以用来评价企业经济效益的高低、资产利用的效果等。该指标越高，表明资产的利用效率越高，经营业绩越好。总资产收益率计算公式为：资产收益率 =（净利润/平均资产总额）×100%，平均资产总额 =（期初资产总额 + 期末资产总额）/2。计算 RROA 的方式与计算 RROE 的相似，也是考虑了扣除行业平均总资产收益率之后的资产收益率。

$$RROA_{i,t} = ROA_{i,t} - ROA_{m,t}$$

$RROA_{i,t}$ 是第 i 家样本公司股权再融资后第 t 年，经行业调整的总资产收益率；

$ROA_{i,t}$ 是第 i 家样本公司股权再融资后第 t 年的总资产收益率；

$ROA_{m,t}$ 是第 i 家样本公司对应的行业在当年的平均总资产收益率。

③调整的主营业务收入增长率（MOR）

用来衡量公司的产品生命周期，判断公司发展所处的阶段，此处用以检验企业股权再融资募集资金是否用于其主营业务。如果是，该指标应该为正，企业不是为了“圈钱”而进行股权再融资。其计算公式为本期主营业务收入与上期主营业务收入之差与上期主营业务收入的比值，即，主营业务收入增长率=(本期主营业务收入－上期主营业务收入)/上期主营业务收入×100%。MOR 的获得是按照新的会计调整准则对前一年主营业务收入进行调整后的数据。[①]

④虚拟变量（$Year_i$）

用来衡量是否为股权再融资后第 i 年的 RROE 的哑变量，如果是，则为 1；如果不是，则为 0。

$$\begin{cases} Year_1 = 1, \text{如果是股权再融资后第一年的 RROE;} \\ Year_1 = 0, \text{如果不是股权再融资后第一年的 RROE。} \end{cases}$$

$$\begin{cases} Year_2 = 1, \text{如果是股权再融资后第二年的 RROE;} \\ Year_2 = 0, \text{如果不是股权再融资后第二年的 RROE。} \end{cases}$$

$$\begin{cases} Year_3 = 1, \text{如果是股权再融资后第三年的 RROE;} \\ Year_3 = 0, \text{如果不是股权再融资后第三年的 RROE。} \end{cases}$$

7.2.2 研究假设

我国上市公司实施定向增发始于 2006 年，由于历时较短，数据不完整等原因，国内有关中国上市公司定向增发后长期业绩的研究不多，但有的学者（何丽梅，2009；陈石清，2009）对我国上市公司定向增发后的长期（24 个月）股价收益率做了研究，发现“融资非理性和股权融资偏好使我国上市公司定向增发后的股价长期回报率出现了长期恶化趋势”。国外有关上市公司定向增发后长期业绩表现的研究较多，部分（Hertzel etc.，2002；Krishnamurthy 等，2005）研究也发现，企业定向增发后长期业绩表现不佳的现象。

在我国，定向增发具有不公开招股说明书，申请流程简化，申请时间短，

---

① 数据来源：CCER 中国经济金融数据库。

融资成本低等一系列优点，因而，近年来其已成为广大上市公司最欢迎的股权再融资方式。由于中国证监会在2006年的《管理办法》中并没有对申请定向增发企业的净资产收益率等指标作任何要求，对发行筹资额也没有任何限制，这必然会使很多业绩较差、达不到配股或公开增发最低业绩标准的上市公司，通过定向增发达到再融资目的，这种不理性的筹资方式，可能会带来上市公司长期业绩的下降。对我国上市公司定向增发后长期业绩的研究是本书的创新点之一。基于此，本书作研究假设如下。

H_{11}：上市公司定向增发后的长期业绩或主营业务收入增长率表现不佳。

上市公司定向增发面向公司原大股东、关联投资者或机构投资者，他们的共同特点就是拥有信息优势，当定向增发企业有较好前景的项目需要融资时，他们会积极参与，以期在未来获利；当定向增发企业的融资项目发展前景不好或存在很大风险时，他们往往会采取回避措施，避免遭受损失。基于此，我们作以下研究假设。

H_{12}：控股股东全部参与定向增发的长期业绩要好于控股股东部分参与的长期业绩。

H_{13}：控股股东部分参与定向增发的长期业绩要好于控股股东不参与的长期业绩。

我国有关上市公司定向增发的法规①规定："上市公司定向增发时发行定价不低于定价基准日前20个交易日股价平均的90%。"上市公司为了吸引公司大股东或机构投资者参与定向增发，必然会以发行定价的高折扣率为代价，以弥补大股东或机构投资者参与定向增发而可能产生的机会成本（如：持有期转让限制而造成的风险和成本）。而一般认为，众多机构投资者的参与会加强对上市公司管理层的有效监管（监控效应理论；Wruck，1989），从而提高筹集资金的利用效率，有利于企业的未来发展和业绩提高。基于此，作以下假设。

H_{14}：上市公司定向增发新股的发行折扣率与其定向增发后的长期业绩正相关。

---

① 中国证券监督管理委员会：《上市公司证券发行管理办法》，2006年5月。

7.2.3 实证研究

(1) 描述性统计分析及配对样本 T 检验

①描述性统计分析

前文中已对部分变量做了描述性统计分析，现主要对定向增发上市公司调整的总资产收益率（RROA）、调整的净资产收益率（RROE）和调整的主营业务收入增长率（MOR）作描述性统计分析，结果见表 7-4。

表 7-4　　定向增发后长期业绩指标的描述性统计

	RROA	RROE	MOR
N	657	657	657
Mean	0.051	0.134	0.610
Median	0.043	0.187	0.215
Sd	0.076	0.137	3.718
Range	1.766	1.177	5.305
Min	-0.877	-1.194	-0.831
Max	0.889	1.983	4.474

由表 7-4 统计可见，定向增发上市公司调整的总资产收益率（RROA）均值和中位数分别为 0.051 和 0.043，调整的净资产收益率（RROE）均值和中位数分别为 0.134 和 0.187，以上二者的均值和中位数较接近，且标准差和 Range 也比较合理，而调整的主营业务收入增长率（MOR）均值和中位数分别为 0.610 和 0.215，且其标准差较大，为 3.718，说明有的 MOR 较大，而有的较小，存在极端值。为减少对本研究的影响，在以下检验中将剔除样本中个别极端异常值。在本书的回归实证中，将主要采用 RROE 作为上市公司长期业绩的考核指标。

②配对样本T检验（Paired - samples T Test）

对2005—2008年间进行定向增发样本公司调整的总资产收益率（RROA）、调整的净资产收益率（RROE）和调整的主营业务收入增长率（MOR）做配对样本T检验，结果见表7-5。

表7-5　　上市公司定向增发后长期业绩的配对T检验

指标变量	N	Mean	t-value	指标变量	N	Mean	t-value
$RROA^{(0)}-RROA^{(-1)}$	166	0.016	(3.221)	$RROE^{(2)}-RROE^{(-1)}$	34	-0.012	(-0.460)
$RROA^{(1)}-RROA^{(-1)}$	120	-0.008	(-1.157)	$RROE^{(3)}-RROE^{(-1)}$	3	-0.150	(-1.419)
$RROA^{(2)}-RROA^{(-1)}$	34	-0.006	(0.393)	$MOR^{(0)}-MOR^{(-1)}$	166	0.108	(0.211)
$RROA^{(3)}-RROA^{(-1)}$	3	-0.069	(-1.150)	$MOR^{(1)}-MOR^{(-1)}$	120	-0.909	(-1.436)*
$RROE^{(0)}-RROE^{(-1)}$	166	-0.001	(-0.114)	$MOR^{(2)}-MOR^{(-1)}$	34	-0.206	(-0.394)
$RROE^{(1)}-RROE^{(-1)}$	120	-0.035	(-2.013)**	$MOR^{(3)}-MOR^{(-1)}$	3	-4.389	(-1.012)

注：***、**、*分别表示统计在1%、5%、10%的水平上显著，各指标变量的右上角标（-1）①、(0)、(1)、(2)、(3)分别表示上市公司配股或公开增发的前一年、当年、后一年、后两年和后三年。

从表7-5分析可见，以上市公司定向增发前一年的业绩作为基准，其调整的总资产收益率（RROA）差值的均值在定向增发当年仍然为0.016，但统计上不显著；其后第一年、第二年和第三年调整的总资产收益率（RROA）差值的均值总体下降，但统计上不显著。其调整的净资产收益率（RROE）差值的均值在定向增发当年就变为-0.001，但统计上不显著；随后第一年RROE差值的均值继续下降为-0.035，并在5%的水平上显著；其后第二年和第三

① 为了作对比分析，本章补充了样本公司2004年的相关数据，对于2005年进行股权再融资的上市公司，(-1)表示2004年的相关指标数据。

年仍为负值，但统计上不显著。其调整的主营业务收入增长率（MOR）在定向增发当年为0.108，但统计上不显著；随后第一年，其MOR差值的均值就变为负值，为-0.909，并且在10%的水平上显著；其后的第二年和第三年总体下降，第三年MOR差值的均值更是降到-4.389，但统计上不显著。由以上分析可见，上市公司定向增发后，无论其调整的总资产收益率（RROA）和调整的净资产收益率（RROE），还是调整的主营业务收入增长率（MOR），其长期业绩指标（RROE和RROA）和主营业务收益增长率都出现下降，其中RROE更是在定向增发当年就变为负值，这都支持了本书的研究假设 H_{11}：上市公司定向增发后的长期业绩或主营业务收入增长率表现不佳。说明我国上市公司定向增发过程中，大股东或关联投资者可能会通过关联交易、资产剥离、财务造假或重组并购等方式来掏空上市公司，侵害中小股东利益，进而导致企业长期业绩不佳。

（2）多元OLS回归及稳健性检验分析

在前文对相关指标变量进行一般描述性统计分析及参数检验的基础上，本部分将以调整的净资产收益率（RROE）为企业长期业绩的代理指标，作为被解释变量，以上市公司的发行量比率（SEOratio）、相对发行规模（Isize）、第一大股东持股比例（SHratio）、发行价折扣率（Discount）为解释变量，并引入其他控制变量，如公司规模（Size）、财务杠杆（Dratio）、托宾Q（Tobin Q）、市场价值账面比（MB）和区别定向增发后历年业绩指标的虚拟变量（$Year_i$）①，以及区别大股东是否全部或部分或不参与定向增发的虚拟变量（All和Part），构造多元OLS回归模型五如下。

$$RROE = \beta_0 + \beta_1 Size + \beta_2 SEOratio + \beta_3 Isize + \beta_4 Dratio + \beta_5 SHratio + \beta_6 Discount + \beta_7 Tobin\ Q + \beta_8 MB + \beta_9 All + \beta_{10} Part + \beta_{11} Year_1 + \beta_{12} Year_2 + \varepsilon$$

对上市公司定向增发后长期业绩的多元OLS回归结果见表7-6。

---

① 研究样本的有效时间为2005年1月至2008年12月，由于上市公司进行定向增发始于2006年，因而，其最长的长期业绩考察时间是推后2年至2008年。据此，在研究定向增发长期业绩效果时，只有 $Year_1$ 和 $Year_2$ 两个虚拟变量。

表 7－6 上市公司定向增发后长期业绩的多元回归及稳健性检验

指标变量	RROE	RROE（Robust）
Size	－0.052 （－1.10）	－0.052 （－0.71）
SEOratio	－0.050 （－0.39）	－0.050 （－1.67）**
Isize	－0.043 （0.18）	－0.043 （0.58）
Dratio	0.237 （2.46）**	0.237 （1.07）**
SHratio	0.237 （0.80）	0.237 （1.68）*
Discount	0.182 （1.20）**	0.182 （1.32）**
Tobin Q	－0.622 （－3.14）***	－0.622 （－1.05）
MB	0.065 （2.09）**	0.065 （1.29）
All	0.156 （3.45）***	0.156 （3.92）***
Part	0.063 （2.56）***	0.063 （2.02）***
$Year_1$	－0.014 （－1.10）**	－0.014 （－1.43）**
$Year_2$	0.046 （0.14）	0.046 （0.56）
常数项	1.233 （1.19）	1.233 （0.74）
样本总体	816	816
R^2	0.139	0.139
$Adj.\ R^2$	0.121	
F－Value	2.19***	1.89***

注意：*、**、*** 分别表示在 10%、5%、1% 的水平上显著，第二列回归采用了消除异方差的 Huber－White 稳健性标准误。

7.3 结果分析

从回归结果来看，模型首次回归后的拟合优度 R^2 为 0.139，调整后的拟合优度 $Adj.\ R^2$ 为 0.121，F 值为 2.19，并且在 1% 的水平上显著，说明模型构造较合理，整体拟合较好；在对其进行稳健性检验后，拟合优度 R^2 为 0.139，F 值调整为 1.89，且在 1% 水平上显著，再次证明模型整体设计的合理性和可行性。

基于以上回归结果，分别对各指标变量作以下分析。

第一，公司规模与上市公司定向增发后的长期业绩负相关。其对上市公司定向增发后长期业绩的影响为 -5.2%，但统计上不显著，稳健性检验后仍不显著。这与国内学者（原红旗，2003）的研究结论相似，中国上市公司规模越大，再融资后两年的股票回报率和业绩下降越严重。但与国外（Spiess 和 Affleck - Graves，2005）研究不同，在美国的股权再融资公司中，规模越大的上市公司，其再融资后的业绩下滑程度越小。这说明我国上市公司的规模虽对定向增发后的长期业绩有负影响，但不是主要的影响因素。

第二，发行量比率与上市公司定向增发后的长期业绩负相关。发行量比率每提高 1%，上市公司定向增发后的长期业绩就下降 5%，但统计上不显著，稳健性检验后在 5% 的水平上显著。这说明上市公司定向增发发行量比率越高，大股东或关联投资者利用关联交易获取私利的可能性越大，进而对上市公司长期业绩的负面效应越大。

第三，发行相对规模与上市公司定向增发后的长期业绩负相关。发行相对规模每提高 1%，上市公司定向增发后的长期业绩就下降 4.3%，但统计上不显著，稳健性检验后仍不显著。这与国外学者（Krishnamurthy 等，2005）的研究相似。这说明我国上市公司定向增发的发行相对规模虽对定向增发后的长期业绩有负面影响，但不是主要影响因素。

第四，资产负债率与上市公司定向增发后的长期业绩正相关。资产负债率每提升 1%，上市公司定向增发后的长期业绩就上升 23.7%，并且在 5% 的水平上显著，稳健性检验后仍在5%的水平上显著。此研究结论与信号传递模型假说相一致，定向增发上市公司负债率的提高，会向市场传递一个很强的积极信号，说明公司承担债务能力增强，公司未来的业绩也会有所提升。

第五，第一大股东持股比例与上市公司定向增发后的长期业绩正相关。第一大股东持股比例每提升1%，上市公司定向增发后的长期业绩就上升23.7%，但统计上不显著，稳健性检验后在10%的水平上显著。这说明我国上市公司的股权结构对定向增发后长期业绩的变化的确有显著正面影响，基于委托代理理论，集中的股权可以降低委托代理成本，大股东会有更大的动力来监督管理层，从而有利于企业长期业绩的提高。

第六，发行价折扣率与上市公司定向增发后的长期业绩正相关。定向增发发行价折扣率每提高1%，上市公司定向增发后的长期业绩就提升18.2%，统计在5%的水平上显著，稳健性检验后仍在5%的水平上显著。上市公司为了吸引大股东或机构投资者参与定向增发，常常会以高折扣率发行价为代价，以弥补大股东或机构投资者参与定向增发而可能产生的机会成本（如：持有期转让限制而造成的风险和成本）。而机构投资者的参与会加强对上市公司管理层的有效监管（监控效应理论；Wruck，1989），提高筹集资金的利用效率，有利于企业的未来发展和业绩提高。此实证结论很好地支持了本书研究假设 H_{14}：上市公司定向增发新股的发行折扣率与其定向增发后的长期业绩正相关。

第七，托宾Q与上市公司定向增发后的长期业绩负相关。托宾Q每提升1%，上市公司定向增发后的长期业绩就下降62.2%，并在1%水平上显著，但稳健性检验后不显著。市场账面价值比与上市公司定向增发后的长期业绩正相关。市场账面价值比每提高1%，上市公司定向增发后的长期业绩就提升6.5%，并在5%水平上显著，但稳健性检验后不显著。这说明虽然托宾Q和市场账面价值比都对定向增发上市公司的长期业绩有影响，但稳健性检验后的效果并不显著，因此，二者不是造成我国上市公司定向增发后长期业绩变化的主要因素。

第八，区别控股股东全部或部分或不参与定向增发的虚拟变量（All和Part）实证结果显示，控股股东全部参与定向增发的上市公司长期业绩比控股股东不参与定向增发的上市公司长期业绩好 15.6%，而控股股东部分参与定向增发的上市公司长期业绩比控股股东不参与定向增发的上市公司长期业绩好 6.3%，并且控股股东全部参与定向增发的上市公司长期业绩还要好于控股股东部分参与定向增发的上市公司长期业绩。以上结论统计上均在 1% 的水平上显著，稳健性检验后仍在 1% 的水平上显著。这说明上市公司控股股东参与定向增发时的上市公司投资项目，意味着该项目的确较好，从而会提升上市公司的长期业绩。本研究结论支持了本书的研究假设 H_{12}：控股股东全部参与定向增发的长期业绩要好于控股股东部分参与的长期业绩；也支持了研究假设 H_{13}：控股股东部分参与定向增发的长期业绩要好于控股股东不参与的长期业绩。

第九，区分上市公司定向增发后历年长期业绩的虚拟年变量（$Year_i$）实证结论显示，以定向增发当年的净资产收益率为参考标准，上市公司定向增发后第一年的净资产收益率下降 1.4%，统计上在 5% 的水平上显著，稳健性检验后仍在 5% 的水平上显著；定向增发后第二年的净资产收益率相对于增发当年提高了 4.6%，但统计上不显著，稳健性检验后仍不显著。这说明多被我国上市公司用于重组收购或集团上市的定向增发，对企业长期业绩的影响不定性很大，在定向增发后的第一年业绩显著下降，在其后的第二年又有所上升，但不显著，此实证结果支持了本书的研究假设 H_{11}：上市公司定向增发后的长期业绩表现不佳。

8 股权再融资长期业绩的对比研究

在前文研究的基础上，本章将对上市公司配股、公开增发和定向增发后的长期业绩展开对比分析，以探析三者对上市公司长期业绩影响的异同。

8.1 样本选取及指标设计

8.1.1 数据来源及样本选取

数据来源及样本选取与前文类似。本节数据主要源于北京色诺芬公司CCER中国经济金融数据库，部分源于中国证券监督管理委员会公开数据。选取了2005年1月1日至2008年12月31日所有符合配股、公开增发和定向增发条件的上证和深证A股上市公司为研究样本。为提高本研究的严谨性，获取更为“清洁”的研究样本，现进一步对样本公司作以下标准限定。

第一，本节仅考虑在2005—2008年成功进行了股权再融资并筹得资金，且属于上证和深证的A股上市公司；剔除进行配股、公开增发或定向增发的B股上市公司；剔除A股公司配股、公开增发或定向增发H股；剔除H股公司配股、公开增发或定向增发A股的上市公司。

第二，剔除原始样本中在2005—2008年进行股权再融资行为的银行金融类上市公司，因为其会计标准和经营范围与一般上市公司有所差异，即仅考虑非金融类上市公司的长期业绩。剔除1家配股上市公司，5家定向增发上市公司，2家公开增发上市公司，共剔除8家银行金融类样本公司。

第三，剔除2005—2008年连续两次或两次以上进行过股权再融资的样本公司，以减少对本研究的影响。

第四，剔除同时进行过配股、公开增发或定向增发中至少两种或两种以上的样本公司，因为重复的股权再融资会影响公司股价及未来业绩，使影响公司业绩的因素不确定。

经过第三条和第四条的筛选后，共剔除42家样本公司。

第五，剔除已退市或被ST或PT的样本公司，共剔除4家样本公司。

第六，上市公司的金融数据和财务数据都可获得，最终剔除数据缺失或异常的样本公司58家。

经过以上条件的选取，最后获得符合条件的样本公司223家，其中配股融资的上市公司19家，公开增发的样本公司38家，定向增发的样本公司166家。

8.1.2 指标设计

在保留前文部分指标变量的基础上，引入以下新变量。

（1）调整的净资产收益率（RROE）

净资产收益率是衡量上市公司盈利能力最直接有效的指标，反映了股东权益的收益水平，是一个综合性最强的财务比率指标。用净资产收益率评价上市公司业绩，可以直观地了解其投资价值，即企业净资产的运用带来的收益。本研究中，计算净资产收益率的利润部分采用税后净利润，其计算公式为：净资产收益率=净利润/股东权益；计算RROE则是考虑了扣除行业平均净资产收益率之后的净资产收益率，公式为：

$$RROE_{i,t} = ROE_{i,t} - ROE_{m,t}$$

$RROE_{i,t}$是第i家样本公司股权再融资后第t年，经行业调整的净资产收益率；

$ROE_{i,t}$是第i家样本公司股权再融资后第t年的净资产收益率；

$ROE_{m,t}$是第i家样本公司对应的行业在当年的平均净资产收益率。

（2）调整的总资产收益率（RROA）

资产收益率是一个综合指标，可以用来评价企业经济效益的高低、资产利用的效果等。该指标越高，表明资产的利用效率越高，经营业绩越好。

总资产收益率计算公式为：资产收益率=（净利润/平均资产总额）×100%，平均资产总额=（期初资产总额+期末资产总额）/2。计算 RROA 的方式与计算 RROE 的相似，也是考虑了扣除行业平均总资产收益率之后的资产收益率。

$$RROA_{i,t} = ROA_{i,t} - ROA_{m,t}$$

$RROA_{i,t}$ 是第 i 家样本公司股权再融资后第 t 年，经行业调整的总资产收益率；

$ROA_{i,t}$ 是第 i 家样本公司股权再融资后第 t 年的总资产收益率；

$ROA_{m,t}$ 是第 i 家样本公司对应的行业在当年的平均总资产收益率。

（3）调整的主营业务收入增长率（MOR）

用来衡量公司的产品生命周期，判断公司发展所处的阶段，此处用来检验企业股权再融资募集资金是否用于其主营业务，如果是，该指标应该为正，企业不是为了“圈钱”而进行股权再融资。其计算公式为本期主营业务收入与上期主营业务收入之差与上期主营业务收入的比值，即，主营业务收入增长率=（本期主营业务收入-上期主营业务收入）/上期主营业务收入×100%。MOR 的获得是按照新的会计调整准则对前一年主营业务收入进行调整后的数据[①]。

（4）虚拟变量（$Year_i$）

用来衡量是否为股权再融资后第 i 年的 RROE 的哑变量，如果是，则为 1；如果不是，则为 0。

$$\begin{cases} Year_1 = 1，\text{如果是股权再融资后第一年的 RROE；} \\ Year_1 = 0，\text{如果不是股权再融资后第一年的 RROE。} \end{cases}$$

$$\begin{cases} Year_2 = 1，\text{如果是股权再融资后第二年的 RROE；} \\ Year_2 = 0，\text{如果不是股权再融资后第二年的 RROE。} \end{cases}$$

$$\begin{cases} Year_3 = 1，\text{如果是股权再融资后第三年的 RROE；} \\ Year_3 = 0，\text{如果不是股权再融资后第三年的 RROE。} \end{cases}$$

（5）虚拟变量（PP）

① 数据来源：CCER 中国经济金融数据库。

表示上市公司是否进行定向增发的虚拟变量，如进行定向增发则为1，否则为0。

8.2 研究假设

我国的定向增发主要是实现上市公司的并购重组或集团集体上市目的，其母公司一般会通过定向增发向上市公司注入优质资产，为企业经营提供稳定的现金流，实现集团集体上市，从而有利于企业长期发展。而公开增发再融资是上市公司面向新老股东和社会公众的再筹资方式，因而证监会对其发行规定比较严格，如规定“最近3个会计年度连续盈利，并且加权平均净资产收益率平均不低于6%”等，但申请公开增发的上市公司为了满足这些最低要求，有可能在发行前进行现金盈余管理，从而造成发行后业绩大幅下降的现象（刘力，2003；郑琦，2009）。基于此，作假设如下。

H_{15}：上市公司进行定向增发后的长期业绩要好于进行公开增发后的长期业绩。

首先，中国证监会对上市公司配股的要求比公开增发要低，中国证监会对配股的要求仅是“最近3个会计年度连续盈利”，而对公开增发的上市公司除了有此要求外，还要求“最近3个会计年度加权平均净资产收益率平均不低于6%”，因而，参与公开增发的上市公司质量总体上应该比实施配股上市公司的质量高；其次，中国证监会虽对控股股东参与上市公司配股限额做了最低70%的规定，但其有可能故意将上市公司的劣质资产以次充好进行配股，在成功获取再融资资金后，再折价卖出套现，侵害中小股东的利益，从而达到“圈钱”的目的，这会给企业的长远发展带来不利影响。因此，本书继续作以下研究假设。

H_{16}：上市公司进行公开增发后的长期业绩要好于进行配股后的长期业绩。

8.3　实证研究及结果

8.3.1　描述性统计分析及参数检验

（1）描述性统计分析

前文已对部分指标变量进行了描述性统计分析，故本节将只对股权再融资上市公司调整的总资产收益率（RROA）、调整的净资产收益率（RROE）和调整的主营业务收入增长率（MOR）作描述性统计分析，结果见表 8－1。

表 8－1　　股权再融资后长期业绩的描述性统计

	RROA	RROE	MOR
N	879	879	879
Mean	0.052	0.128	0.533
Median	0.045	0.095	0.224
Sd	0.069	0.084	3.221
Range	1.766	1.177	5.305
Min	－0.877	－1.194	－0.831
Max	0.889	1.983	4.474

数据来源：CCER 中国经济金融数据库。

由表 8－1 统计可见，股权再融资上市公司调整的总资产收益率（RROA）均值和中位数分别为 0.052 和 0.045，调整的净资产收益率（RROE）均值和中位数分别为 0.128 和 0.095，且二者的标准差和 Range 分布也比较合理。而调整的主营业务收入增长率（MOR）均值和中位数分别为 0.533 和 0.224，差距较大，且标准差和 Range 也较大，说明总体样本的 MOR 可能存在个别极值，并且有的较大，有的较小。为减少对研究的影响，在以下检验中将剔除个别极端异常值。

（2）配对样本 T 检验（Paired - samples T Test）

对 2005—2008 年间进行配股、公开增发和定向增发样本公司调整的总资产收益率（RROA）、调整的净资产收益率（RROE）和调整的主营业务收入增长率（MOR）作配对样本 T 检验，结果见表 8 -2。

表 8 -2　　上市公司股权再融资后长期业绩的配对 T 检验

指标变量	N	Mean	t - value	指标变量	N	Mean	t - value
$RROA^{(0)} - RROA^{(-1)}$	223	0.013	(3.444)	$RROE^{(2)} - RROE^{(-1)}$	52	-0.019	(-1.018)
$RROA^{(1)} - RROA^{(-1)}$	164	-0.008	(-1.445)*	$RROE^{(3)} - RROE^{(-1)}$	7	-0.080	(-1.513)*
$RROA^{(2)} - RROA^{(-1)}$	52	-0.001	(0.134)	$MOR^{(0)} - MOR^{(-1)}$	223	0.086	(0.224)
$RROA^{(3)} - RROA^{(-1)}$	7	-0.042	(-1.375)*	$MOR^{(1)} - MOR^{(-1)}$	164	-0.683	(-1.472)*
$RROE^{(0)} - RROE^{(-1)}$	223	-0.010	(-1.216)	$MOR^{(2)} - MOR^{(-1)}$	52	-0.173	(-0.505)
$RROE^{(1)} - RROE^{(-1)}$	164	-0.036	(-2.787)***	$MOR^{(3)} - MOR^{(-1)}$	7	-2.009	(-1.090)

注：***、* 分别表示统计在 1%、10% 的水平上显著，各指标变量的右上角标（-1）①、（0）、（1）、（2）、（3）分别表示上市公司配股或公开增发的前一年、当年、后一年、后两年和后三年。

从表 8 -2 可见，以股权再融资前一年为基年，上市公司股权再融资后的长期业绩基本都呈下降趋势。其股权再融资后当年调整的总资产收益率（RROA）差值的均值为 0.013，但统计上不显著；其后的第一年调整的总资产收益率（RROA）差值的均值为 -0.008，并在 10% 的水平上显著；其

① 为了作对比分析，本章补充了样本公司 2004 年的相关数据，所以对于 2005 年进行股权再融资的上市公司，（-1）表示 2004 年的相关指标数据。

后的第二年仍为负值，但不显著；在其之后的第三年，调整的总资产收益率（RROA）差值的均值持续下降了 -0.042，并在10%的水平上显著。而股权再融资当年调整的净资产收益率（RROE）差值的均值立即变为 -0.01，不显著；其后的第一年调整的净资产收益率（RROE）差值的均值持续降至 -0.036，并在1%的统计水平上显著；其后的第二年仍为负值，统计上不显著；而之后的第三年下降至 -0.08，并在10%的水平上显著。其股权再融资后当年调整的主营业务收入增长率（MOR）为0.086，但统计上不显著。随后的三年总体下降。其中，股权再融资之后的第一年MOR下降至 -0.683，并在10%的水平上显著；第二年和第三年总体恶化，但统计上不显著。综上，上市公司股权再融资后的业绩无论是调整的总资产收益率（RROA）和调整的净资产收益率（RROE），还是调整的主营业务收入增长率（MOR），都呈现明显下降趋势，这也再一次支持了前文的研究假设 H_9：上市公司配股或公开增发后的长期业绩或主营业务收入增长率下降；也再次支持了研究假设 H_{11}：上市公司定向增发后的长期业绩或主营业务收入增长率表现不佳。

8.3.2 多元 OLS 回归及稳健性检验

在前文对相关指标变量进行一般描述性统计分析及参数检验的基础上，本部分将以调整的净资产收益率（RROE）为企业长期业绩的代理指标，作为被解释变量，以上市公司的发行量比率（SEOratio）、相对发行规模（Isize）、第一大股东持股比例（SHratio）为解释变量，并引入其他控制变量，如公司规模（Size）、财务杠杆（Dratio）、托宾Q（Tobin Q）、市场价值账面比（MB）和区别股权再融资后历年业绩指标的虚拟变量（$Year_i$）和区别配股、公开增发和定向增发的虚拟变量（RO和PP），构造多元OLS回归模型六如下。

$$RROE = \beta_0 + \beta_1 Size + \beta_2 SEOratio + \beta_3 Isize + \beta_4 Dratio + \beta_5 SHratio + \beta_6 Tobin\ Q + \beta_7 MB + \beta_8 RO + \beta_9 PP + \beta_{10} Year_1 + \beta_{11} Year_2 + \beta_{12} Year_3 + \varepsilon$$

对上市公司股权再融资的多元OLS回归结果见表8-3。

表 8-3　上市公司股权再融资后长期业绩的多元回归及稳健性检验

指标变量	RROE	RROE（Robust）
Size	-0.011 (-1.40)	-0.011 (-1.37)
SEOratio	0.049 (0.62)	0.049 (0.44)
Isize	-0.062 (-0.45)	-0.062 (-0.58)
Dratio	0.168 (2.68)***	0.168 (1.06)
SHratio	0.183 (1.03)	0.183 (1.80)*
Tobin Q	-0.386 (-3.26)***	-0.386 (-1.06)
MB	0.059 (2.92)***	0.059 (1.28)
RO	-0.019 (-2.16)**	-0.019 (-3.16)***
PP	0.023 (-2.30)***	0.023 (-3.58)***
$Year_1$	-0.033 (-1.90)**	-0.033 (-1.85)*
$Year_2$	-0.001 (1.01)**	-0.001 (1.03)**
$Year_3$	-0.063 (-1.07)**	-0.063 (-1.74)**
常数项	0.359 (0.58)	0.359 (0.52)
样本总体	1088	1088
R^2	0.123	0.123
$Adj.\ R^2$	0.113	
F-Value	2.15**	3.45***

注意：*、**、*** 分别表示在 10%、5%、1% 的水平上显著，第二列回归采用了

消除异方差的 Huber－White 稳健性标准误。

从回归结果来看，模型首次回归后的拟合优度 R^2 为0.123，调整后的拟合优度 $Adj.\ R^2$ 为0.113，F值为2.15，并且在5%的水平上显著，说明模型构造较合理，整体拟合较好；在对其进行稳健性检验后，拟合优度为0.123，F值调整为3.45，且在1%水平上显著，再次证明模型整体设计的合理性和可行性。

基于以上回归结果，分别对各指标变量作以下分析。

第一，公司规模与上市公司股权再融资后的长期业绩负相关。其对上市公司股权再融资后长期业绩的平均影响为－1.1%，但统计上不显著，稳健性检验后仍不显著。这说明我国上市公司规模不是引起其股权再融资后长期业绩恶化的主要原因，这一研究结果与国内学者（原红旗，2003）的研究结论相同。

第二，发行量比率与上市公司股权再融资后的长期业绩正相关。发行量比率每提升1%，上市公司股权再融资后的长期业绩就提高4.9%，但统计上不显著，稳健性检验后仍不显著。发行相对规模与上市公司股权再融资后的长期业绩负相关。发行相对规模每提高1%，上市公司股权再融资后的长期业绩下降6.2%，但统计上不显著，稳健性检验后仍不显著。这一研究结果说明二者虽对我国上市公司股权再融资后的长期业绩有影响，但效果都不显著，不是造成其净资产收益率下降的主要原因。

第三，资产负债率与上市公司股权再融资后的长期业绩正相关。资产负债每提高1%，上市公司股权再融资后的长期业绩就上升16.8%，在1%的统计水平上显著，但稳健性检验后不显著。这说明 Heinkel（1982）的信号传递理论不能很好地解释中国上市公司股权再融资后长期业绩下降的现象，其认为企业负债水平越低，意味着其承担债务的能力越差，向市场传递的信号越消极，再融资后的长期业绩表现也越差。

第四，第一大股东持股比例与上市公司股权再融资后的长期业绩正相关。第一大股东持股比例每提高1%，上市公司股权再融资后的长期业绩上升18.3%，但统计上不显著，稳健性检验后在10%的水平上显著。这说明我国上市公司第一大股东持股比例的提升，对股权再融资上市公司的长期业绩有正面作用。国外学者（Shleifer 和 Vishny，1986）的研究认为，上市公司的股权集中度越高，大股东越有动力去监督和约束公司经理人，从而提升公司价值。而我国上市公司普遍存在国有股或法人股“一股独大”现象，大部分学者认为这种高比例的集中股权，容易产生大股东侵害小股东利益现象，不利于上市公司的长期发展，但我们的实证结果并没有支持这一观点。

第五，托宾 Q 与上市公司股权再融资后的长期业绩负相关。托宾 Q 每提高 1%，上市公司股权再融资后的长期业绩下降 38.6%，并在 1% 的水平上显著，但稳健性检验后不显著；市场账面价值比与上市公司股权再融资后的长期业绩正相关，市场账面价值比每提高 1%，上市公司股权再融资后的长期业绩提高 5.9%，并在 1% 的水平上显著，但稳健性检验后也不显著。这说明二者虽对我国上市公司股权再融资后的长期业绩有影响，但都不是主要影响因素。

第六，区别上市公司配股、公开增发或定向增发行为的虚拟变量（RO 和 PP）实证结果显示，上市公司配股后的长期业绩比公开增发后的长期业绩下降了 1.9%，并在 5% 的水平上显著，稳健性检验后，更是在 1% 的水平上显著；上市公司定向增发后的长期业绩虽也有所下降，但仍比公开增发后的长期业绩好了 2.3%，并在 1% 的水平上显著，稳健性检验后仍在 1% 的水平上显著。这强有力地支持了本书的研究假设 H_{15}：上市公司进行定向增发后的长期业绩要好于进行公开增发后的长期业绩；也强有力地支持了研究假设 H_{16}：上市公司进行公开增发后的长期业绩要好于进行配股后的长期业绩。

第七，区别上市公司股权再融资后历年净资产收益率的虚拟年变量（$Year_i$）实证结果显示，以上市公司股权再融资当年的业绩为基准，其后第一年的净资产收益率下降了 3.3%，并在 5% 的水平上显著，稳健性检验后仍在 10% 的水平上显著；其后第二年的净资产收益率下降了 0.1%，其后第三年的净资产收益率下降了 6.3%，统计上在 5% 的水平上显著，稳健性检验后仍在 5% 的水平上显著。对样本公司总体而言，上市公司进行股权再融资后长期业绩下滑显著，这也都很好地支持了前文的研究假设。

9　研究结论与政策建议

股权再融资是我国上市公司重要的再融资方式。在股权分置改革之前，上市公司的股权再融资存在很多问题，如上市公司关联交易，大股东“圈钱”，再融资后绩效下降，等等。股改完成后，上市公司股权再融资行为又有哪些新变化？定向增发作为股改后新的股权再融资方式，实施的效果如何？配股、公开增发和定向增发三者的优劣如何？基于对以上问题的思考，本书对中国上市公司股权再融资行为和长短绩效进行了研究。本章除了总结结论，还针对研究中发现的问题，对完善中国股权再融资机制提出相应的政策建议。

9.1　研究结论

本研究选取了 2005 年 1 月 1 日至 2008 年 12 月 31 日所有进行过配股、公开增发和定向增发并达到本研究条件的上证和深证 223 家 A 股上市公司为研究样本，考虑了上市公司规模、发行量比率、相对发行规模、财务杠杆、第一大股东持股比例、发行价折扣率、托宾 Q 和市场账面价值比等控制变量的影响，并引入区分配股、公开增发和定向增发及区分控股股东是否全部或部分或不参与定向增发的虚拟变量，对我国上市公司股权再融资时的短期宣告效应进行了理论和实证分析，并对三者的宣告效应作了对比实证分析，得出以下研究结论。

第一，上市公司配股时有负的宣告效应，公开增发和定向增发时有正的宣告效应；并且上市公司公开增发时的宣告效应要好于定向增发时的宣告效应，上市公司定向增发时的宣告效应要好于配股时的宣告效应。由于我国证监会制定的法规对上市公司公开增发的要求远高于对配股和定向增发的要求，即公开增发的门槛比配股和定向增发的高，这种高门槛的要求标准的确筛选出了较优质的上市公司进行公开增发（郑琦，2009），因而，上市公司公开增发时的股价反应比配股或定向增发时的表现要好。而对于定向增发，其发行对象只限定 10 名以内，并且参与定向增发的大多为有实力的大股东或机构投资者，他们拥有对定向增发公司的信息优势，参与定向增发可以向市场传递一种积极信号，因此，市场对定向增发的反应比配股时更积极，定向增发时的短期股价累积收益率也比配股时的好。

第二，上市公司配股或公开增发的发行量比率与其股价异常收益率负相关。基于上市公司发行新股的价格压力假说（Akhigbe，Harikumar，1996），其认为上市公司股票的需求曲线下斜，上市公司增加发行新股，会稀释总股本，进而引发股票价格下降；并且发行量越大，向外界传递的消息越消极，引起股价下跌幅度也越大。

第三，控股股东全部参与定向增发时的宣告效应要好于控股股东部分参与时的宣告效应；控股股东部分参与定向增发时的宣告效应要好于控股股东不参与时的宣告效应。如果控股股东或关联投资者全部参与定向增发，则说明其对公司的未来项目看好，并达成共识，此时的定向增发会有最好的宣告效应。如果控股股东或关联投资者部分参与定向增发，则说明部分人对公司未来项目看好，而另一部分人不看好，此时的定向增发会有较好的宣告效应；如果没有控股股东或关联投资者参与定向增发，则说明其都不看好公司未来的开发项目，此时的定向增发会有最差的宣告效应。

第四，定向增发新股的发行折扣率与股价超额累积收益率负相关。从信息不对称理论角度分析，较高的股价折扣率与较低的累积异常收益率相关，但股价异常收益率仍然为正（Danny Meidan，2006）。在我国，参与上市公司定向增发的大部分是控股股东、关联投资者和机构投资者等，他们对定向增发公司的内部管理、账面状况、项目收益和资产负债等有比较清楚的了解，当他们愿意以更低的股价折扣率认购定向增发股票时，意味着定向增发公司的投资项目发展前景很好，值得投资，此时的定向增发会带来正的超额累积收益率（章卫东，2010）。

除此之外，本书还对其他控制变量的影响作了实证分析，如衡量上市公司股权结构和财富再分配的第一大股东持股比例的实证结果显示，其对上市公司股权再融资时的宣告效应有负影响，但统计上不显著，稳健性检验后仍不显著；上市公司规模与其宣告股权再融资时的累积异常收益率显著负相关；相对发行规模与其宣告股权再融资时的累积异常收益率正相关；资产负债比与其宣告股权再融资时的累积异常收益率显著负相关；托宾 Q 与其宣告股权再融资时的累积异常收益率显著正相关；市场账面价值比与其宣告股权再融资时的累积异常收益率显著正相关。以上影响变量，除了第一大股东持股比例和相对发行规模不显著外，其他的影响因素都显著，这说明第一大股东持股比例和相对发行规模虽对上市公司股权再融资时的宣告效应有影响，但不是主要影响因素。

在选取与宣告效应研究相同样本的基础上，同样考虑了上市公司规模、发行量比率、相对发行规模、财务杠杆、第一大股东持股比例、发行价折扣率、托宾 Q 和市场账面价值比等控制变量，以及区分配股、公开增发和定向增发及区分控股股东是否全部或部分或不参与定向增发的虚拟变量的影响，同时，还增加了区别股权再融资后当年及其后历年业绩变化的年虚拟变量，对我国上市公司股权再融资后的长期业绩表现作了理论和实证研究，得到以下研究结论。

第一，上市公司配股、公开增发和定向增发后的长期业绩或主营业务收入增长率下降。本研究还发现，虽然上市公司股权再融资后的长期业绩不佳，但定向增发后的长期业绩要好于公开增发后的长期业绩；公开增发后的长期业绩要好于配股后的长期业绩。从这一研究结论可以得出，上市公司股权再融资时应首选定向增发，其次公开增发，最后才是配股；而从样本统计数据来看，事实中也的确如此。配股或公开增发后长期业绩不佳主要是由于我国上市公司利用配股和公开增发再融资进行"圈钱"，导致其长期业绩不佳（李志文等，2003）。由于我国上市公司特殊的股权结构，大股东拥有绝对的控股地位，其可以控制股东大会决议进而影响管理层的决策，通过配股或公开增发再融资实现资产转移或关联交易等，侵害中小股东利益，谋取私利，这必然影响公司的未来发展。而对于定向增发后长期业绩不佳的解释，在我国定向增发具有不公开招股说明书、申请流程简化、申请时间缩短、融资成本低等一系列优点，因而现已成为广大上市公司最欢迎的股权再融资方式。但由于中国证监会在2006年的《管理办法》中并没有对申请定向增发企业的净资产收益率等做任何要求，发行筹资额也没有任何限制，这必然会使很多业绩较差、达不到配股或公开增发最低业绩标准的上市公司，选择通过定向增发达到再融资目的，这种不理性的筹资方式，必然会带来上市公司长期业绩的下降。本书对我国上市公司定向增发后长期业绩的研究，以及对配股、公开增发和定向增发后长期业绩的对比研究，是本书的创新点之一。

第二，上市公司配股或公开增发的发行量比率与其再融资后的长期业绩负相关。国外（Mikkelson和Partch，1986）研究发现，上市公司配股或公开增发的发行量比率越高，再融资后的长期业绩下降越明显，国内（章卫东，2005）部分学者的研究也发现相同的结论，说明中国上市公司配股或公开增发新股的发行比例越高，大股东利用关联交易获取私利的行为越严重，从而对其再融资后长期业绩的负面影响也越大。

第三，控股股东全部参与定向增发的长期业绩要好于控股股东部分参与的长期业绩；控股股东部分参与定向增发的长期业绩要好于控股股东不参与的长期业绩。因为上市公司定向增发的对象是公司原大股东、关联投资者或机构投资者，他们的共同特点就是拥有信息优势，当定向增发企业有较好前景的项目需要融资时，他们会积极参与，以期在未来获利；当定向增发企业的融资项目发展前景不好或存在很大风险时，他们往往会采取回避措施，避免遭受损失。

第四，上市公司定向增发新股的发行折扣率与其定向增发后的长期业绩正相关。上市公司为了吸引公司大股东或机构投资者参与定向增发，会以发行定价的高折扣率为代价，以弥补大股东或机构投资者参与定向增发而可能产生的机会成本。而一般认为，机构投资者的参与会加强对上市公司管理层的有效监管（监控效应理论；Wruck，1989），从而提高筹集资金的利用效率，有利于企业的未来发展和业绩提高。

除此之外，本研究还对其他控制变量做了实证研究，发现公司规模与上市公司股权再融资后的长期业绩负相关；发行相对规模与上市公司股权再融资后的长期业绩负相关；资产负债率与上市公司股权再融资后的长期业绩正相关；第一大股东持股比例与上市公司股权再融资后的长期业绩显著正相关；托宾 Q 与上市公司股权再融资后的长期业绩负相关；市场账面价值比与上市公司股权再融资后的长期业绩正相关；除了第一大股东持股比例稳健性检验后在 10% 水平显著外，其他控制变量影响都不显著，说明它们虽对上市公司股权再融资后的长期业绩有影响，但不是主要影响因素。

9.2 完善中国股权再融资机制的政策建议

9.2.1 完善相关法律法规

我国有关股权再融资的法律法规有很多，但仍不够完善，尤其对定向增发的规定比较松散，其中的很多细节没有说明。有关证券发行的法律法规主要有 2006 年 5 月 6 日的《上市公司证券发行管理办法》(简称《管理办法》) 和 2007 年 9 月 17 日的《上市公司非公开发行股票实施细则》(简称《实施细则》)。其中，《管理办法》对配股的规定有"最近三个会计年度连续盈利；拟配售股份数量不超过本次配售股份前股本总额的 30%；原股东认购股票数量应达到拟配售数量的 70% 以上"等；对公开增发的规定更加严格，有"最近三个会计年度加权平均净资产收益率平均不低于 6%；发行价不低于公告招股意向书前 20 个交易日公司股票均价或前一个交易日的均价"等。而《管理办法》和《实施细则》对定向增发的规定则主要有"发行对象不超过 10 名；发行价格不低于定价基准日前 20 个交易日公司股票均价的 90%；控股股东、实际控制人及其控制的企业认购的股份，36 个月内不得转让"等。通过对比可见，现有法规对定向增发的净资产收益率和发行额度并没有明确规定，这有可能使很多达不到配股或公开增发门槛的上市公司转而选择定向增发再融资，本书的实证研究结果也发现，上市公司配股、公开增发和定向增发后的长期业绩或主营业务收入增长率都呈下降趋势，并且在股权再融资之后的某些年份下降特别显著。除此之外，《实施细则》中对定向增发的"定价基准日”的定义模糊，认为“其可以为本次非公开发行股票的董事会决议公告日、股东大会决议公告日，也可以为发行期的首日”，而基准日标准定义不清，必然影响发行定价的折扣率，这很可能被大股东利用，进而实现利益输送。

基于以上分析，首先，建议制定有关定向增发最低盈利要求的标准，以防止质量较差的上市公司利用定向增发筹集资金，侵害中小股东利益；其次，明确定向增发的定价基准日，建议取股东大会决议公告日为基准日，因为此时离董事会决议公告日还有一段时间，市场可以较充分地消化这一增发新股的信息，此时形成的市场价格更加合理真实；再次，规范上市公司信息披露，进一步明确股权再融资上市公司应及时真实披露信息的范围和形式，如财务状况、经营业绩、所有权变更、筹集资金使用状况及投资项目进展等，尤其对上市公司关联交易、兼并收购和财务担保等情况的披露，都应有严格规定。这些措施的改进，可以提高上市公司股权再融资的透明度，减少信息不对称问题，更好地保护中小股东利益。

9.2.2 加强监管部门监督职能

在我国，证券监管主要来自中国证券监督管理委员会，但其监管权力有限，且监管方式不足，其行使权力时往往受到各方行政权力的干预和制约，缺乏足够的执法权和检查权，如难以调查上市公司的银行账户，对上市公司募集资金的真实使用难以取证，对上市公司的股东账户无权调查，等等，这些都将制约其监管功能的发挥。据此建议，增强证监会的独立性，扩大其监管权限，使证监会成为权威的证券监管机构。证监会可以制定有关证券发行和监管的法律法规，并根据颁布法律法规依法履行监督职责，对上市公司利用增发新股的关联交易、资产转移和现金流管理等行为严格监督，尤其对定向增发过程中上市公司与集团公司的关联交易，由于信息不对称，中小股东被排除在外，大股东很容易利用关联交易实现利益输送，证监会应严格审查定向增发上市公司的信息披露，以保护中小投资者的利益。

除此之外，还应加强对参与证券发行过程中的证券承销商、会计师事务所、律师事务所和资产评估机构等中介的监督，对于股权再融资过程中存在的违法违规操作，发行新股“圈钱”，侵害中小股东利益等现象的上市公司依法严惩，并根据性质不同及造成的不良后果，由违规公司或个人承担行政责任、民事责任，甚至刑事责任。

9.2.3 引入大股东制衡机制，改善公司股权结构

2005年之前的上市公司股权分置，造成了流通股股东和非流通股股东的存在，流通股股东的股权上市全流通，而非流通股股东的股权不具有上市流通性。这一现象的存在，必然导致二者利益目标的冲突，非流通股股东更关注公司的每股净资产，而流通股股东则更加关心二级市场的股价变化。同时，由于非流通股股东是上市公司的大股东，可以影响公司管理层的重大决策，因而经常发生非流通股股东通过关联交易等方式侵害流通股股东的利益，利用股权再融资实现财富从流通股股东向非流通股股东的转移（章卫东，2005），弱化了公司治理功能。2005年股权分置改革完成后，各公司的非流通股依据时间表陆续实现上市全流通，非流通股股东与流通股股东这一特殊的股权结构现象消失，原则上，二者的利益也将趋于一致。但是，股权分置改革并没有改变我国上市公司“一股独大”和法人股占优的现状，其仍可能通过控制和操控公司管理层的决策来侵害中小股东的利益。

尽管如此，但我们也不应忽视“一股独大”存在的合理性。股权集中可以弥补法律法规对中小股东保护的不足，在中小股东的利益得不到法律有效保护的情况下，高度集中的股权结构可以降低股东代理成本，强化对公司管理层的监督制约。事实也证明，在法律法规较完善，中小股东利益可以得到有效保护的情况下（如美国），比较适合实行股权分散的公司治理结构；而在法律法规不是很完备，中小股东利益得不到很好保护的情况下，实行股权高度集中的公司治理结构有一定的合理性。因而，在我国法律体系尚未健全、资本市场不成熟及公司治理不完善的情况下，可考虑继续保持这种股权集中型股权结构的存在。同时，本书在对配股、公开增发和定向增发的实证研究中也发现，第一大股东的持股比例作为衡量我国特殊股权结构的代理变量，对上市公司股权再融资时的宣告效应有负面影响，但不显著。这也进一步说明了我国现行的股权结构并不是影响上市公司股权再融资宣告效应的主要因素。

为了尽量避免控股股东对中小股东利益的侵害，我们可以在不影响集中型股权结构的前提下，引入其他多个大股东共享公司控制权，从而达到权力的制衡。上市公司引入多个大股东的持股比例之和可超过第一大股东的持股比例，当存在第一大股东侵害中小股东利益的现象时，他们可以联合起来对第一大股东进行制衡，从而达到保护中小投资者利益的目的。相关主管部门应鼓励上市公司的股权在国有股股东之间转让，进而引入更多的国有企业法人股东；鼓励支持国有上市公司将股份转让给有实力的优质民营企业，支持他们参股投资；鼓励机构投资者介入成为企业的战略投资者，充分发挥其在上市公司治理过程中的监督制衡作用（朱建军，2005；何丹，2009）。

9.2.4 优化独立董事机制，完善上市公司治理

（1）推行累积投票制度和大股东回避制度

我国的公司治理结构中，大股东拥有绝对的控股权，而公司重大决策大多采用少数服从多数的普通投票制，所以，大股东很容易通过投票的方式按照自己的意愿左右管理层的决策，进而谋取私利。建议在上市公司重大决策时采取累积投票制度①，如上市公司新发股份的定价决策，尤其是向关联股东或大股东的定向增发等重大事项；除此之外，还应考虑大股东回避制度，即在重大决策时大股东作为关联方应采取回避措施，让非关联方和中小股东投票参与决策，从而进一步约束大股东或关联股东通过投票决定再融资方式，侵害中小股东利益，谋取私利的行为。

（2）完善独立董事制度

将独立董事作为独立的第三方引入公司治理当中，原本期望其能为企业的重大决策（如配股或增发新股的数量、定价折扣率、发行对象等）提出客观、公正、独立的见解，“独立董事应积极行使职权，特别关注上市公司的关联交易、对外担保、并购重组、重大投融资活动、社会公众股股东保护、财务管理、高管薪酬、利润分配和信息披露等事项，必要时应根据有关规定主

① 累积投票制指股东大会选举两名以上的董事的时候，股东所持的每一股份拥有与当选董事总人数相等的投票权。股东可以将其总票数投给待选董事的一部分，即可以将所有的投票权集中投票选举一人，也可以分散投票选举数人，按得票多少依次决定董事人选的表决权制度。

动提议召开董事会、提交股东大会审议或者聘请会计事务所审计相关事项”[①]，从而保护中小股东的利益，促进上市公司的健康稳定发展。然而，独立董事制度建立伊始就质疑不断，包括对独立董事的提名委任、激励报酬及独立性等问题。事实也证明，独立董事难以很好地履行职责。因此，首先应对独立董事的选任机制进行改进（贾中正和龙超，2005），“我国独立董事的任免主要采用普通投票制。即根据少数服从多数的原则，由上市公司的股东对独立董事的候选人进行投票表决，得票超过一半的独立董事候选人将被当选或者被罢免。但我国上市公司的国有股或法人股拥有绝对的控股权，这可能使独立董事的选任有失公允。建议使用累积投票制来代替普通投票制。累积投票制可以保护中小股东的利益，但在大股东持股比例较高的情况下，累积投票制恐怕也很难发挥作用，这时还要采取大股东回避制度。即大股东不参加独立董事的提名和选举，而由中小股东推荐并选举聘用”。此外，为了鼓励独立董事更加努力认真地履行职责，应该改进独立董事激励机制（贾中正，2010），如可以考虑加强其声誉激励、对其引入股权激励和建立独立董事责任保险制度等措施，以激励其更加尽职履责。

9.2.5 提高中介机构自律水平，加强中介机构监督作用

（1）发挥承销商的监督作用

在西方发达国家，证券承销商在上市公司证券发行过程中发挥着重要作用。承销商的职责就是为发行证券的上市公司找到合适的投资者，并向广大投资者公证客观地披露上市公司的财务和盈利等关键信息，从而保护广大中小投资者免遭欺骗而利益受损。中小投资者由于信息不对称等原因处于弱势地位，而承销商拥有的投资和管理人员，可以对发行公司的状况进行调研分析，其研究结论对中小投资者的投资决策至关重要。如果证券承销商在调研过程中迎合发行公司造假，其面临的损失会是巨大的，除了会遭受巨额罚款外，信誉的丧失还可能导致其彻底破产倒闭，这对承销商来说是得不偿失的。因而，国外承销商在上市公司发行过程中扮演着重要的角色，并为广大投资

① 上海证交所：《上海证券交易所上市公司董事选任与行为指引》，2009 年 8 月。

者所信赖，这就是有名的承销商公证理论。

基于此，首先我国证券承销商应加强自我约束，提高自身信誉度。承销商信誉对自身业务来说是一笔无形的资产，如果其在某次证券承销中采取欺诈手段，就有可能永远被市场投资者所遗弃。承销商通过不断为市场投资者提供良好的投资机会来赢得市场的信任和知名度，从而会吸引更多的投资者。而承销商信誉度的提高同样会对发行公司产生吸引力，发行公司想要以较高的发行价和较低的发行成本完成发行，必然会寻找信誉度较好的承销商作为其代理发行机构。可见，提高自身信誉度对证券承销商来说是一种长期良性循环。其次，证券承销商应完善风险控制体系。承销商的承销行为具有很大的风险性，如果发行公司有违法舞弊行为，承销商也会受到严重处罚且信誉受损。因而，证券承销商应努力提升自身业务水平，加强对发行公司财务风险、项目运营风险、投资回报率等的深入研究分析，以防承销风险的发生。

（2）发挥会计师事务所、律师事务所和资产评估等机构的监督作用

会计师事务所、律师事务所和资产评估等机构在上市公司证券发行过程中也扮演着重要的角色，其对发行公司财务状况及内部信息客观、公正、独立的披露，将有利于市场投资者作出正确的投资判断，保持资本市场的透明有序，保护投资者自身利益。据此，首先，强化对违规者的惩罚力度。对违反职业操守的中介机构要从重处罚，严重者要取消其从业资格证书，永久禁入证券行业，这样可以有效震慑其他中介机构，起到“杀一儆百”的作用。其次，要保证其履责过程中的独立性。由于收益主要来自发行公司，这就很难保证其独立性，建议由独立的第三方如独立董事推荐中介机构，由专门的行业协会或机构负责发放薪酬，以提高其独立性，激励其更加尽职尽责。

9.2.6 拓展企业融资渠道，支持债券市场发展

国外学者（Myers，1984）研究发现，西方发达国家上市公司再融资遵循“啄食理论”，即其会首选内部融资，然后外部融资；外部融资时会首选债券融资，然后才是股权融资。而我国上市公司由于治理结构和股权结构等与西方发达国家存在差异，普遍存在股权再融资偏好现象（岳续华，2007；毕金玲，2009）。债券融资与股权再融资相比，具有资本成本低、避免控制权稀释

和财务杠杆效应等优点，债券融资可以为上市公司提供更多的融资工具和融资渠道，其定期派息的特征还会使投资者的投资更加理性。同时，前文的实证分析也证明，上市公司的资产负债率与股权再融资后的长期业绩正相关，资产负债每提高 1%，上市公司股权再融资后的长期业绩就上升 16.8%，并且在 1% 的统计水平上显著，这说明企业负债水平越高，其承担债务的能力越强，向市场传递的信号越积极，再融资后的长期业绩表现也越好。可见，企业负债率的提高对市场释放了有利的信息，因而，国内相关主管部门应积极为我国上市公司创造良好的债券再融资环境，大力支持和鼓励企业或上市公司进行债券再融资。

首先，应大力培养债券发行一级市场，优化债券交易二级市场。我国债券发行一级市场发育缓慢，二级市场交易更是不活跃，除了国债和中央企业债券的交易外，大部分债券缺乏交易平台，流动性较差。因而，应积极培养债券发行一级市场，改善债券交易二级市场，积极探索网上交易、柜台交易和场外交易等方式的可行性。其次，发挥中介机构作用，完善债券评级制度（何丹，2009），引导发挥承销商、会计师事务所和律师事务所等中介机构的监督评级作用，鼓励其尽职履责，筛选出信用等级优质的上市公司，使经营业绩好、偿债能力强和信用等级高的企业通过债券再融资获得充足的资金来源，改善企业或上市公司的融资结构，优化资本市场的资源配置，使债券市场与股票市场形成优势互补，共同为我国上市公司的健康稳定发展提供有力的资金保障。

附　录

国务院关于推进资本市场改革开放和稳定发展的若干意见

国发〔2004〕3 号

各省、自治区、直辖市人民政府，国务院各部委、各直属机构：

《国务院关于进一步加强证券市场宏观管理的通知》（国发〔1992〕68号）下发以来，我国资本市场发展迅速，取得了举世瞩目的成就。资本市场初具规模，市场基础设施不断改善，法律法规体系逐步健全，市场规范化程度进一步提高，已经成为社会主义市场经济体系的重要组成部分，为国有企业、金融市场改革和发展，优化资源配置，促进经济结构调整和经济发展，做出了重要贡献。为贯彻落实党的十六大和十六届三中全会精神，围绕全面建成小康社会的战略目标，积极推进资本市场改革开放和稳定发展，现提出如下意见。

一　充分认识大力发展资本市场的重要意义

大力发展资本市场是一项重要的战略任务，对我国实现 21 世纪头 20 年国民经济翻两番的战略目标具有重要意义。一是有利于完善社会主义市场经济体制，更大程度地发挥资本市场优化资源配置的功能，将社会资金有效转化为长期投资。二是有利于国有经济的结构调整和战略性改组，加快非国有经济发展。三是有利于提高直接融资比例，完善金融市场结构，提高金融市场效率，维护金融安全。

我国资本市场是伴随着经济体制改革的进程逐步发展起来的。由于建立初期改革不配套和制度设计上的局限，资本市场还存在一些深层次问题和结构性矛盾，制约了市场功能的有效发挥。这些问题是资本市场发展中遇到的问题，也只有在发展中逐步加以解决。党的十六大提出了全面建成小康社会的战略目标，十六届三中全会通过了《中共中央关于完善社会主义市场经济体制若干问题的决定》，对资本市场发展做出了部署，为我国资本市场改革开放和稳定发展指明了方向。要认清形势，抓住机遇，转变观念，大力发展资本市场，提高直接融资比例，创造和培育良好的投资环境，充分发挥资本市场在促进资本形成、优化资源配置、推动经济结构调整、完善公司治理结构等方面的作用，为国民经济持续快速协调健康发展和全面建成小康社会作出新的贡献。

二　推进资本市场改革开放和稳定发展的指导思想和任务

推进资本市场改革开放和稳定发展的指导思想是：以邓小平理论和“三个代表”重要思想为指导，全面落实党的十六大和十六届三中全会精神，遵循“公开、公平、公正”原则和“法制、监管、自律、规范”的方针，坚持服务于国民经济全局，实现与国民经济协调发展；坚持依法治市，保护投资者特别是社会公众投资者的合法权益；坚持资本市场改革的市场化取向，充分发挥市场机制的作用；坚持改革的力度、发展的速度与市场可承受程度的统一，处理好改革、发展、稳定的关系；坚持用发展的办法解决前进中的问题，处理好加快资本市场发展与防范市场风险的关系；坚持循序渐进，不断提高对外开放水平。

推进资本市场改革开放和稳定发展的任务是：以扩大直接融资、完善现代市场体系、更大程度地发挥市场在资源配置中的基础性作用为目标，建设透明高效、结构合理、机制健全、功能完善、运行安全的资本市场。要围绕这一目标，建立有利于各类企业筹集资金、满足多种投资需求和富有效率的资本市场体系；完善以市场为主导的产品创新机制，形成价格发现和风险管理并举、股票融资与债券融资相协调的资本市场产品结构；培育诚实守信、运作规范、治理机制健全的上市公司和市场中介群体，强化市场主体约束和优胜劣汰机制；健全职责定位明确、风险控制有效、协调配合到位的市场监管体制，切实保护投资者合法权益。

三　进一步完善相关政策，促进资本市场稳定发展

资本市场的稳定发展需要相应的政策引导和支持。各部门要进一步完善相关政策，为资本市场稳定发展营造良好环境。

完善证券发行上市核准制度。健全有利于各类优质企业平等利用资本市场的机制，提高资源配置效率。

重视资本市场的投资回报。要采取切实措施，改变部分上市公司重上市、轻转制、重筹资、轻回报的状况，提高上市公司的整体质量，为投资者提供分享经济增长成果、增加财富的机会。

鼓励合规资金入市。继续大力发展证券投资基金。支持保险资金以多种方式直接投入资本市场，逐步提高社会保障基金、企业补充养老基金、商业保险资金等投入资本市场的资金比例。要培养一批诚信、守法、专业的机构投资者，使以基金管理公司和保险公司为主的机构投资者成为资本市场的主导力量。

拓宽证券公司融资渠道。继续支持符合条件的证券公司公开发行股票或发行债券筹集长期资金。完善证券公司质押贷款及进入银行间同业市场管理办法，制定证券公司收购兼并和证券承销业务贷款的审核标准，在健全风险控制机制的前提下，为证券公司使用贷款融通资金创造有利条件，稳步开展基金管理公司融资试点。

积极稳妥解决股权分置问题。规范上市公司非流通股份的转让行为，防止国有资产流失。稳步解决目前上市公司股份中尚不能上市流通股份的流通问题。在解决这一问题时要尊重市场规律，有利于市场的稳定和发展，切实保护投资者特别是公众投资者的合法权益。

完善资本市场税收政策。研究制定鼓励社会公众投资的税收政策，完善证券、期货公司的流转税和所得税征收管理办法，对具备条件的证券、期货公司实行所得税集中征管。

四　健全资本市场体系，丰富证券投资品种

建立多层次股票市场体系。在统筹考虑资本市场合理布局和功能定位的

基础上，逐步建立满足不同类型企业融资需求的多层次资本市场体系，研究提出相应的证券发行上市条件并建立配套的公司选择机制。继续规范和发展主板市场，逐步改善主板市场上市公司结构。分步推进创业板市场建设，完善风险投资机制，拓展中小企业融资渠道。积极探索和完善统一监管下的股份转让制度。

积极稳妥发展债券市场。在严格控制风险的基础上，鼓励符合条件的企业通过发行公司债券筹集资金，改变债券融资发展相对滞后的状况，丰富债券市场品种，促进资本市场协调发展。制定和完善公司债券发行、交易、信息披露、信用评级等规章制度，建立健全资产抵押、信用担保等偿债保障机制。逐步建立集中监管、统一互联的债券市场。

稳步发展期货市场。在严格控制风险的前提下，逐步推出为大宗商品生产者和消费者提供发现价格和套期保值功能的商品期货品种。

建立以市场为主导的品种创新机制。研究开发与股票和债券相关的新品种及其衍生产品。加大风险较低的固定收益类证券产品的开发力度，为投资者提供储蓄替代型证券投资品种。积极探索并开发资产证券化品种。

五　进一步提高上市公司质量，推进上市公司规范运作

提高上市公司质量。上市公司的质量是证券市场投资价值的源泉。上市公司董事和高级管理人员要把股东利益最大化和不断提高盈利水平作为工作的出发点和落脚点。要进一步完善股票发行管理体制，推行证券发行上市保荐制度，支持竞争力强、运作规范、效益良好的公司发行上市，从源头上提高上市公司质量。鼓励已上市公司进行以市场为主导的、有利于公司持续发展的并购重组。进一步完善再融资政策，支持优质上市公司利用资本市场加快发展，做优做强。

规范上市公司运作。完善上市公司法人治理结构，按照现代企业制度要求，真正形成权力机构、决策机构、监督机构和经营管理者之间的制衡机制。强化董事和高管人员的诚信责任，进一步完善独立董事制度。规范控股股东行为，对损害上市公司和中小股东利益的控股股东进行责任追究。强化上市公司及其他信息披露义务人的责任，切实保证信息披露的真实性、准确性、

完整性和及时性。建立健全上市公司高管人员的激励约束机制。

完善市场退出机制。要采取有效措施，结合多层次市场体系建设，进一步完善市场退出机制。在实现上市公司优胜劣汰的同时，建立对退市公司高管人员失职的责任追究机制，切实保护投资者的合法权益。

六　促进资本市场中介服务机构规范发展，提高执业水平

把证券、期货公司建设成为具有竞争力的现代金融企业。根据审慎监管原则，健全证券、期货公司的市场准入制度。督促证券、期货公司完善治理结构，规范其股东行为，强化董事会和经理人员的诚信责任。改革证券、期货客户交易结算资金管理制度，研究健全客户交易结算资金存管机制。严禁挪用客户资产，切实维护投资者合法权益。证券、期货公司要完善内控机制，加强对分支机构的集中统一管理。完善以净资本为核心的风险监控指标体系，督促证券、期货公司实施稳健的财务政策。鼓励证券、期货公司通过兼并重组、优化整合做优做强。建立健全证券、期货公司市场退出机制。

加强对其他中介服务机构的管理。规范发展证券期货投资咨询机构、证券资信评级机构，加强对会计师事务所、律师事务所和资产评估机构的管理，提高中介机构的专业化服务水平。

七　加强法制和诚信建设，提高资本市场监管水平

健全资本市场法规体系，加强诚信建设。按照大力发展资本市场的总体部署，健全有利于资本市场稳定发展和投资者权益保护的法规体系。要清理阻碍市场发展的行政法规、地方性法规、部门规章以及政策性文件，为大力发展资本市场创建良好的法制环境。要按照健全现代市场经济社会信用体系的要求，制定资本市场诚信准则，维护诚信秩序，对严重违法违规、严重失信的机构和个人坚决实施市场禁入措施。

推进依法行政，加强资本市场监管。按照深化行政审批制度改革和贯彻实施《行政许可法》的要求，提高执法人员的自身素质和执法水平。树立与时俱进的监管理念，建立健全与资本市场发展阶段相适应的监管方式，完善监管手段，提高监管效率。进一步充实监管力量，整合监管资源，培养一支

政治素质和专业素质过硬的监管队伍。通过实施有效的市场监管，努力提高市场的公正性、透明度和效率，降低市场系统风险，保障市场参与者的合法权益。

发挥行业自律和舆论监督作用。要发挥证券期货交易所、登记结算公司、证券期货业协会、律师、会计师、资产评估等行业协会的自律管理作用。要引导和加强新闻媒体对证券期货市场的宣传和监督。

八　加强协调配合，防范和化解市场风险

营造良好的资本市场发展环境。资本市场的风险防范关系到国家的金融安全和国民经济的健康发展。各地区、各部门都要关心和支持资本市场的规范发展，在出台涉及资本市场的政策措施时，要充分考虑资本市场的敏感性、复杂性和特殊性，并建立信息共享、沟通便捷、职责明确的协调配合机制，为市场稳定发展创造良好的环境和条件。

共同防范和化解市场风险。各地区、各部门要切实履行《公司法》等有关法律法规规定的职责，采取有效措施防止和及时纠正发起人虚假出资、大股东或实际控制人侵占上市公司资产的行为；各地区和有关主管部门要依法加强对退市公司的管理，确保退市工作平稳顺利。对有重大经营风险必须退出资本市场或采取其他行政处置措施的证券、期货公司，地方人民政府、金融监管部门以及公安、司法等部门，要加强协调配合，按照法律法规和有关政策规定，采取积极有效措施做好风险处置工作。各地区、各部门必须建立应对资本市场突发事件的快速反应机制和防范化解风险的长效机制。

严厉打击证券期货市场违法活动。各地区要贯彻落实国务院关于整顿和规范市场经济秩序的有关精神，严格禁止本地区非法发行证券、非法设立证券期货经营机构、非法代理证券期货买卖、非法或变相设立证券期货交易场所及其他证券期货违法活动。财政、公安、审计、工商等政府部门和国有资产监督管理机构要加强协调配合，加大打击力度，维护资本市场秩序。

九　认真总结经验，积极稳妥地推进对外开放

严格履行我国加入世贸组织关于证券服务业对外开放的承诺。鼓励具备

条件的境外证券机构参股证券公司和基金管理公司，继续试行合格的境外机构投资者制度。

积极利用境外资本市场。遵循市场规律和国际惯例，支持符合条件的内地企业到境外发行证券并上市。支持符合条件的内地机构和人员到境外从事与资本市场投资相关的服务业务和期货套期保值业务。认真研究合格的境内机构投资者制度。

加强交流与合作。落实与香港、澳门更紧密的经贸合作安排。进一步加强与相关国际组织及境外证券监管机构的联系与合作。

大力发展资本市场是党中央、国务院从全局和战略出发作出的重要决策，各地区、各部门务必高度重视，树立全局观念，充分认识发展资本市场的重要性，坚定信心、抓住机遇、开拓创新，共同为资本市场发展创造条件，积极推动我国资本市场的改革开放和稳定发展，为实现全面建成小康社会的宏伟目标做出贡献。

国务院

二〇〇四年一月三十一日

关于上市公司股权分置改革的指导意见

证监发〔2005〕80号

《国务院关于推进资本市场改革开放和稳定发展的若干意见》（国发〔2004〕3号，以下简称《若干意见》）发布以来，资本市场各项改革和制度建设取得重要进展，市场运行机制和运行环境正在得到改善，一些制约资本市场功能充分发挥的基础性、制度性问题逐步得到解决。按照国务院关于“积极稳妥解决股权分置问题”的要求，在国务院的正确领导和有关部门、地方人民政府的大力支持下，股权分置改革试点工作已经顺利完成，改革的操作原则和基本做法得到了市场认同，改革的政策预期和市场预期逐渐趋于稳定，总体上具备了转入积极稳妥推进的基础和条件。经国务院同意，现就下一步上市公司股权分置改革提出如下指导意见。

一 正确认识股权分置改革

1. 全面落实《若干意见》，完善资本市场运行机制，要从解决基础性、制度性问题入手，重视完善和发挥资本市场功能，改善资本市场投资回报水平，逐步提高直接融资能力和资源配置效率。既要通过健全资本市场体系，丰富证券投资品种，提高上市公司质量，规范证券公司经营和加强证券市场法制建设，解决新兴市场要素缺失、制度不完善、运行不规范、监管不到位等问题，又要不失时机地解决好体制转轨背景下遗留下来的股权分置等诸多问题，妥善化解风险隐患，为资本市场长期稳定发展创造条件。

2. 股权分置是指A股市场的上市公司股份按能否在证券交易所上市交易被区分为非流通股和流通股，这是我国经济体制转轨过程中形成的特殊问题。股权分置扭曲资本市场定价机制，制约资源配置功能的有效发挥；公司股价难以对大股东、管理层形成市场化的激励和约束，公司治理缺乏共同的利益基础；资本流动存在非流通股协议转让和流通股竞价交易两种价格，资本运营缺乏市场化操作基础。股权分置不能适应当前资本市场改革开放和稳定发展的要求，必须通过股权分置改革，消除非流通股和流通股的流通制度差异。

3. 股权分置改革是一项完善市场基础制度和运行机制的改革，其意义不仅在于解决历史问题，更在于为资本市场其他各项改革和制度创新创造条件，是全面落实《若干意见》的重要举措。为此，要将股权分置改革、维护市场稳定、促进资本市场功能发挥和积极稳妥推进资本市场对外开放统筹考虑。改革要积极稳妥、循序渐进，成熟一家，推出一家，实现相关各方利益关系的合理调整，同时要以改革为契机，调动多种积极因素，维护市场稳定，提高上市公司质量，规范证券公司经营，配套推进各项基础性制度建设、完善市场体系和促进证券产品创新，形成资本市场良性循环、健康发展的新局面。

4. 股权分置改革是为非流通股可上市交易做出的制度安排，并不以通过资本市场减持国有股份为目的，当前国家也没有通过境内资本市场减持上市公司国有股份筹集资金的考虑。非流通股可上市交易后，国有控股上市公司控股股东应根据国家关于国有经济布局和结构性调整的战略性要求，合理确定在所控股上市公司的最低持股比例，对关系国计民生及国家经济命脉的重要行业和关键领域，以及国民经济基础性和支柱性行业中的国有控股上市公司，国家要保证国有资本的控制力、影响力和带动力，必要时国有股股东可通过证券市场增持股份。其他上市公司的控股股东，也要保证公司的稳定发展和持续经营。证券监管部门要通过必要的制度安排和技术创新，有效控制可流通股份进入流通的规模和节奏。

二　股权分置改革的指导思想

5. 积极稳妥推进股权分置改革的指导思想是，坚持股权分置改革与维护市场稳定发展相结合的总体原则，进一步明确改革预期，改进和加强协调指导，调动多种积极因素，抓紧落实《若干意见》提出的各项任务，制定、修改和完善相关法规和政策措施，加强市场基础性建设，完善改革和发展的市场环境，实现资本市场发展的重要转折，使市场进入良性发展的轨道。

6. 贯彻落实《若干意见》提出的“尊重市场规律，有利于市场的稳定和发展，切实保护投资者特别是公众投资者的合法权益”的总体要求。尊重市场规律，就是要坚持市场化的决策机制和价格形成机制，完善改革的推动机制，通过政策扶持和市场引导，形成上市公司改革的持续稳定动力。有利于市场稳定和发展，就是按照改革的力度、发展的速度和市场可承受程度相统一的原则，注重发挥改革所形成的机制优势和良好的市场效应，使资本市场各项改革协调推进，各项政策措施综合配套，以改革促进市场稳定发展，以市场稳定发展保障改革的顺利进行。保护投资者特别是公众投资者的合法权益，就是要通过相关程序规则和必要的政策指导，保障投资者的知情权、参与权和表决权，使改革方案有利于形成流通股股东和非流通股股东的共同利益基础，并形成改革后公司稳定的价格预期。

三　股权分置改革的总体要求

7. 股权分置改革要坚持统一组织。中国证监会要制定《上市公司股权分置改革管理办法》，以“公开、公平、公正”的操作程序和监管要求，规范股权分置改革工作，保障投资者特别是公众投资者的合法权益。国务院有关部门要加强协调配合，按照有利于推进股权分置改革的原则，完善促进资本市场稳定发展的相关政策，调整和完善国资管理、企业考核、会计核算、信贷政策、外商投资等方面的规定，使股权分置改革相关政策衔接配套。地方人民政府要加强对本地区上市公司股权分置改革的组织领导工作，充分发挥本地区综合资源优势，把股权分置改革与优化上市公司结构、促进区域经济发展和维护社会稳定结合起来，统筹安排适合当地情况的改革工作。

8. 股权分置改革方案要实行分散决策。上市公司非流通股股东依据现行法律、法规和股权分置改革的管理办法，广泛征求 A 股市场相关流通股股东意见，协商确定切合本公司实际情况的股权分置改革方案，参照股东大会的程序，由 A 股市场相关股东召开会议分类表决。非流通股股东与流通股股东之间以对价方式平衡股东利益，是股权分置改革的有益尝试，要在改革实践中不断加以完善。

9. 上市公司股权分置改革方案要有利于市场稳定和上市公司的长远发展。鼓励公司或大股东采取稳定价格预期的相关措施；鼓励在股权分置改革方案中做出提高上市公司业绩和价值增长能力的组合安排。监管部门和证券交易所在不干预改革主体自主协商决定改革方案的前提下，加强对方案实现形式及相关配套安排的协调指导。

10. 坚持改革的市场化导向，注重营造有利于积极稳妥解决股权分置问题的市场机制。根据股权分置改革进程和市场整体情况，择机实行“新老划断”，对首次公开发行公司不再区分流通股和非流通股。完成股权分置改革的上市公司优先安排再融资，可以实施管理层股权激励，同时改革再融资监管方式，提高再融资效率。上市公司管理层股权激励的具体实施和考核办法，以及配套的监督制度由证券监管部门会同有关部门另行制定。涉及 A 股股权的拟境外上市公司，以及 A 股上市公司分拆下属企业拟境外上市的，应在完成股权分置改革后实施。上市公司非流通股协议转让，要对股权分置改革做出相应安排，或与公司股权分置改革组合运作。

11. 妥善处理存在特殊情况的上市公司股权分置改革问题。股权分置改革是解决 A 股市场相关股东之间的利益平衡问题，对于同时存在 H 股或 B 股的

A 股上市公司，由 A 股市场相关股东协商解决股权分置问题。对于持有外商投资企业批准证书及含有外资股份的银行类 A 股上市公司，其股权分置改革方案在相关股东会议表决通过后，由国务院有关部门按照法律法规办理审批手续。股权分置改革方案中外资股比例变化原则上不影响该上市公司已有的相关优惠政策，股份限售期满后外资股东减持股份的，按国家有关规定办理，具体办法由国务院商务主管部门和证券监管部门会同有关部门另行规定。对于绩差公司，鼓励以注入优质资产、承担债务等作为对价解决股权分置问题。

四　严格规范股权分置改革秩序

12. 上市公司及其董事会要严格按照管理办法规定的程序进行股权分置改革，认真履行信息披露义务，切实维护投资者特别是公众投资者的知情权、参与权和表决权。鼓励公众投资者积极参与股权分置改革，依法行使股东权利。非流通股股东要严格履行在股权分置改革中做出的承诺，并对违约行为承担相应的责任。

13. 保荐机构及其保荐代表人应当诚实守信、公正客观、勤勉尽责，深入了解公司存在的各种情况，充分发挥协调平衡作用，认真履行核查义务，协助上市公司及其股东制定切合公司实际的股权分置改革方案，督促做好信息披露工作，督导相关当事人履行改革方案中有关承诺义务。对于未能尽到保荐责任的，要采取必要的监管措施。

14. 基金管理公司、证券公司、保险公司及其资产管理公司等机构投资者，要积极参与股权分置改革，自觉维护投资者特别是公众投资者的合法权益和市场稳定发展的长远利益。对于干扰其他投资者正常决策，操纵相关股东会议表决结果，或者以持股优势进行利益交换的，监管机构要予以严肃查处。

15. 证券交易所要发挥作为自律组织贴近市场的灵活性，以及在组织市场和产品创新方面的功能优势，加强对上市公司改革方案实现形式和组合措施的协调指导，会同证券登记结算机构为改革方案创新及改革后的市场制度和产品创新提供技术支持。

16. 加强对上市公司及其控股股东、保荐机构、基金管理公司，以及上述机构的关联人、高管人员的监管，防范和打击利用股权分置改革进行欺诈、内幕交易和市场操纵的违法犯罪行为。

17. 新闻媒体要坚持正确的舆论导向，积极宣传股权分置改革的重要意义，客观真实报道改革进程和相关信息，遵守新闻纪律，做好正面引导工作。

五　调动多种积极因素，促进资本市场稳定发展

18. 以股权分置改革为契机，推动上市公司完善法人治理结构，提高治理水平，切实解决控股股东或实际控制人占用上市公司资金问题，遏制上市公司违规对外担保，禁止利用非公允关联交易侵占上市公司利益的行为。在解决股权分置问题后，支持绩优大型企业通过其控股的上市公司定向发行股份实现整体上市；支持上市公司以股份等多样化支付手段，通过吸收合并、换股收购等方式进行兼并重组，推动上市公司做优做强。

19. 通过大股东股份质押贷款、发行短期融资券、债券等商业化方式，为上市公司大股东增持股份提供资金支持。将股权分置改革、证券公司优化重组和拓宽证券公司融资渠道相结合，积极支持证券公司综合利用各种可行的市场化融资方式，有效改善流动性状况，加强公司治理和内部风险控制机制建设，强化监管，推进行业资源整合，妥善处理好高风险证券公司的重组或退出问题，鼓励优质证券公司壮大发展。

20. 鼓励证券交易机制和产品创新，推出以改革后公司股票作为样本的独立股价指数，研究开发指数衍生产品。完善协议转让和大宗交易制度，在首次公开发行和再融资中引入权证等产品，平衡市场供求。

21. 继续完善鼓励社会公众投资的税收政策。推动企业年金入市，扩大社会保障基金、合格境外机构投资者入市规模，放宽保险公司等大型机构投资者股票投资比例限制。对于股权分置改革后境外投资者对上市公司进行战略性投资问题，国务院证券监管部门和商务主管部门应会同有关部门研究出台相关规定。

22. 积极推动《证券法》《公司法》和《刑法》等法律的修订。研究、拟定《证券公司监管条例》《证券公司风险处置条例》和《上市公司监管条例》等行政法规。调整和完善与积极稳妥推进股权分置改革不相适应的政策法规。

针对改革后出现的新情况、新问题，及时制定和完善相应的管理办法。要完善监管手段、提高执法效力，拓展市场发展和创新空间，为资本市场改革开放和稳定发展创造良好的法制环境。

二〇〇五年八月二十三日

上市公司股权分置改革管理办法

证监发〔2005〕86号

第一章　总则

第一条　为规范上市公司股权分置改革工作，促进资本市场改革开放和稳定发展，保护投资者的合法权益，依据《公司法》《证券法》《股票发行与交易管理暂行条例》《国务院关于推进资本市场改革开放和稳定发展的若干意见》以及证监会、国资委、财政部、人民银行、商务部《关于上市公司股权分置改革的指导意见》的有关规定，制定本办法。

第二条　上市公司股权分置改革，是通过非流通股股东和流通股股东之间的利益平衡协商机制，消除A股市场股份转让制度性差异的过程。

第三条　上市公司股权分置改革遵循公开、公平、公正的原则，由A股市场相关股东在平等协商、诚信互谅、自主决策的基础上进行。中国证券监督管理委员会（以下简称“中国证监会”）依法对股权分置改革各方主体及其相关活动实行监督管理，组织、指导和协调推进股权分置改革工作。

第四条　证券交易所根据中国证监会的授权和本办法的规定，对上市公司股权分置改革工作实施一线监管，协调指导上市公司股权分置改革业务，办理非流通股份可上市交易的相关手续。

证券交易所和证券登记结算公司应当根据本办法制定操作指引，为进行股权分置改革的上市公司（以下简称“公司”）办理相关业务提供服务，对相关当事人履行信息披露义务、兑现改革承诺以及公司原非流通股股东在改革完成后出售股份的行为实施持续监管。

第二章 操作程序

第五条 公司股权分置改革动议，原则上应当由全体非流通股股东一致同意提出；未能达成一致意见的，也可以由单独或者合并持有公司三分之二以上非流通股份的股东提出。非流通股股东提出改革动议，应以书面形式委托公司董事会召集 A 股市场相关股东举行会议（以下简称“相关股东会议”），审议上市公司股权分置改革方案（以下简称“改革方案”）。

相关股东会议的召开、表决和信息披露等事宜，参照执行上市公司股东大会的有关规定，并由相关股东对改革方案进行分类表决。

第六条 公司董事会收到非流通股股东的书面委托后，应当聘请保荐机构协助制定改革方案并出具保荐意见书，聘请律师事务所对股权分置改革操作相关事宜的合规性进行验证核查并出具法律意见书。

第七条 公司董事会、非流通股股东、保荐机构及其保荐代表人、律师事务所及其经办律师，应当签订书面协议明确保密义务，约定各方在改革方案公开前不得泄露相关事宜。

第八条 公司董事会应当委托保荐机构就改革方案的技术可行性以及召开相关股东会议的时间安排，征求证券交易所的意见。

证券交易所对股权分置改革进行业务指导，均衡控制改革节奏，协商确定相关股东会议召开时间。

第九条 根据与证券交易所商定的时间安排，公司董事会发出召开相关股东会议的通知，公布改革说明书、独立董事意见函、保荐意见书、法律意见书，同时申请公司股票停牌。

第十条 自相关股东会议通知发布之日起十日内，公司董事会应当协助非流通股股东，通过投资者座谈会、媒体说明会、网上路演、走访机构投资者、发放征求意见函等多种方式，与 A 股市场流通股股东（以下简称《流通股股东》）进行充分沟通和协商，同时公布热线电话、传真及电子信箱，广泛征求流通股股东的意见，使改革方案的形成具有广泛的股东基础。

第十一条 非流通股股东与流通股股东按照前条要求完成沟通协商程序后，不对改革方案进行调整的，董事会应当做出公告并申请公司股票复牌；

对改革方案进行调整的，应当在改革说明书、独立董事意见函、保荐意见书、法律意见书等文件做出相应调整或者补充说明并公告后，申请公司股票复牌。

公司股票复牌后，不得再次调整改革方案。

第十二条　召开相关股东会议，公司董事会应当申请公司股票停牌。停牌期间自本次相关股东会议股权登记日的次日起，至改革规定程序结束之日止。

第十三条　公司董事会在相关股东会议召开前，应当在指定报刊上刊载不少于两次召开相关股东会议的提示公告。

相关股东会议征集投票委托事宜，由公司董事会负责办理。

第十四条　公司董事会应当为参加相关股东会议的股东进行表决提供网络投票技术安排。网络投票时间不得少于三天。

第十五条　非流通股股东执行股权分置改革利益平衡对价安排（以下简称“对价安排”）需经国有资产监督管理机构批准的，应当在相关股东会议网络投票开始前取得并公告批准文件。

第十六条　相关股东会议投票表决改革方案，须经参加表决的股东所持表决权的三分之二以上通过，并经参加表决的流通股股东所持表决权的三分之二以上通过。

第十七条　改革方案获得相关股东会议表决通过的，董事会应当在两个工作日内公告相关股东会议的表决结果。

董事会应当按照与证券交易所商定的时间安排，公告改革方案实施及公司股票复牌事宜。

持有外商投资企业批准证书的公司、含有外资股份的银行类公司，改革方案涉及外资管理审批事项的，公司应在公告改革方案实施前取得国务院有关部门的审批文件。

第十八条　改革方案未获相关股东会议表决通过的，董事会应当在两个工作日内公告相关股东会议表决结果，并申请公司股票于公告次日复牌。

改革方案未获相关股东会议表决通过的，非流通股股东可以在三个月后，按照本办法第五条的规定再次委托公司董事会就股权分置改革召集相关股东会议。

第十九条　存在异常情况的上市公司进行股权分置改革，按以下原则进行：

（一）相关当事人涉嫌利用公司股权分置改革信息进行内幕交易正在被立案调查的，在调查结束后方可进行改革；

（二）公司股票交易涉嫌市场操纵正在被立案调查，或者公司股票涉嫌被机构或个人非法集中持有的，在风险消除后可以进行改革；

（三）公司控股股东涉嫌侵占公司利益正在被立案调查，但有可行的解决侵占问题方案的，可以进行改革；

（四）存在其他异常情况的，经中国证监会认可，可以进行改革。

第二十条 发行境外上市外资股、境内上市外资股的 A 股市场上市公司，由 A 股市场相关股东协商解决非流通股股东所持股份在 A 股市场的可上市交易问题。

第二十一条 持有 A 股市场上市公司非流通股的境外上市公司，其关于对价安排的决策程序应当符合公司章程和境外上市地有关公司资产处置的规定。

持有 A 股市场上市公司非流通股的境内上市公司，其关于对价安排的决策程序应当符合公司章程和证券交易所业务规则有关公司资产处置的规定。

第三章 改革方案

第二十二条 改革方案应当兼顾全体股东的即期利益和长远利益，有利于公司发展和市场稳定，并可根据公司实际情况，采用控股股东增持股份、上市公司回购股份、预设原非流通股股份实际出售的条件、预设回售价格、认沽权等具有可行性的股价稳定措施。

第二十三条 非流通股股东在改革方案中做出的承诺，应当与证券交易所和证券登记结算公司实施监管的技术条件相适应，或者由承诺方提供履行承诺事项的担保措施。非流通股股东应当以书面形式做出忠实履行承诺的声明。

第二十四条 非流通股股东未完全履行承诺之前不得转让其所持有的股份。但是受让人同意并有能力代其履行承诺的除外。

第二十五条 改革方案应当对表示反对或者未明确表示同意的非流通股股东所持有股份的处理，提出合法可行的解决办法并予以说明。

第二十六条　股权分置改革与公司资产重组结合，重组方通过注入优质资产、承担债务等方式，以实现公司盈利能力或者财务状况改善作为对价安排的，其资产重组程序与股权分置改革程序应当遵循本办法和中国证监会的相关规定。

第四章　改革后公司原非流通股股份的出售

第二十七条　改革后公司原非流通股股份的出售，应当遵守下列规定：

（一）自改革方案实施之日起，在十二个月内不得上市交易或者转让；

（二）持有上市公司股份总数百分之五以上的原非流通股股东，在前项规定期满后，通过证券交易所挂牌交易出售原非流通股股份，出售数量占该公司股份总数的比例在十二个月内不得超过百分之五，在二十四个月内不得超过百分之十。

第二十八条　原非流通股股东出售所持股份数额较大的，可以采用向特定投资者配售的方式。

第二十九条　改革方案实施后，外资股东所持股份的管理办法另行规定。

第五章　信息披露

第三十条　股权分置改革信息披露相关义务人，应当及时履行信息披露义务，真实、准确、完整地披露信息，保证所披露的信息不存在虚假记载、误导性陈述或者重大遗漏。

第三十一条　相关股东会议通知应当列明流通股股东参与股权分置改革的权利及行使权利的方式、条件和期间。

第三十二条　股权分置改革说明书应当包括下列内容：

（一）公司设立以来股本结构的形成及历次变动情况；

（二）提出进行股权分置改革动议的非流通股股东，关于其持有公司股份的数量、比例以及有无权属争议、质押、冻结情况的说明；

（三）非流通股股东关于其持有公司股份的数量、比例及相互之间关联关系的说明；

（四）非流通股股东、持有公司股份总数百分之五以上的非流通股股东的实际控制人，关于在公司董事会公告改革说明书的前两日持有公司流通股股份的情况以及前六个月内买卖公司流通股股份的情况的说明；

（五）股权分置改革方案的具体内容；

（六）非流通股股东关于其为履行承诺义务提供担保措施的说明；

（七）股权分置改革对公司治理可能产生的影响；

（八）股权分置改革可能涉及的风险及相应处理方案；

（九）为股权分置改革提供专业服务的保荐机构、律师事务所的名称和联系方式；

（十）保荐机构、律师事务所关于其在公司董事会公告改革说明书的前两日持有公司流通股股份的情况以及前六个月内买卖公司流通股股份情况的说明；

（十一）其他需要说明的事项。

第三十三条　保荐意见书应当包括下列内容：

（一）上市公司非流通股股份有无权属争议、质押、冻结情况及上述情况对改革方案实施的影响；

（二）实施改革方案对公司流通股股东权益影响的评价；

（三）对股权分置改革相关文件的核查结论；

（四）改革方案中相关承诺的可行性分析；

（五）关于保荐机构有无可能影响其公正履行保荐职责情形的说明；

（六）保荐机构认为应当说明的其他事项；

（七）保荐结论及理由。

第三十四条　独立董事意见函应当包括改革方案对公司治理结构的完善、股东合法权益的保护、公司长远发展的影响等情况及其他重要事项的说明。

第三十五条　相关股东会议通知、相关股东会议表决结果、投票委托征集函、股权分置改革说明书摘要，应当在指定报刊上披露。

股权分置改革说明书、独立董事意见函、保荐意见书、法律意见书、股权分置改革实施方案，应当在公司网站和公司上市地交易所网站全文披露。

证券交易所应当在其网站设置专栏，免费提供上市公司股权分置改革信息披露服务。

第三十六条　实施股权分置改革方案涉及股东减持或者增持股份，导致股东持有、控制的股份总数发生变动的，应当遵守《上市公司收购管理办法》

《上市公司股东持股变动信息披露管理办法》及本办法的规定；因实施改革方案引发要约收购义务的，经申请可免予履行要约收购义务。

第三十七条　公司应当在非流通股可上市交易变更登记完成后两个工作日内，在指定报刊上刊登公司股权分置改革后的股份结构变动报告书。

第三十八条　股权分置改革方案实施后，原非流通股股东持有的股份限售期届满，公司应当提前三个交易日刊登相关提示公告。

第三十九条　持有、控制公司股份百分之五以上的原非流通股股东，通过证券交易所挂牌交易出售的股份数量，每达到该公司股份总数百分之一时，应当在该事实发生之日起两个工作日内做出公告，公告期间无须停止出售股份。

第六章　中介机构

第四十条　为股权分置改革提供专业服务的中介机构，应当遵守法律法规，忠实履行职责，诚实守信，勤勉尽责，维护公司和股东的利益，不得利用职业地位为本单位和个人牟取不正当利益。

第四十一条　保荐机构应当履行下列职责：

（一）协助制订改革方案；

（二）对改革方案有关事宜进行尽职调查；

（三）对改革方案有关文件进行核查验证；

（四）对非流通股股东执行对价安排、履行承诺事项的能力发表意见；

（五）出具保荐意见书；

（六）协助实施改革方案；

（七）协助制定和实施稳定股价措施；

（八）对相关当事人履行承诺义务进行持续督导。

第四十二条　保荐机构与公司及其大股东、实际控制人、重要关联方存在下列关联关系的，不得成为该公司股权分置改革的保荐机构：

（一）保荐机构及其大股东、实际控制人、重要关联方持有上市公司的股份合计超过百分之七；

（二）上市公司及其大股东、实际控制人、重要关联方持有或者控制保荐机构的股份合计超过百分之七；

（三）保荐机构的保荐代表人或者董事、监事、经理、其他高级管理人员持有上市公司的股份、在上市公司任职等可能影响其公正履行保荐职责的情形。

第四十三条　保荐机构应当指定一名保荐代表人具体负责一家公司股权分置改革的保荐工作。该保荐代表人在相关股东会议表决程序未完成前，不得同时负责其他上市公司的股权分置改革保荐工作。

第四十四条　保荐机构的法定代表人、保荐代表人应当在保荐意见书上签字，承担相应的法律责任。

第四十五条　律师事务所及在法律意见书上签字的律师应当履行下列职责：

（一）对股权分置改革参与主体的合法性进行核查；

（二）对与改革方案有关的法律事项进行核查；

（三）对与改革方案有关的法律文件进行核查；

（四）对改革方案的内容与实施程序的合法性发表意见；

（五）出具法律意见书。

第四十六条　律师事务所、在法律意见书上签字的律师，不得与其所提供股权分置改革专业服务的上市公司存在可能影响其公正履行职责的关系。

第四十七条　保荐机构及其保荐代表人、律师事务所及在法律意见书上签字的律师，应当保证其所出具的保荐意见书、法律意见书不存在虚假记载、误导性陈述或者重大遗漏。

第七章　监管措施与法律责任

第四十八条　任何单位和个人不得利用上市公司股权分置改革的内幕信息进行证券交易，不得利用上市公司股权分置改革操纵市场，不得编造、传播有关上市公司股权分置改革的虚假信息。有上述行为的，中国证监会依法进行查处；情节严重涉嫌犯罪的，依法移送司法机关追究刑事责任。

第四十九条　证券交易所应当对股权分置改革期间市场交易异常情况实施专项监控，发现涉嫌内幕交易和操纵市场行为的，应当及时制止并报告中国证监会查处。

第五十条　在股权分置改革中做出承诺的股东未能履行承诺的，证券交易所对其进行公开谴责，中国证监会责令其改正并采取相关行政监管措施；给其他股东的合法权益造成损害的，依法承担相关法律责任。

第五十一条　保荐机构及其保荐代表人为股权分置改革提交的相关文件中存在虚假记载、误导性陈述或者重大遗漏的，或者未能履行尽职调查、持续督导义务的，证券交易所对其进行公开谴责，中国证监会责令其改正；情节严重的，将其从保荐机构及保荐代表人名单中去除。

第五十二条　律师事务所及在法律意见书上签字的律师，为股权分置改革出具的法律意见书中存在虚假记载、误导性陈述或者重大遗漏的，或者未履行核查义务的，中国证监会责令其改正；情节严重的，暂停接受其出具的证券相关业务的法律文件。

第五十三条　公司及其非流通股股东、基金管理公司、证券公司、保险公司、资产管理公司，利用不正当手段干扰其他投资者正常决策，操纵相关股东会议表决结果，或者进行不正当利益交换的，中国证监会责令其改正；情节严重的，认定主要责任人员为市场禁入者，一定时期或者永久不得担任上市公司和证券业务机构的高级管理职务。

第八章　附则

第五十四条　本办法由中国证监会负责解释和修订。

第五十五条　本办法自发布之日起施行。《关于上市公司股权分置改革试点有关问题的通知》（证监发〔2005〕32 号）、《关于做好第二批上市公司股权分置改革试点工作有关问题的通知》（证监发〔2005〕42 号）同时废止。

上市公司证券发行管理办法

中国证券监督管理委员会令第 30 号

《上市公司证券发行管理办法》已经 2006 年 4 月 26 日中国证券监督管理委员会第 178 次主席办公会议审议通过，现予公布，自 2006 年 5 月 8 日起施行。

中国证券监督管理委员会主席：尚福林

二〇〇六年五月六日

第一章　总　则

第一条　为了规范上市公司证券发行行为，保护投资者的合法权益和社会公共利益，根据《证券法》《公司法》制定本办法。

第二条　上市公司申请在境内发行证券，适用本办法。

本办法所称证券，指下列证券品种：

（一）股票；

（二）可转换公司债券；

（三）中国证券监督管理委员会（以下简称“中国证监会”）认可的其他品种。

第三条　上市公司发行证券，可以向不特定对象公开发行，也可以向特定对象非公开发行。

第四条　上市公司发行证券，必须真实、准确、完整、及时、公平地披露或者提供信息，不得有虚假记载、误导性陈述或者重大遗漏。

第五条　中国证监会对上市公司证券发行的核准，不表明其对该证券的投资价值或者投资者的收益做出实质性判断或者保证。因上市公司经营与收益的变化引致的投资风险，由认购证券的投资者自行负责。

第二章　公开发行证券的条件

第一节　一般规定

第六条　上市公司的组织机构健全、运行良好，符合下列规定：

（一）公司章程合法有效，股东大会、董事会、监事会和独立董事制度健全，能够依法有效履行职责；

（二）公司内部控制制度健全，能够有效保证公司运行的效率、合法合规性和财务报告的可靠性；内部控制制度的完整性、合理性、有效性不存在重大缺陷；

（三）现任董事、监事和高级管理人员具备任职资格，能够忠实和勤勉地履行职务，不存在违反公司法第一百四十八条、第一百四十九条规定的行为，且最近三十六个月内未受到过中国证监会的行政处罚、最近十二个月内未受到过证券交易所的公开谴责；

（四）上市公司与控股股东或实际控制人的人员、资产、财务分开，机构、业务独立，能够自主经营管理；

（五）最近十二个月内不存在违规对外提供担保的行为。

第七条　上市公司的盈利能力具有可持续性，符合下列规定：

（一）最近三个会计年度连续盈利，扣除非经常性损益后的净利润与扣除前的净利润相比，以低者作为计算依据；

（二）业务和盈利来源相对稳定，不存在严重依赖于控股股东、实际控制人的情形；

（三）现有主营业务或投资方向能够可持续发展，经营模式和投资计划稳健，主要产品或服务的市场前景良好，行业经营环境和市场需求不存在现实或可预见的重大不利变化；

（四）高级管理人员和核心技术人员稳定，最近十二个月内未发生重大不利变化；

（五）公司重要资产、核心技术或其他重大权益的取得合法，能够持续使用，不存在现实或可预见的重大不利变化；

（六）不存在可能严重影响公司持续经营的担保、诉讼、仲裁或其他重大事项；

（七）最近二十四个月内曾公开发行证券的，不存在发行当年营业利润比上年下降百分之五十以上的情形。

第八条　上市公司的财务状况良好，符合下列规定：

（一）会计基础工作规范，严格遵循国家统一会计制度的规定；

（二）最近三年及一期财务报表未被注册会计师出具保留意见、否定意见或无法表示意见的审计报告，被注册会计师出具带强调事项段的无保留意见审计报告的，所涉及的事项对发行人无重大不利影响或者在发行前重大不利影响已经消除；

（三）资产质量良好，不良资产不足以对公司财务状况造成重大不利影响；

（四）经营成果真实，现金流量正常，营业收入和成本费用的确认严格遵循国家有关企业会计准则的规定，最近三年资产减值准备计提充分合理，不存在操纵经营业绩的情形；

（五）最近三年以现金或股票方式累计分配的利润不少于最近三年实现的年均可分配利润的百分之二十。

第九条　上市公司最近三十六个月内财务会计文件无虚假记载，且不存在下列重大违法行为：

（一）违反证券法律、行政法规或规章，受到中国证监会的行政处罚，或者受到刑事处罚；

（二）违反工商、税收、土地、环保、海关法律、行政法规或规章，受到行政处罚且情节严重，或者受到刑事处罚；

（三）违反国家其他法律、行政法规且情节严重的行为。

第十条　上市公司募集资金的数额和使用应当符合下列规定：

（一）募集资金数额不超过项目需要量；

（二）募集资金用途符合国家产业政策和有关环境保护、土地管理等法律和行政法规的规定；

（三）除金融类企业外，本次募集资金使用项目不得为持有交易性金融资产和可供出售的金融资产、借予他人、委托理财等财务性投资，不得直接或间接投资于以买卖有价证券为主要业务的公司；

（四）投资项目实施后，不会与控股股东或实际控制人产生同业竞争或影响公司生产经营的独立性；

（五）建立募集资金专项存储制度，募集资金必须存放于公司董事会决定的专项账户。

第十一条　上市公司存在下列情形之一的，不得公开发行证券：

（一）本次发行申请文件有虚假记载、误导性陈述或重大遗漏；

（二）擅自改变前次公开发行证券募集资金的用途而未作纠正；

（三）上市公司最近十二个月内受到过证券交易所的公开谴责；

（四）上市公司及其控股股东或实际控制人最近十二个月内存在未履行向投资者做出的公开承诺的行为；

（五）上市公司或其现任董事、高级管理人员因涉嫌犯罪被司法机关立案侦查或涉嫌违法违规被中国证监会立案调查；

（六）严重损害投资者的合法权益和社会公共利益的其他情形。

第二节　发行股票

第十二条　向原股东配售股份（简称“配股”），除符合本章第一节规定外，还应当符合下列规定：

（一）拟配售股份数量不超过本次配售股份前股本总额的百分之三十；

（二）控股股东应当在股东大会召开前公开承诺认配股份的数量；

（三）采用证券法规定的代销方式发行。

控股股东不履行认配股份的承诺，或者代销期限届满，原股东认购股票的数量未达到拟配售数量百分之七十的，发行人应当按照发行价并加算银行同期存款利息返还已经认购的股东。

第十三条　向不特定对象公开募集股份（简称“增发”），除符合本章第一节规定外，还应当符合下列规定：

（一）最近三个会计年度加权平均净资产收益率平均不低于百分之六，扣除非经常性损益后的净利润与扣除前的净利润相比，以低者作为加权平均净资产收益率的计算依据；

（二）除金融类企业外，最近一期末不存在持有金额较大的交易性金融资产和可供出售的金融资产、借予他人款项、委托理财等财务性投资的情形；

（三）发行价格应不低于公告招股意向书前二十个交易日公司股票均价或前一个交易日的均价。

第三节　发行可转换公司债券

第十四条　公开发行可转换公司债券的公司，除应当符合本章第一节规定外，还应当符合下列规定：

（一）最近三个会计年度加权平均净资产收益率平均不低于百分之六，扣除非经常性损益后的净利润与扣除前的净利润相比，以低者作为加权平均净资产收益率的计算依据；

（二）本次发行后累计公司债券余额不超过最近一期末净资产额的百分之四十；

（三）最近三个会计年度实现的年均可分配利润不少于公司债券一年的

利息。

前款所称可转换公司债券，是指发行公司依法发行、在一定期间内依据约定的条件可以转换成股份的公司债券。

第十五条　可转换公司债券的期限最短为一年，最长为六年。

第十六条　可转换公司债券每张面值一百元。

可转换公司债券的利率由发行公司与主承销商协商确定，但必须符合国家的有关规定。

第十七条　公开发行可转换公司债券，应当委托具有资格的资信评级机构进行信用评级和跟踪评级。

资信评级机构每年至少公告一次跟踪评级报告。

第十八条　上市公司应当在可转换公司债券期满后五个工作日内办理完毕偿还债券余额本息的事项。

第十九条　公开发行可转换公司债券，应当约定保护债券持有人权利的办法，以及债券持有人会议的权利、程序和决议生效条件。

存在下列事项之一的，应当召开债券持有人会议：

（一）拟变更募集说明书的约定；

（二）发行人不能按期支付本息；

（三）发行人减资、合并、分立、解散或者申请破产；

（四）保证人或者担保物发生重大变化；

（五）其他影响债券持有人重大权益的事项。

第二十条　公开发行可转换公司债券，应当提供担保，但最近一期末经审计的净资产不低于人民币十五亿元的公司除外。

提供担保的，应当为全额担保，担保范围包括债券的本金及利息、违约金、损害赔偿金和实现债权的费用。

以保证方式提供担保的，应当为连带责任担保，且保证人最近一期经审计的净资产额应不低于其累计对外担保的金额。证券公司或上市公司不得作为发行可转债的担保人，但上市商业银行除外。

设定抵押或质押的，抵押或质押财产的估值应不低于担保金额。估值应经有资格的资产评估机构评估。

第二十一条　可转换公司债券自发行结束之日起六个月后方可转换为公司股票，转股期限由公司根据可转换公司债券的存续期限及公司财务状况确定。

债券持有人对转换股票或者不转换股票有选择权，并于转股的次日成为发行公司的股东。

第二十二条　转股价格应不低于募集说明书公告日前二十个交易日该公司股票交易均价和前一交易日的均价。

前款所称转股价格，是指募集说明书事先约定的可转换公司债券转换为每股股份所支付的价格。

第二十三条　募集说明书可以约定赎回条款，规定上市公司可按事先约定的条件和价格赎回尚未转股的可转换公司债券。

第二十四条　募集说明书可以约定回售条款，规定债券持有人可按事先约定的条件和价格将所持债券回售给上市公司。

募集说明书应当约定，上市公司改变公告的募集资金用途的，赋予债券持有人一次回售的权利。

第二十五条　募集说明书应当约定转股价格调整的原则及方式。发行可转换公司债券后，因配股、增发、送股、派息、分立及其他原因引起上市公司股份变动的，应当同时调整转股价格。

第二十六条　募集说明书约定转股价格向下修正条款的，应当同时约定：

（一）转股价格修正方案须提交公司股东大会表决，且须经出席会议的股东所持表决权的三分之二以上同意。股东大会进行表决时，持有公司可转换债券的股东应当回避。

（二）修正后的转股价格不低于前项规定的股东大会召开日前二十个交易日该公司股票交易均价和前一交易日的均价。

第二十七条　上市公司可以公开发行认股权和债券分离交易的可转换公司债券（简称“分离交易的可转换公司债券”）。

发行分离交易的可转换公司债券，除符合本章第一节规定外，还应当符合下列规定：

（一）公司最近一期末经审计的净资产不低于人民币十五亿元；

（二）最近三个会计年度实现的年均可分配利润不少于公司债券一年的利息；

（三）最近三个会计年度经营活动产生的现金流量净额平均不少于公司债券一年的利息，符合本办法第十四条第（一）项规定的公司除外；

（四）本次发行后累计公司债券余额不超过最近一期末净资产额的百分之四十，预计所附认股权全部行权后募集的资金总量不超过拟发行公司债券金额。

第二十八条　分离交易的可转换公司债券应当申请在上市公司股票上市的证券交易所上市交易。

分离交易的可转换公司债券中的公司债券和认股权分别符合证券交易所上市条件的，应当分别上市交易。

第二十九条　分离交易的可转换公司债券的期限最短为一年。

债券的面值、利率、信用评级、偿还本息、债权保护适用本办法第十六条至第十九条的规定。

第三十条　发行分离交易的可转换公司债券，发行人提供担保的，适用本办法第二十条第二款至第四款的规定。

第三十一条　认股权证上市交易的，认股权证约定的要素应当包括行权价格、存续期间、行权期间或行权日、行权比例。

第三十二条　认股权证的行权价格应不低于公告募集说明书日前二十个交易日公司股票均价和前一个交易日的均价。

第三十三条　认股权证的存续期间不超过公司债券的期限，自发行结束之日起不少于六个月。

募集说明书公告的权证存续期限不得调整。

第三十四条　认股权证自发行结束至少已满六个月起方可行权，行权期间为存续期限届满前的一段期间，或者是存续期限内的特定交易日。

第三十五条　分离交易的可转换公司债券募集说明书应当约定，上市公司改变公告的募集资金用途的，赋予债券持有人一次回售的权利。

第三章　非公开发行股票的条件

第三十六条　本办法规定的非公开发行股票，是指上市公司采用非公开方式，向特定对象发行股票的行为。

第三十七条　非公开发行股票的特定对象应当符合下列规定：

（一）特定对象符合股东大会决议规定的条件；

（二）发行对象不超过十名。

发行对象为境外战略投资者的，应当经国务院相关部门事先批准。

第三十八条　上市公司非公开发行股票，应当符合下列规定：

（一）发行价格不低于定价基准日前二十个交易日公司股票均价的百分之九十。

（二）本次发行的股份自发行结束之日起，十二个月内不得转让；控股股东、实际控制人及其控制的企业认购的股份，三十六个月内不得转让。

（三）募集资金使用符合本办法第十条的规定。

（四）本次发行将导致上市公司控制权发生变化的，还应当符合中国证监会的其他规定。

第三十九条　上市公司存在下列情形之一的，不得非公开发行股票：

（一）本次发行申请文件有虚假记载、误导性陈述或重大遗漏；

（二）上市公司的权益被控股股东或实际控制人严重损害且尚未消除；

（三）上市公司及其附属公司违规对外提供担保且尚未解除；

（四）现任董事、高级管理人员最近三十六个月内受到过中国证监会的行政处罚，或者最近十二个月内受到过证券交易所公开谴责；

（五）上市公司或其现任董事、高级管理人员因涉嫌犯罪正被司法机关立案侦查或涉嫌违法违规正被中国证监会立案调查；

（六）最近一年及一期财务报表被注册会计师出具保留意见、否定意见或无法表示意见的审计报告，保留意见、否定意见或无法表示意见所涉及事项的重大影响已经消除或者本次发行涉及重大重组的除外；

（七）严重损害投资者合法权益和社会公共利益的其他情形。

第四章　发行程序

第四十条　上市公司申请发行证券，董事会应当依法就下列事项做出决议，并提请股东大会批准：

（一）本次证券发行的方案；

（二）本次募集资金使用的可行性报告；

（三）前次募集资金使用的报告；

（四）其他必须明确的事项。

第四十一条 股东大会就发行股票做出的决定，至少应当包括下列事项：

（一）本次发行证券的种类和数量；

（二）发行方式、发行对象及向原股东配售的安排；

（三）定价方式或价格区间；

（四）募集资金用途；

（五）决议的有效期；

（六）对董事会办理本次发行具体事宜的授权；

（七）其他必须明确的事项。

第四十二条 股东大会就发行可转换公司债券做出的决定，至少应当包括下列事项：

（一）本办法第四十一条规定的事项；

（二）债券利率；

（三）债券期限；

（四）担保事项；

（五）回售条款；

（六）还本付息的期限和方式；

（七）转股期；

（八）转股价格的确定和修正。

第四十三条 股东大会就发行分离交易的可转换公司债券做出的决定，至少应当包括下列事项：

（一）本办法第四十一条、第四十二条第（二）项至第（六）项规定的事项；

（二）认股权证的行权价格；

（三）认股权证的存续期限；

（四）认股权证的行权期间或行权日。

第四十四条 股东大会就发行证券事项做出决议，必须经出席会议的股东所持表决权的三分之二以上通过。向本公司特定的股东及其关联人发行证券的，股东大会就发行方案进行表决时，关联股东应当回避。

上市公司就发行证券事项召开股东大会，应当提供网络或者其他方式为股东参加股东大会提供便利。

第四十五条　上市公司申请公开发行证券或者非公开发行新股，应当由保荐人保荐，并向中国证监会申报。

保荐人应当按照中国证监会的有关规定编制和报送发行申请文件。

第四十六条　中国证监会依照下列程序审核发行证券的申请：

（一）收到申请文件后，五个工作日内决定是否受理；

（二）中国证监会受理后，对申请文件进行初审；

（三）发行审核委员会审核申请文件；

（四）中国证监会做出核准或者不予核准的决定。

第四十七条　自中国证监会核准发行之日起，上市公司应在六个月内发行证券；超过六个月未发行的，核准文件失效，须重新经中国证监会核准后方可发行。

第四十八条　上市公司发行证券前发生重大事项的，应暂缓发行，并及时报告中国证监会。该事项对本次发行条件构成重大影响的，发行证券的申请应重新经过中国证监会核准。

第四十九条　上市公司发行证券，应当由证券公司承销；非公开发行股票，发行对象均属于原前十名股东的，可以由上市公司自行销售。

第五十条　证券发行申请未获核准的上市公司，自中国证监会做出不予核准的决定之日起六个月后，可再次提出证券发行申请。

第五章　信息披露

第五十一条　上市公司发行证券，应当按照中国证监会规定的程序、内容和格式，编制公开募集证券说明书或者其他信息披露文件，依法履行信息披露义务。

第五十二条　上市公司应当保证投资者及时、充分、公平地获得法定披露的信息，信息披露文件使用的文字应当简洁、平实、易懂。

中国证监会规定的内容是信息披露的最低要求，凡对投资者投资决策有重大影响的信息，上市公司均应充分披露。

第五十三条 证券发行议案经董事会表决通过后，应当在二个工作日内报告证券交易所，公告召开股东大会的通知。

使用募集资金收购资产或者股权的，应当在公告召开股东大会通知的同时，披露该资产或者股权的基本情况、交易价格、定价依据以及是否与公司股东或其他关联人存在利害关系。

第五十四条 股东大会通过本次发行议案之日起两个工作日内，上市公司应当公布股东大会决议。

第五十五条 上市公司收到中国证监会关于本次发行申请的下列决定后，应当在次一工作日予以公告：

（一）不予受理或者终止审查；

（二）不予核准或者予以核准。

上市公司决定撤回证券发行申请的，应当在撤回申请文件的次一工作日予以公告。

第五十六条 上市公司全体董事、监事、高级管理人员应当在公开募集证券说明书上签字，保证不存在虚假记载、误导性陈述或者重大遗漏，并声明承担个别和连带的法律责任。

第五十七条 保荐机构及保荐代表人应当对公开募集证券说明书的内容进行尽职调查并签字，确认不存在虚假记载、误导性陈述或者重大遗漏，并声明承担相应的法律责任。

第五十八条 为证券发行出具专项文件的注册会计师、资产评估人员、资信评级人员、律师及其所在机构，应当按照本行业公认的业务标准和道德规范出具文件，并声明对所出具文件的真实性、准确性和完整性承担责任。

第五十九条 公开募集证券说明书所引用的审计报告、盈利预测审核报告、资产评估报告、资信评级报告，应当由有资格的证券服务机构出具，并由至少二名有从业资格的人员签署。

公开募集证券说明书所引用的法律意见书，应当由律师事务所出具，并由至少二名经办律师签署。

第六十条 公开募集证券说明书自最后签署之日起六个月内有效。

公开募集证券说明书不得使用超过有效期的资产评估报告或者资信评级报告。

第六十一条　上市公司在公开发行证券前的二至五个工作日内，应当将经中国证监会核准的募集说明书摘要或者募集意向书摘要刊登在至少一种中国证监会指定的报刊，同时将其全文刊登在中国证监会指定的互联网网站，置备于中国证监会指定的场所，供公众查阅。

第六十二条　上市公司在非公开发行新股后，应当将发行情况报告书刊登在至少一种中国证监会指定的报刊，同时将其刊登在中国证监会指定的互联网网站，置备于中国证监会指定的场所，供公众查阅。

第六十三条　上市公司可以将公开募集证券说明书全文或摘要、发行情况公告书刊登于其他网站和报刊，但不得早于按照第六十一条、第六十二条规定披露信息的时间。

第六章　监管和处罚

第六十四条　上市公司违反本办法规定，中国证监会可以责令整改；对其直接负责的主管人员和其他直接责任人员，可以采取监管谈话、认定为不适当人选等行政监管措施，记入诚信档案并公布。

第六十五条　上市公司及其直接负责的主管人员和其他直接责任人员违反法律、行政法规或本办法规定，依法应予行政处罚的，依照有关规定进行处罚；涉嫌犯罪的，依法移送司法机关，追究其刑事责任。

第六十六条　上市公司提供的申请文件中有虚假记载、误导性陈述或重大遗漏的，中国证监会可做出终止审查决定，并在三十六个月内不再受理该公司的公开发行证券申请。

第六十七条　上市公司披露盈利预测的，利润实现数如未达到盈利预测的百分之八十，除因不可抗力外，其法定代表人、盈利预测审核报告签字注册会计师应当在股东大会及中国证监会指定报刊上公开做出解释并道歉；中国证监会可以对法定代表人处以警告。

利润实现数未达到盈利预测的百分之五十的，除因不可抗力外，中国证监会在三十六个月内不受理该公司的公开发行证券申请。

第六十八条　上市公司违反本办法第十条第（三）项和第（四）项规定

的，中国证监会可以责令改正，并在三十六个月内不受理该公司的公开发行证券申请。

第六十九条　为证券发行出具审计报告、法律意见、资产评估报告、资信评级报告及其他专项文件的证券服务机构和人员，在其出具的专项文件中存在虚假记载、误导性陈述或重大遗漏的，除承担证券法规定的法律责任外，中国证监会十二个月内不接受相关机构出具的证券发行专项文件，三十六个月内不接受相关人员出具的证券发行专项文件。

第七十条　承销机构在承销非公开发行的新股时，将新股配售给不符合本办法第三十七条规定的对象的，中国证监会可以责令改正，并在三十六个月内不接受其参与证券承销。

第七十一条　上市公司在非公开发行新股时，违反本办法第四十九条规定的，中国证监会可以责令改正，并在三十六个月内不受理该公司的公开发行证券申请。

第七十二条　本办法规定的特定对象违反规定，擅自转让限售期限未满的股票的，中国证监会可以责令改正，情节严重的，十二个月内不得作为特定对象认购证券。

第七十三条　上市公司和保荐机构、承销商向参与认购的投资者提供财务资助或补偿的，中国证监会可以责令改正；情节严重的，处以警告、罚款。

第七章　附则

第七十四条　上市公司发行以外币认购的证券的办法、上市公司向员工发行证券用于激励的办法，由中国证监会另行规定。

第七十五条　本办法自2006年5月8日起施行。《上市公司新股发行管理办法》（证监会令第1号）、《关于做好上市公司新股发行工作的通知》（证监发〔2001〕43号）、《关于上市公司增发新股有关条件的通知》（证监发〔2002〕55号）、《上市公司发行可转换公司债券实施办法》（证监会令第2号）和《关于做好上市公司可转换公司债券发行工作的通知》（证监发行字〔2001〕115号）同时废止。

中国证监会关于进一步推进新股发行体制改革的意见

证监会公告〔2013〕42 号

贯彻党的十八届三中全会决定中关于“推进股票发行注册制改革”的要求，必须进一步推进新股发行体制改革，厘清和理顺新股发行过程中政府与市场的关系，加快实现监管转型，提高信息披露质量，强化市场约束，促进市场参与各方归位尽责，为实行股票发行注册制奠定良好基础。改革的总体原则是：坚持市场化、法制化取向，综合施策、标本兼治，进一步理顺发行、定价、配售等环节的运行机制，发挥市场决定性作用，加强市场监管，维护市场公平，切实保护投资者特别是中小投资者的合法权益。

一　推进新股市场化发行机制

（一）进一步提前招股说明书预先披露时点，加强社会监督。发行人招股说明书申报稿正式受理后，即在中国证监会网站披露。

（二）招股说明书预先披露后，发行人相关信息及财务数据不得随意更改。审核过程中，发现发行人申请材料中记载的信息自相矛盾，或就同一事实前后存在不同表述且有实质性差异的，中国证监会将中止审核，并在 12 个月内不再受理相关保荐代表人推荐的发行申请。发行人、中介机构报送的发行申请文件及相关法律文书涉嫌虚假记载、误导性陈述或重大遗漏的，移交稽查部门查处，被稽查立案的，暂停受理相关中介机构推荐的发行申请；查证属实的，自确认之日起 36 个月内不再受理该发行人的股票发行申请，并依法追究中介机构及相关当事人责任。

（三）股票发行审核以信息披露为中心。

发行人作为信息披露第一责任人，应当及时向中介机构提供真实、完整、准确的财务会计资料和其他资料，全面配合中介机构开展尽职调查。

保荐机构应当严格履行法定职责，遵守业务规则和行业规范，对发行人的申请文件和信息披露资料进行审慎核查，督导发行人规范运行，对其他中介机构出具的专业意见进行核查，对发行人是否具备持续盈利能力、是否符合法定发行条件做出专业判断，并确保发行人的申请文件和招股说明书等信息披露资料真实、准确、完整、及时。

会计师事务所、律师事务所、资产评估机构等证券服务机构及人员，必须严格履行法定职责，遵照本行业的业务标准和执业规范，对发行人的相关业务资料进行核查验证，确保所出具的相关专业文件真实、准确、完整、及时。

中国证监会发行监管部门和股票发行审核委员会依法对发行申请文件和信息披露内容的合法合规性进行审核，不对发行人的盈利能力和投资价值作出判断。发现申请文件和信息披露内容存在违法违规情形的，严格追究相关当事人的责任。

投资者应当认真阅读发行人公开披露的信息，自主判断企业的投资价值，自主做出投资决策，自行承担股票依法发行后因发行人经营与收益变化导致的风险。

（四）中国证监会自受理证券发行申请文件之日起 3 个月内，依照法定条件和法定程序作出核准、中止审核、终止审核、不予核准的决定。

（五）发行人首次公开发行新股时，鼓励持股满 3 年的原有股东将部分老股向投资者转让，增加新上市公司可流通股票的比例。老股转让后，公司实际控制人不得发生变更。老股转让的具体方案应在公司招股说明书和发行公告中公开披露。

发行人应根据募投项目资金需要量合理确定新股发行数量，新股数量不足法定上市条件的，可以通过转让老股增加公开发行股票的数量。新股发行超募的资金，要相应减持老股。

（六）申请首次公开发行股票的在审企业，可申请先行发行公司债。鼓励企业以股债结合的方式融资。

（七）发行人通过发审会并履行会后事项程序后，中国证监会即核准发行，新股发行时点由发行人自主选择。

（八）放宽首次公开发行股票核准文件的有效期至 12 个月。

发行人自取得核准文件之日起至公开发行前，应参照上市公司定期报告的信息披露要求，及时修改信息披露文件内容，补充财务会计报告相关数据，更新预先披露的招股说明书；期间发生重大会后事项的，发行人应及时向中国证监会报告并提供说明；保荐机构及相关中介机构应持续履行尽职调查义务。发行人发生重大会后事项的，由中国证监会按审核程序决定是否需要重新提交发审会审议。

二　强化发行人及其控股股东等责任主体的诚信义务

（一）加强对相关责任主体的市场约束。

1. 发行人控股股东、持有发行人股份的董事和高级管理人员应在公开募集及上市文件中公开承诺：所持股票在锁定期满后两年内减持的，其减持价格不低于发行价；公司上市后6个月内如公司股票连续20个交易日的收盘价均低于发行价，或者上市后6个月期末收盘价低于发行价，持有公司股票的锁定期限自动延长至少6个月。

2. 发行人及其控股股东、公司董事及高级管理人员应在公开募集及上市文件中提出上市后3年内公司股价低于每股净资产时稳定公司股价的预案，预案应包括启动股价稳定措施的具体条件、可能采取的具体措施等。具体措施可以包括发行人回购公司股票，控股股东、公司董事、高级管理人员增持公司股票等。上述人员在启动股价稳定措施时应提前公告具体实施方案。

3. 发行人及其控股股东应在公开募集及上市文件中公开承诺，发行人招股说明书有虚假记载、误导性陈述或者重大遗漏，对判断发行人是否符合法律规定的发行条件构成重大、实质影响的，将依法回购首次公开发行的全部新股，且发行人控股股东将购回已转让的原限售股份。发行人及其控股股东、实际控制人、董事、监事、高级管理人员等相关责任主体应在公开募集及上市文件中公开承诺：发行人招股说明书有虚假记载、误导性陈述或者重大遗漏，致使投资者在证券交易中遭受损失的，将依法赔偿投资者损失。

保荐机构、会计师事务所等证券服务机构应当在公开募集及上市文件中公开承诺：因其为发行人首次公开发行制作、出具的文件有虚假记载、误导性陈述或者重大遗漏，给投资者造成损失的，将依法赔偿投资者损失。

（二）提高公司大股东持股意向的透明度。发行人应当在公开募集及上市文件中披露公开发行前持股5%以上股东的持股意向及减持意向。持股5%以上股东减持时，须提前3个交易日予以公告。

（三）强化对相关责任主体承诺事项的约束。发行人及其控股股东、公司董事及高级管理人员等责任主体做出公开承诺事项的，应同时提出未能履行承诺时的约束措施，并在公开募集及上市文件中披露，接受社会监督。证券交易所应加强对相关当事人履行公开承诺行为的监督和约束，对不履行承诺的行为及时采取监管措施。

三 进一步提高新股定价的市场化程度

（一）改革新股发行定价方式。按照《证券法》第三十四条的规定，发行价格由发行人与承销的证券公司自行协商确定。发行人应与承销商协商确定定价方式，并在发行公告中披露。

（二）网下投资者报价后，发行人和主承销商应预先剔除申购总量中报价最高的部分，剔除的申购量不得低于申购总量的10%，然后根据剩余报价及申购情况协商确定发行价格。被剔除的申购份额不得参与网下配售。

公开发行股票数量在4亿股以下的，提供有效报价的投资者应不少于10家，但不得多于20家；公开发行股票数量在4亿股以上的，提供有效报价的投资者应不少于20家，但不得多于40家。网下发行股票筹资总额超过200亿的，提供有效报价的投资者可适当增加，但不得多于60家。有效报价人数不足的，应当中止发行。

发挥个人投资者参与发行定价的作用。发行人和主承销商应当允许符合条件的个人投资者参与网下定价和网下配售。具备承销资格的证券公司应预先制定上述个人投资者需具备的条件，并向社会公告。

（三）强化定价过程的信息披露要求。发行人和主承销商应制作定价过程及结果的信息披露文件并公开披露。在网上申购前，发行人和主承销商应当披露每位网下投资者的详细报价情况，包括投资者名称、申购价格及对应的申购数量，所有网下投资者报价的中位数、加权平均数，以公开募集方式设立的证券投资基金报价的中位数和加权平均数，确定的发行价及对应的市盈率等。

如拟定的发行价格（或发行价格区间上限）的市盈率高于同行业上市公

司二级市场平均市盈率的，在网上申购前发行人和主承销商应发布投资风险特别公告，明示该定价可能存在估值过高给投资者带来损失的风险，提醒投资者关注。内容至少应包括：

1. 比较分析发行人与同行业上市公司的差异及对发行定价的影响；提请投资者关注所定价格与网下投资者报价之间存在的差异。

2. 提请投资者关注投资风险，审慎研判发行定价的合理性，理性做出投资决策。

四 改革新股配售方式

（一）引入主承销商自主配售机制。网下发行的股票，由主承销商在提供有效报价的投资者中自主选择投资者进行配售。发行人应与主承销商协商确定网下配售原则和方式，并在发行公告中披露。承销商应当按照事先公告的配售原则进行配售。

（二）网下配售的股票中至少40%应优先向以公开募集方式设立的证券投资基金和由社保基金投资管理人管理的社会保障基金配售。上述投资者有效申购数量不足的，发行人和主承销商可以向其他投资者进行配售。

（三）调整网下配售比例，强化网下报价约束机制。公司股本4亿元以下的，网下配售比例不低于本次公开发行股票数量的60%；公司股本超过4亿元的，网下配售比例不低于本次公开发行股票数量的70%。余下部分向网上投资者发售。既定的网下配售部分认购不足的，应当中止发行，发行人和主承销商不得向网上回拨股票。

（四）调整网下网上回拨机制。网上投资者有效认购倍数在50倍以上但低于100倍的，应从网下向网上回拨，回拨比例为本次公开发行股票数量的20%；网上投资者有效认购倍数在100倍以上的，回拨比例为本次公开发行股票数量的40%。

（五）改进网上配售方式。持有一定数量非限售股份的投资者才能参与网上申购。网上配售应综合考虑投资者持有非限售股份的市值及申购资金量，进行配号、抽签。

证券交易所、证券登记结算公司应制定网上配售的实施细则，规范网上配售行为。发行人、主承销商应根据相关规则制订网上配售具体方案并公告。方案必须明确每位投资者网上申购数量的上限，该上限最高不得超过本次网上初始发行股数的千分之一。

（六）强化股票配售过程的信息披露要求。主承销商和发行人应制作配售程序及结果的信息披露文件并公开披露。发行人和主承销商应当在发行公告中披露投资者参与自主配售的条件、配售原则；自主配售结束后应披露配售结果，包括获得配售的投资者名称、报价、申购数量及配售数额等，主承销商应说明自主配售结果是否符合事先公布的配售原则；对于提供有效报价但未参与申购，或实际申购数量明显少于报价时拟申购数量的投资者，发行人和主承销商应在配售结果中列表公示。

发行人、主承销商、参与网下配售的投资者及相关利益方存在维护公司股票上市后价格稳定的协议或约定的，发行人应在上市公告中予以披露。

五　加大监管执法力度，切实维护“三公”原则

（一）保荐机构与发行人签订发行上市相关的辅导协议后，应及时在保荐机构网站及发行人注册地证监局网站披露对发行人的辅导工作进展；辅导工作结束后，应对辅导过程、内容及效果进行总结并在上述网站披露。

（二）进一步提高信息披露质量。以投资者的决策需要为导向，改进信息披露内容和格式，突出披露重点，强化对发行人主要业务及业务模式、外部市场环境、经营业绩、主要风险因素等对投资者投资决策有重大影响的信息披露要求。使用浅白语言，提高披露信息的可读性，方便广大中小投资者阅读和监督。

（三）在发审会前，中国证监会将对保荐机构、会计师事务所、律师事务所等相关中介机构的工作底稿及尽职履责情况进行抽查。

（四）强化发行监管与稽查执法的联动机制。从申请文件被行政受理时点起，发行人及其董事、监事、高级管理人员及相关中介机构即需要对申请文件的真实性、准确性、完整性承担相应的法律责任。审核中发现涉嫌违法违规重大问题的，立即移交稽查部门介入调查。

（五）强化新股发行的过程监管、行为监管和事后问责。发行人和承销商

不得向发行人、发行人董事及高级管理人员、承销商及上述人员的关联方配售股票。发行人和承销商不得采取操纵新股价格、暗箱操作或其他有违公开、公平、公正原则的行为；不得采取劝诱网下投资者抬高报价但不向其配售股票的行为；不得通过自主配售以代持、信托持股等方式向其他相关利益主体输送利益或谋取不正当利益。中国证券业协会应制定自律规则，规范路演推介、投资价值分析报告披露、承销商自主配售等行为，加强行业自律管理。

（六）证券交易所应进一步完善新股上市首日开盘价格形成机制及新股上市初期交易机制，建立以新股发行价为比较基准的上市首日停牌机制，加强对“炒新”行为的约束。

（七）发行人上市后，保荐机构应严格依法履行持续督导职责，督促发行人履行有关上市公司规范运行、信守承诺和信息披露等义务，审阅发行人信息披露文件及发行人向中国证监会、证券交易所提交的其他文件。持续督导期内，保荐机构应按规定公开披露定期跟踪报告；发行人出现重大变故或事件，保荐机构应按规定公开披露临时报告。持续督导期结束后20个工作日内，保荐机构应撰写督导工作报告，在中国证监会指定网站披露，并就督导工作未尽事宜作出安排。持续督导责任落实不到位的，依法追究保荐机构责任。

（八）发行人上市当年营业利润比上年下滑50%以上或上市当年即亏损的，中国证监会将自确认之日起即暂不受理相关保荐机构推荐的发行申请，并移交稽查部门查处。发行人在招股说明书中已经明确具体地提示上述业绩下滑风险，或存在其他法定免责情形的，不在此列。

上市公司涉嫌欺诈上市的，立案查处时即采取措施冻结发行人募集资金专用账户。

（九）进一步加大对发行人信息披露责任和中介机构保荐、承销执业行为的监督执法和自律监管力度。建立和完善中国证监会保荐信用监管系统、中国证券业协会从业人员自律管理系统与证券交易所信息披露系统之间的信息共享和互通互联，方便社会公众参与监督，强化外部声誉和诚信机制的约束功能。发行人及其董事、监事、高级管理人员未能诚实履行信息披露义务、信息披露严重违规、财务造假，或者保荐机构、会计师事务所、律师事务所等相关中介机构未能勤勉尽责的，依法严惩。

公司债券发行与交易管理办法

中国证券监督管理委员会令第113号

《公司债券发行与交易管理办法》已经2014年11月15日中国证券监督管理委员会第65次主席办公会议审议通过，现予公布，自公布之日起施行。

中国证券监督管理委员会主席：肖钢

2015年1月15日

第一章 总则

第一条 为了规范公司债券的发行、交易或转让行为，保护投资者的合法权益和社会公共利益，根据《证券法》《公司法》和其他相关法律法规，制定本办法。

第二条 在中华人民共和国境内，公开发行公司债券并在证券交易所、全国中小企业股份转让系统交易或转让，非公开发行公司债券并按照本办法规定承销或自行销售，或在证券交易所、全国中小企业股份转让系统、机构间私募产品报价与服务系统、证券公司柜台转让的，适用本办法。

法律法规和中国证券监督管理委员会（以下简称“中国证监会”）另有规定的，从其规定。

本办法所称公司债券，是指公司依照法定程序发行、约定在一定期限还本付息的有价证券。

第三条 公司债券可以公开发行，也可以非公开发行。

第四条 发行人及其他信息披露义务人应当及时、公平地履行披露义务，所披露或者报送的信息必须真实、准确、完整，不得有虚假记载、误导性陈述或者重大遗漏。

第五条 发行人及其控股股东、实际控制人应当诚实守信，发行人的董事、监事、高级管理人员应当勤勉尽责，维护债券持有人享有的法定权利和债券募集说明书约定的权利。

第六条　债券募集说明书及其他信息披露文件所引用的审计报告、资产评估报告、评级报告，应当由具有从事证券服务业务资格的机构出具。

债券募集说明书所引用的法律意见书，应当由律师事务所出具，并由两名执业律师和所在律师事务所负责人签署。

第七条　为公司债券发行提供服务的承销机构、资信评级机构、受托管理人、会计师事务所、资产评估机构、律师事务所等专业机构和人员应当勤勉尽责，严格遵守执业规范和监管规则，按规定和约定履行义务。

第八条　发行人、承销机构及其相关工作人员在发行定价和配售过程中，不得有违反公平竞争、进行利益输送、直接或间接谋取不正当利益以及其他破坏市场秩序的行为。

第九条　中国证监会对公司债券发行的核准或者中国证券业协会按照本办法对公司债券发行的备案，不表明其对发行人的经营风险、偿债风险、诉讼风险以及公司债券的投资风险或收益等作出判断或者保证。公司债券的投资风险，由投资者自行承担。

第十条　中国证监会依法对公司债券的公开发行、非公开发行及其交易或转让活动进行监督管理。

证券自律组织可依照相关规定对公司债券的上市交易或转让、非公开发行及转让、承销、尽职调查、信用评级、受托管理及增信等进行自律管理。

证券自律组织应当制定相关业务规则，明确公司债券承销、备案、上市交易或转让、信息披露、投资者适当性管理、持有人会议及受托管理等具体规定，报中国证监会批准。

第二章　发行和交易转让

第一节　一般规定

第十一条　发行公司债券，发行人应当依照《公司法》或者公司章程相关规定对以下事项作出决议：

（一）发行债券的数量；

（二）发行方式；

（三）债券期限；

（四）募集资金的用途；

（五）决议的有效期；

（六）其他按照法律法规及公司章程规定需要明确的事项。

发行公司债券，如果对增信机制、偿债保障措施做出安排的，也应当在决议事项中载明。

第十二条 上市公司、股票公开转让的非上市公众公司发行的公司债券，可以附认股权、可转换成相关股票等条款。上市公司、股票公开转让的非上市公众公司股东可以发行附可交换成上市公司或非上市公众公司股票条款的公司债券。商业银行等金融机构可以按照有关规定发行附减记条款的公司债券。

上市公司发行附认股权、可转换成股票条款的公司债券，应当符合《上市公司证券发行管理办法》《创业板上市公司证券发行管理暂行办法》的相关规定。

股票公开转让的非上市公众公司发行附认股权、可转换成股票条款的公司债券，由中国证监会另行规定。

第十三条 发行人全体董事、监事、高级管理人员应当在债券募集说明书上签字，承诺不存在虚假记载、误导性陈述或者重大遗漏，并承担相应的法律责任，但是能够证明自己没有过错的除外。

第十四条 本办法所称合格投资者，应当具备相应的风险识别和承担能力，知悉并自行承担公司债券的投资风险，并符合下列资质条件：

（一）经有关金融监管部门批准设立的金融机构，包括证券公司、基金管理公司及其子公司、期货公司、商业银行、保险公司和信托公司等，以及经中国证券投资基金业协会（以下简称基金业协会）登记的私募基金管理人；

（二）上述金融机构面向投资者发行的理财产品，包括但不限于证券公司资产管理产品、基金及基金子公司产品、期货公司资产管理产品、银行理财产品、保险产品、信托产品以及经基金业协会备案的私募基金；

（三）净资产不低于人民币一千万元的企事业单位法人、合伙企业；

（四）合格境外机构投资者（QFII）、人民币合格境外机构投资者

（RQFII）；

（五）社会保障基金、企业年金等养老基金，慈善基金等社会公益基金；

（六）名下金融资产不低于人民币三百万元的个人投资者；

（七）经中国证监会认可的其他合格投资者。

前款所称金融资产包括银行存款、股票、债券、基金份额、资产管理计划、银行理财产品、信托计划、保险产品、期货权益等；理财产品、合伙企业拟将主要资产投向单一债券，需要穿透核查最终投资者是否为合格投资者并合并计算投资者人数，具体标准由基金业协会规定。

证券自律组织可以在本办法规定的基础上，设定更为严格的合格投资者资质条件。

第十五条　公开发行公司债券，募集资金应当用于核准的用途；非公开发行公司债券，募集资金应当用于约定的用途。除金融类企业外，募集资金不得转借他人。

发行人应当指定专项账户，用于公司债券募集资金的接收、存储、划转与本息偿付。

第二节　公开发行及交易

第十六条　公开发行公司债券，应当符合《证券法》《公司法》的相关规定，经中国证监会核准。

第十七条　存在下列情形之一的，不得公开发行公司债券：

（一）最近三十六个月内公司财务会计文件存在虚假记载，或公司存在其他重大违法行为；

（二）本次发行申请文件存在虚假记载、误导性陈述或者重大遗漏；

（三）对已发行的公司债券或者其他债务有违约或者迟延支付本息的事实，仍处于继续状态；

（四）严重损害投资者合法权益和社会公共利益的其他情形。

第十八条　资信状况符合以下标准的公司债券可以向公众投资者公开发行，也可以自主选择仅面向合格投资者公开发行：

（一）发行人最近三年无债务违约或者迟延支付本息的事实；

（二）发行人最近三个会计年度实现的年均可分配利润不少于债券一年利

息的 1.5 倍；

（三）债券信用评级达到 AAA 级；

（四）中国证监会根据投资者保护的需要规定的其他条件。

未达到前款规定标准的公司债券公开发行应当面向合格投资者；仅面向合格投资者公开发行的，中国证监会简化核准程序。

第十九条　公开发行公司债券，应当委托具有从事证业务资格的资信评级机构进行信用评级。

第二十条　发行人应当按照中国证监会信息披露内容与格式的有关规定编制和报送公开发行公司债券的申请文件。

第二十一条　中国证监会受理申请文件后，依法审核公开发行公司债券的申请，自受理发行申请文件之日起三个月内，做出是否核准的决定，并出具相关文件。

发行申请核准后，公司债券发行结束前，发行人发生重大事项，导致可能不再符合发行条件的，应当暂缓或者暂停发行，并及时报告中国证监会。影响发行条件的，应当重新履行核准程序。

承销机构应当勤勉履行核查义务，发现发行人存在前款规定情形的，应当立即停止承销，并督促发行人及时履行报告义务。

第二十二条　公开发行公司债券，可以申请一次核准，分期发行。自中国证监会核准发行之日起，发行人应当在十二个月内完成首期发行，剩余数量应当在二十四个月内发行完毕。

公开发行公司债券的募集说明书自最后签署之日起六个月内有效。采用分期发行方式的，发行人应当在后续发行中及时披露更新后的债券募集说明书，并在每期发行完成后五个工作日内报中国证监会备案。

第二十三条　公开发行的公司债券，应当在依法设立的证券交易所上市交易，或在全国中小企业股份转让系统或者国务院批准的其他证券交易场所转让。

第二十四条　证券交易所、全国中小企业股份转让系对公开发行公司债券的上市交易或转让实施分类管理，实行差异化的交易机制，建立相应的投资者适当性管理制度，健全风险控制机制。

证券交易所、全国中小企业股份转让系统应当根据债券资信状况的变化及时调整交易机制和投资者适当性安排。

第二十五条　公开发行公司债券申请上市交易或转让的，应当在发行前根据证券交易所、全国中小企业股份转让系统的相关规则，明确交易机制和交易环节投资者适当性安排。发行环节和交易环节的投资者适当性要求应当保持一致。

第三节　非公开发行及转让

第二十六条　非公开发行的公司债券应当向合格投资者发行，不得采用广告、公开劝诱和变相公开方式，每次发行对象不得超过二百人。

第二十七条　发行人、承销机构应当按照中国证监会、证券自律组织规定的投资者适当性制度，了解和评估投资者对非公开发行公司债券的风险识别和承担能力，确认参与非公开发行公司债券认购的投资者为合格投资者，并充分揭示风险。

第二十八条　非公开发行公司债券是否进行信用评级由发行人确定，并在债券募集说明书中披露。

第二十九条　非公开发行公司债券，承销机构或依照本办法第三十三条规定自行销售的发行人应当在每次发行完成后五个工作日内向中国证券业协会备案。

中国证券业协会在材料齐备时应当及时予以备案。备案不代表中国证券业协会实行合规性审查，不构成市场准入，也不豁免相关主体的违规责任。

第三十条　非公开发行公司债券，可以申请在证券交易所、全国中小企业股份转让系统、机构间私募产品报价与服务系统、证券公司柜台转让。

第三十一条　非公开发行的公司债券仅限于合格投资者范围内转让。转让后，持有同次发行债券的合格投资者合计不得超过二百人。

第三十二条　发行人的董事、监事、高级管理人员及持股比例超过百分之五的股东，可以参与本公司非公开发行公司债券的认购与转让，不受本办法第十四条关于合格投资者资质条件的限制。

第四节　发行与承销管理

第三十三条　发行公司债券应当由具有证券承销业务资格的证券公司承销。

取得证券承销业务资格的证券公司、中国证券金融股份有限公司及中国证监会认可的其他机构非公开发行公司债券可以自行销售。

第三十四条 承销机构承销公司债券，应当依据本办法以及中国证监会、中国证券业协会有关尽职调查、风险控制和内部控制等相关规定，制定严格的风险管理制度和内部控制制度，加强定价和配售过程管理。

第三十五条 承销机构承销公司债券，应当依照《证券法》相关规定采用包销或者代销方式。

第三十六条 发行人和主承销商应当签订承销协议，在承销协议中界定双方的权利义务关系，约定明确的承销基数。采用包销方式的，应当明确包销责任。

公开发行公司债券，依照法律、行政法规的规定应由承销团承销的，组成承销团的承销机构应当签订承销团协议，由主承销商负责组织承销工作。公司债券发行由两家以上承销机构联合主承销的，所有担任主承销商的承销机构应当共同承担主承销责任，履行相关义务。承销团由三家以上承销机构组成的，可以设副主承销商，协助主承销商组织承销活动。

承销团成员应当按照承销团协议及承销协议的约定进行承销活动，不得进行虚假承销。

第三十七条 公司债券公开发行的价格或利率以询价或公开招标等市场化方式确定。

发行人和主承销商应当协商确定公开发行的定价与配售方案并予公告，明确价格或利率确定原则、发行定价流程和配售规则等内容。

第三十八条 发行人和承销机构不得操纵发行定价、暗箱操作；不得以代持、信托等方式谋取不正当利益或向其他相关利益主体输送利益；不得直接或通过其利益相关方向参与认购的投资者提供财务资助；不得有其他违反公平竞争、破坏市场秩序等行为。

第三十九条 公开发行公司债券的，发行人和主承销商应当聘请律师事务所对发行过程、配售行为、参与认购的投资者资质条件、资金划拨等事项进行见证，并出具专项法律意见书。公开发行的公司债券上市后十个工作日内，主承销商应当将专项法律意见随同承销总结报告等文件一并报中国证监会。

第四十条　发行人和承销机构在推介过程中不得夸大宣传，或以虚假广告等不正当手段诱导、误导投资者，不得披露除债券募集说明书等信息以外的发行人其他信息。

承销机构应当保留推介、定价、配售等承销过程中的相关资料，并按相关法律法规规定存档备查，包括推介宣传材料、路演现场录音等，如实、全面反映询价、定价和配售过程。相关推介、定价、配售等的备查资料应当按中国证券业协会的规定制作并妥善保管。

第四十一条　中国证券业协会应当制定非公开发行公司债券承销业务的风险控制管理规定，根据市场风险状况对承销业务范围进行限制并动态调整。

第三章　信息披露

第四十二条　发行人及其他信息披露义务人应当按照中国证监会及证券自律组织的相关规定履行信息披露义务。

第四十三条　公开发行公司债券的发行人应当按照规定及时披露债券募集说明书，并在债券存续期内披露中期报告和经具有从事证券服务业务资格的会计师事务所审计的年度报告。

非公开发行公司债券的发行人信息披露的时点、内容，应当按照募集说明书的约定履行，相关信息披露文件应当由受托管理人向中国证券业协会备案。

第四十四条　公司债券募集资金的用途应当在债券募集说明书中披露。

发行人应当在定期报告中披露公开发行公司债券募集资金的使用情况。

非公开发行公司债券的，应当在债券募集说明书中约定募集资金使用情况的披露事宜。

第四十五条　公开发行公司债券的发行人应当及时披露债券存续期内发生可能影响其偿债能力或债券价格的重大事项。重大事项包括：

（一）发行人经营方针、经营范围或生产经营外部条件等发生重大变化；

（二）债券信用评级发生变；

（三）发行人主要资产被查封、扣押、冻结；

（四）发行人发生未能清偿到期债务的违约情况；

（五）发行人当年累计新增借款或对外提供担保超过上年年末净资产的百分之二十；

（六）发行人放弃债权或财产，超过上年末净资产的百分之十；

（七）发行人发生超过上年末净资产百分之十的重大损失；

（八）发行人作出减资、合并、分立、解散及申请破产的决定；

（九）发行人涉及重大诉讼、仲裁事项或受到重大行政处罚；

（十）保证人、担保物或者其他偿债保障措施发生重大变化；

（十一）发行人情况发生重大变化导致可能不符合公司债券上市条件；

（十二）发行人涉嫌犯罪被司法机关立案调查，发行人董事、监事、高级管理人员涉嫌犯罪被司法机关采取强制措施；

（十三）其他对投资者作出投资决策有重大影响的事项。

第四十六条　资信评级机构为公开发行公司债券进行信用评级，应当符合以下规定：

（一）按照规定或约定将评级信息告知发行人，并及时向市场公布首次评级报告、定期和不定期跟踪评级报告；

（二）在债券有效存续期间，应当每年至少向市场公布一次定期跟踪评级报告；

（三）应充分关注可能影响评级对象信用等级的所有重大因素，及时向市场公布信用等级调整及其他与评级相关的信息变动情况，并向证券交易所或其他证券交易场所报告。

第四十七条　公开发行公司债券的发行人及其他信息披露义务人应当将披露的信息刊登在其债券交易场所的互联网网站，同时将披露的信息或信息摘要刊登在至少一种中国证监会指定的报刊，供公众查阅。

第四章　债券持有人权益保护

第四十八条　发行公司债券的，发行人应当为债券持有人聘请债券受托管理人，并订立债券受托管理协议；在债券存续期限内，由债券受托管理人按照规定或协议的约定维护债券持有人的利益。

发行人应当在债券募集说明书中约定，投资者认购或持有本期公司债券视作同意债券受托管理协议、债券持有人会议规则及债券募集说明书中其他有关发行人、债券持有人权利义务的相关约定。

第四十九条　债券受托管理人由本次发行的承销机构或其他经中国证监

会认可的机构担任。债券受托管理人应当为中国证券业协会会员。为本次发行提供担保的机构不得担任本次债券发行的受托管理人。

债券受托管理人应当勤勉尽责，公正履行受托管理职责，不得损害债券持有人利益。

对于债券受托管理人在履行受托管理职责时可能存在的利益冲突情形及相关风险防范、解决机制，发行人应当在债券募集说明书及债券存续期间的信息披露文件中予以充分披露，并同时在债券受托管理协议中载明。

第五十条　公开发行公司债券的受托管理人应当履行下列职责：

（一）持续关注发行人和保证人的资信状况、担保物状况、增信措施及偿债保障措施的实施情况，出现可能影响债券持有人重大权益的事项时，召集债券持有人会议；

（二）在债券存续期内监督发行人募集资金的使用情况；

（三）对发行人的偿债能力和增信措施的有效性进行全面调查和持续关注，并至少每年向市场公告一次受托管理事务报告；

（四）在债券存续期内持续督导发行人履行信息披露义务；

（五）预计发行人不能偿还债务时，要求发行人追加担保，并可以依法申请法定机关采取财产保全措施；

（六）在债券存续期内勤勉处理债券持有人与发行人之间的谈判或者诉讼事务；

（七）发行人为债券设定担保的，债券受托管理协议可以约定担保财产为信托财产，债券受托管理人应在债券发行前或债券募集说明书约定的时间内取得担保的权利证明或其他有关文件，并在担保期间妥善保管；

（八）发行人不能偿还债务时，可以接受全部或部分债券持有人的委托，以自己名义代表债券持有人提起民事诉讼、参与重组或者破产的法律程序。

第五十一条　受托管理人因涉嫌债券承销活动中违法违规正在接受中国证监会调查或出现中国证监会认定的其他不再适合担任受托管理人情形的，在依据本办法第五十五条第（三）项变更受托管理人之前，中国证监会可以临时指定中证中小投资者服务中心有限责任公司承担受托管理职责，直至债券持有人会议选任出新的受托管理人为止。

第五十二条　非公开发行公司债券的，债券受托管理人应当按照债券受托管理协议的约定履行职责。

第五十三条　受托管理人为履行受托管理职责，有权代表债券持有人查询债券持有人名册及相关登记信息、专项账户中募集资金的存储与划转情况。证券登记结算机构应当予以配合。

第五十四条　发行公司债券，应当在债券募集说明书中约定债券持有人会议规则。

债券持有人会议规则应当公平、合理。债券持有人会议规则应当明确债券持有人通过债券持有人会议行使权利的范围，债券持有人会议的召集、通知、决策机制和其他重要事项。

债券持有人会议按照本办法的规定及会议规则的程序要求所形成的决议对全体债券持有人有约束力。

第五十五条　存在下列情形的，债券受托管理人应当召集债券持有人会议：

（一）拟变更债券募集说明书的约定；

（二）拟修改债券持有人会议规则；

（三）拟变更债券受托管理人或受托管理协议的主要内容；

（四）发行人不能按期支付本息；

（五）发行人减资、合并、分立、解散或者申请破产；

（六）保证人、担保物或者其他偿债保障措施发生重大变化；

（七）发行人、单独或合计持有本期债券总额百分之十以上的债券持有人书面提议召开；

（八）发行人管理层不能正常履行职责，导致发行人债务清偿能力面临严重不确定性，需要依法采取行动的；

（九）发行人提出债务重组方案的；

（十）发生其他对债券持有人权益有重大影响的事项。

在债券受托管理人应当召集而未召集债券持有人会议时，单独或合计持有本期债券总额百分之十以上的债券持有人有权自行召集债券持有人会议。

第五十六条　发行人可采取内外部增信机制、偿债保障措施，提高偿债能力，控制公司债券风险。

内外部增信机制、偿债保障措施包括但不限于下列方式：

（一）第三方担保；

（二）商业保险

（三）资产抵押、质押担保；

（四）限制发行人债务及对外担保规模；

（五）限制发行人对外投资规模；

（六）限制发行人向第三方出售或抵押主要资产；

（七）设置债券回售条款。

公司债券增信机构可以成为中国证券业协会会员。

第五十七条　发行人应当在债券募集说明书中约定构成债券违约的情形、违约责任及其承担方式以及公司债券发生违约后的诉讼、仲裁或其他争议解决机制。

第五章　监督管理和法律责任

第五十八条　对违反法律法规及本办法规定的机构和人员，中国证监会可采取责令改正、监管谈话、出具警示函、责令公开说明、责令参加培训、责令定期报告、认定为不适当人选、暂不受理与行政许可有关的文件等相关监管措施；依法应予行政处罚的，依照《证券法》《行政处罚法》等法律法规和中国证监会的有关规定进行处罚；涉嫌犯罪的，依法移送司法机关，追究其刑事责任。

第五十九条　发行人、承销机构向不符合规定条件的投资者发行公司债券的，中国证监会可以对发行人、承销机构及其直接负责的主管人员和其他直接责任人员采取本办法第五十八条规定的相关监管措施；情节严重的，处以警告、罚款。

第六十条　非公开发行公司债券，发行人违反本办法第十五条规定的，中国证监会可以对发行人及其直接负责的主管人员和其他直接责任人员采取本办法第五十八条规定的相关监管措施；情节严重的，处以警告、罚款。

第六十一条　承销机构承销未经核准擅自公开发行的公司债券的，中国证监会可以采取十二至三十六个月暂不受理其证券承销业务有关文件等监管措施；对其直接负责的主管人员和其他直接责任人员，可以采取本办法第五十八条规定的相关监管措施。

第六十二条　除中国证监会另有规定外，承销或自行销售非公开发行公司债券未按规定进行备案的，中国证监会可以对承销机构及其直接负责的主管人员和其他直接责任人员采取本办法第五十八条规定的相关监管措施；情节严重的，处以警告、罚款。

第六十三条　承销机构在承销公司债券过程中，有下列行为之一的，中国证监会可以对承销机构及其直接负责的主管人员和其他直接责任人员采取本办法第五十八条规定的相关监管措施；情节严重的，可以对承销机构采取三至十二个月暂不受理其证券承销业务有关文件的监管措施：

（一）以不正当竞争手段招揽承销业务；

（二）从事本办法第三十八条规定禁止的行为；

（三）从事本办法第四十条规定禁止的行为；

（四）未按本办法及相关规定要求披露有关文件；

（五）未按照事先披露的原则和方式配售公司债券，或其他未依照披露文件实施的行为；

（六）未按照本办法及相关规定要求保留推介、定价、配售等承销过程中相关资料；

（七）其他违反承销业务规定的行为。

第六十四条　发行人有下列行为之一的，中国证监会可以对发行人及其直接负责的主管人员和其他直接责任人员采取本办法第五十八条规定的相关监管措施：

（一）从事本办法第三十八条规定禁止的行为；

（二）从事本办法第四十条规定禁止的行为；

（三）其他违反承销业务规定的行为。

第六十五条　非公开发行公司债券，发行人及其他信息披露义务人未按规定披露信息，或者所披露的信息存在虚假记载、误导性陈述或者重大遗漏的，依照《证券法》和中国证监会有关规定处理，对发行人、其他信息披露义务人及其直接负责的主管人员和其他直接责任人员可以采取本办法第五十八条规定的相关监管措施；情节严重的，处以警告、罚款。

第六十六条　发行人、债券受托管理人等违反本办法规定，损害债券持有人权益的，中国证监会可以对发行人、受托管理人及其直接负责的主管人员和其他直接责任人员采取本办法第五十八条规定的相关监管措施；情节严重的，处以警告、罚款。

第六十七条　发行人的控股股东滥用公司法人独立股东有限责任，损害债券持有人利益的，应当依法对公司债务承担连带责任。

第六章　附则

第六十八条　公开发行公司债券，应当由中国证券登记结算有限责任公司统一登记。

公开发行公司债券的结算业务及非公开发行公司债券的登记结算业务，应当由中国证券登记结算有限责任公司或中国证监会认可的其他机构办理。

其他机构办理公司债券登记结算业务的，应当将登记、结算数据报送中国证券登记结算有限责任公司。

第六十九条　本办法规定的发行人不包括地方政府融资平台公司。

第七十条　证券公司和其他金融机构次级债券的发行、交易或转让，适用本办法。境外注册公司在中国证监会监管的债券交易场所的债券发行、交易或转让，参照适用本办法。

第七十一条　本办法所称证券自律组织包括证券交易所、全国中小企业股份转让系统、中国证券业协会以及中国证监会认定的其他自律组织。

第七十二条　在区域性股权交易市场非公开发行与转让公司债券的管理办法，由中国证监会另行规定。

第七十三条　本办法自公布之日起施行。《证券公司债券管理暂行办法》（证监会令第 15 号）、《关于修订〈证券公司债券管理暂行办法〉的决定》（证监会令第 25 号）、《关于发布〈证券公司债券管理暂行办法〉五个配套文件的通知》（证监发行字〔2003〕106 号）、《公司债券发行试点办法》（证监会令第 49 号）、《关于实施〈公司债券发行试点办法〉有关事项的通知》（证监发〔2007〕112 号）、《关于创业板上市公司非公开发行债券有关事项的公告》（证监会公告〔2011〕29 号）同时废止。

上市公司非公开发行股票实施细则

第一章　总　　则

第一条　为规范上市公司非公开发行股票行为，根据《上市公司证券发行管理办法》（证监会令第30号，以下简称《管理办法》）的有关规定，制定本细则。

第二条　上市公司非公开发行股票，应当有利于减少关联交易、避免同业竞争、增强独立性；应当有利于提高资产质量、改善财务状况、增强持续盈利能力。

第三条　上市公司董事、监事、高级管理人员、保荐人和承销商、为本次发行出具专项文件的专业人员及其所在机构，以及上市公司控股股东、实际控制人及其知情人员，应当遵守有关法律法规和规章，勤勉尽责，不得利用上市公司非公开发行股票谋取不正当利益，禁止泄露内幕信息和利用内幕信息进行证券交易或者操纵证券交易价格。

第四条　上市公司的控股股东、实际控制人和本次发行对象，应当按照有关规定及时向上市公司提供信息，配合上市公司真实、准确、完整地履行信息披露义务。

第五条　保荐人、上市公司选择非公开发行股票的发行对象和确定发行价格，应当遵循公平、公正原则，体现上市公司和全体股东的最大利益。

第六条　发行方案涉及中国证监会规定的重大资产重组的，其配套融资按照现行相关规定办理。

第二章　发行对象与认购条件

第七条　《管理办法》所称"定价基准日"，是指计算发行底价的基准日。定价基准日为本次非公开发行股票发行期的首日。上市公司应按不低于发行底价的价格发行股票。

《管理办法》所称"定价基准日前20个交易日股票交易均价"的计算公式为：定价基准日前20个交易日股票交易均价 = 定价基准日前20个交易日

股票交易总额/定价基准日前20个交易日股票交易总量。

第八条　《管理办法》所称“发行对象不超过10名”，是指认购并获得本次非公开发行股票的法人、自然人或者其他合法投资组织不超过10名。

证券投资基金管理公司以其管理的2只以上基金认购的，视为1个发行对象。

信托公司作为发行对象，只能以自有资金认购。

第九条　发行对象属于下列情形之一的，具体发行对象及其定价原则应当由上市公司董事会的非公开发行股票决议确定，并经股东大会批准；认购的股份自发行结束之日起36个月内不得转让：

（一）上市公司的控股股东、实际控制人或其控制的关联人；

（二）通过认购本次发行的股份取得上市公司实际控制权的投资者；

（三）董事会拟引入的境内外战略投资者。

第十条　发行对象属于本细则第九条规定以外的情形的，上市公司应当在取得发行核准批文后，按照本细则的规定以竞价方式确定发行价格和发行对象。发行对象认购的股份自发行结束之日起12个月内不得转让。

第三章　董事会与股东大会决议

第十一条　上市公司申请非公开发行股票，应当按照《管理办法》的相关规定召开董事会、股东大会，并按规定及时披露信息。

第十二条　董事会决议确定具体发行对象的，上市公司应当在召开董事会的当日或者前1日与相应发行对象签订附条件生效的股份认购合同。

前款所述认购合同应载明该发行对象拟认购股份的数量或数量区间、定价原则、限售期，同时约定本次发行一经上市公司董事会、股东大会批准并经中国证监会核准，该合同即应生效。

第十三条　上市公司董事会做出非公开发行股票决议，应当符合下列规定：

（一）应当按照本细则的规定确定本次发行的定价基准日，并提请股东大会批准。

（二）董事会决议确定具体发行对象的，董事会决议应当确定具体的发行对象名称及其定价原则、认购数量或者数量区间、限售期；发行对象与公司签订的附条件生效的股份认购合同应当经董事会批准。

（三）董事会决议未确定具体发行对象的，董事会决议应当明确发行对象的范围和资格，定价原则、限售期。

（四）本次非公开发行股票的数量不确定的，董事会决议应当明确数量区间（含上限和下限）。董事会决议还应当明确，上市公司的股票在董事会决议日至发行日期间除权、除息的，发行数量是否相应调整。

（五）董事会决议应当明确本次募集资金数量的上限、拟投入项目的资金需要总数量、本次募集资金投入数量、其余资金的筹措渠道。募集资金用于补充流动资金或者偿还银行贷款的，应当说明补充流动资金或者偿还银行贷款的具体数额；募集资金用于收购资产的，应当明确交易对方、标的资产、作价原则等事项。

第十四条　董事会决议经表决通过后，上市公司应当在 2 个交易日内披露。

董事会应当按照《公开发行证券的公司信息披露内容与格式准则第 25 号——上市公司非公开发行股票预案和发行情况报告书》的要求编制非公开发行股票预案，作为董事会决议的附件，与董事会决议同时刊登。

第十五条　本次发行涉及资产审计、评估或者上市公司盈利预测的，资产审计结果、评估结果和经审核的盈利预测报告至迟应随召开股东大会的通知同时公告。

第十六条　上市公司股东大会就非公开发行股票做出的决定，至少应当包括《管理办法》和本细则规定须提交股东大会批准的事项。

《管理办法》所称应当回避表决的“特定的股东及其关联人”，是指董事会决议已确定为本次发行对象的股东及其关联人。

第四章　核准与发行

第十七条　股东大会批准本次发行后，上市公司可向中国证监会提交发行申请文件。

申请文件应当按照本细则附件 1《上市公司非公开发行股票申请文件目录》的有关规定编制。

第十八条　保荐人和发行人律师应当各司其职，勤勉尽责，对本次非公开发行股票申请的合规性审慎地履行尽职调查职责。

保荐人出具的发行保荐书和发行人律师出具的法律意见书，应当对照中国证监会的各项规定逐项发表明确的结论性意见，并载明得出每项结论的查证过程及事实依据。

第十九条　中国证监会按照《管理办法》规定的程序审核非公开发行股票申请。

上市公司收到中国证监会发行审核委员会关于本次发行申请获得通过或者未获通过的结果后，应当在次一交易日予以公告，并在公告中说明，公司收到中国证监会做出的予以核准或者不予核准的决定后，将另行公告。

第二十条　上市公司取得核准批文后，应当在批文的有效期内，按照《证券发行与承销管理办法》（证监会令第121号）的有关规定发行股票。

上市公司收到中国证监会予以核准决定后做出的公告中，应当公告本次发行的保荐人，并公开上市公司和保荐人指定办理本次发行的负责人及其有效联系方式。

上市公司、保荐人对非公开发行股票进行推介或者向特定对象提供投资价值研究报告的，不得采用任何公开方式，且不得早于上市公司董事会关于非公开发行股票的决议公告之日。

第二十一条　董事会决议确定具体发行对象的，上市公司在取得核准批文后，应当按照本细则第九条的规定和认购合同的约定发行股票。

第二十二条　董事会决议未确定具体发行对象的，在取得中国证监会的核准批文后，由上市公司及保荐人在批文的有效期内选择发行时间；在发行期起始的前1日，保荐人应当向符合条件的特定对象提供认购邀请书。

第二十三条　认购邀请书发送对象的名单由上市公司及保荐人共同确定。

认购邀请书发送对象的名单除应当包含董事会决议公告后已经提交认购意向书的投资者、公司前20名股东外，还应当包含符合《证券发行与承销管理办法》规定条件的下列询价对象：

（一）不少于20家证券投资基金管理公司；

（二）不少于10家证券公司；

（三）不少于5家保险机构投资者。

第二十四条　认购邀请书应当按照公正、透明的原则，事先约定选择发行对象、确定认购价格、分配认购数量等事项的操作规则。

认购邀请书及其申购报价表参照本细则附件2的范本制作，发送时由上市公司加盖公章，由保荐代表人签署。

第二十五条　认购邀请书发出后，上市公司及保荐人应当在认购邀请书约定的时间内收集特定投资者签署的申购报价表。

在申购报价期间，上市公司、保荐人应当确保任何工作人员不泄露发行对象的申购报价情况，申购报价过程应当由发行人律师现场见证。

第二十六条　申购报价结束后，上市公司及保荐人应当对有效申购按照报价高低进行累计统计，按照价格优先的原则合理确定发行对象、发行价格和发行股数。

第二十七条　发行结果确定后，上市公司应当与发行对象签订正式认购合同，发行对象应当按照合同约定缴款。

发行对象的认购资金应先划入保荐人为本次发行专门开立的账户，验资完毕后，扣除相关费用再划入发行人募集资金专项存储账户。

第二十八条　验资完成后的次一交易日，上市公司和保荐人应当向中国证监会提交《证券发行与承销管理办法》规定的备案材料。

发行情况报告书应当按照《公开发行证券的公司信息披露内容与格式准则第25号——上市公司非公开发行股票预案和发行情况报告书》的要求编制。

第二十九条　保荐人关于本次发行过程和认购对象合规性的报告应当详细记载本次发行的全部过程，列示发行对象的申购报价情况及其获得配售的情况，并对发行结果是否公平、公正，是否符合非公开发行股票的有关规定发表意见。

报价在发行价格之上的特定对象未获得配售或者被调减配售数量的，保荐人应当向该特定对象说明理由，并在报告书中说明情况。

第三十条　发行人律师关于本次发行过程和认购对象合规性的报告应当详细认证本次发行的全部过程，并对发行过程的合规性、发行结果是否公平、公正，是否符合非公开发行股票的有关规定发表明确意见。

发行人律师应当对认购邀请书、申购报价表、正式签署的股份认购合同及其他有关法律文书进行见证，并在报告书中确认有关法律文书合法有效。

第五章 附则

第三十一条 本细则自发布之日起实施。

第三十二条 本细则的附件包括《上市公司非公开发行股票申请文件目录》《〈认购邀请书〉和〈申购报价单〉范本》。

中国证券监督管理委员会公告

〔2017〕5 号

现公布《关于修改〈上市公司非公开发行股票实施细则〉的决定》，自公布之日起施行。

证监会

2017 年 2 月 15 日

关于修改《上市公司非公开发行股票实施细则》的决定

一、第七条第一款修改为："《管理办法》所称'定价基准日'，是指计算发行底价的基准日。定价基准日为本次非公开发行股票发行期的首日。上市公司应按不低于发行底价的价格发行股票。"

二、第九条修改为："发行对象属于下列情形之一的，具体发行对象及其定价原则应当由上市公司董事会的非公开发行股票决议确定，并经股东大会批准；认购的股份自发行结束之日起 36 个月内不得转让：

"（一）上市公司的控股股东、实际控制人或其控制的关联人；

"（二）通过认购本次发行的股份取得上市公司实际控制权的投资者；

"（三）董事会拟引入的境内外战略投资者。"

三、第十二条第二款修改为："前款所述认购合同应载明该发行对象拟认购股份的数量或数量区间、定价原则、限售期，同时约定本次发行一经上市公司董事会、股东大会批准并经中国证监会核准，该合同即应生效。”

四、第十三条第（一）项、第（二）项、第（四）项修改为：

“（一）应当按照本细则的规定确定本次发行的定价基准日，并提请股东大会批准。

“（二）董事会决议确定具体发行对象的，董事会决议应当确定具体的发行对象名称及其定价原则、认购数量或者数量区间、限售期；发行对象与公司签订的附条件生效的股份认购合同应当经董事会批准。

“（四）本次非公开发行股票的数量不确定的，董事会决议应当明确数量区间（含上限和下限）。董事会决议还应当明确，上市公司的股票在董事会决议日至发行日期间除权、除息的，发行数量是否相应调整。”

五、删除第十六条。

六、第二十一条第一款修改为：“上市公司取得核准批文后，应当在批文的有效期内，按照《证券发行与承销管理办法》（证监会令第121号）的有关规定发行股票。”

七、第二十九条第一款修改为：“验资完成后的次一交易日，上市公司和保荐人应当向中国证监会提交《证券发行与承销管理办法》规定的备案材料。”

本决定自公布之日起施行。

《上市公司非公开发行股票实施细则》根据本决定作相应修改并对条文顺序作相应调整，重新公布。

参考文献

一 英文文献

Akhigbe, A. , Harikumar, T. , Seasoned Equity Offerings by All – Equity Firms. International Review of Economics and Finance, 1996, 5 (4): 417 –428.

Ambarish, R. J. , Efficient Signaling with Dividends and Investments. Journal of Finance, 1987, 42 (2): 23 –321.

Ang, James S. , and Elli Kraizberg, an Analysis of a Strategy for Management to Separate and Reward Supportive Shareholders. Journal of Corporate Finance, 2004, 10 (4), 639 –658.

Ang, James S. , and James Brau, Concealing and Confounding Adverse Signals: Insider Wealth Maximizing Behavior in the IPO Process. Journal of Financial Economics, 2003, 67 (1): 149 –172.

Ang, James S. , and Kristine L. Beck, On a Comparison of the Marginal and Average Tobin's Q Ratios. International Journal of Business, 2000, 5 (1), 27 –44.

Ang, James S. , and Min – je Jung, Explicit Versus Implicit Contracting in the Debt Market: The Case of Leasing. International Review of Financial Analysis, 1998, 7 (2): 153 –170.

Ang, James S. , Rebel Cole, and James Wuh Lin, Agency Costs and Ownership Structure. Journal of Finance, 1999, 55 (1): 81 –106.

Ang, James S. , and Thomas Schwarz, Risk Aversion and Information Structure: An Experimental Study of Price Variability in the Securities Market. Journal of

Finance, 1985, 40 (3), 825 -844.

Asquith, P. , Mullins, D. W. Equity issues and offering dilution. Journal of Financial Economics, 1986, 15 (1 -2): 61 -89.

Baek Jae - Seung, Jun Koo Kang, Inmoo Lee. Business Groups and Tunneling: Evidence from Private Securities Offerings by Korean Chaebols. Journal of Finance, 2006, 61 (5): 2415 -2449.

Barber, B. M. , Lyon J. D. , Detecting abnormal operating performance: The empirical power and specification of test - statistics. Journal of Financial Economics, 1996, 41 (3): 359 -399.

Barclay M J, Holderness C G, Sheehan D P. Private Placements and Managerial Entrenchment. Journal of Corporate Finance, 2007, 13 (4): 461 -484.

Barclay, M. J. , Litzenberger, R. H. , Announcement effects of new equity issues and the use of intraday price data. The Journal of Financial Economics, 1988, 21 (1): 71 -99.

Bernardo Bortolotti, William Megginson, Scott B. Smart. The Rise of Accelerated Seasoned Equity Underwritings. Journal of Applied Corporate Finance, 2008, 20 (3): 35 -57.

Billingsley, R. , Lamy, E. , Smith, D. , Units of debt with warrants: evidence of the "penalty free" issuance of An equity - like security. Journal of Financial Research, 1992, 13 (3): 187 -199.

Blazenko, G. W. , Managerial preference, asymmetric information, and financial structure. Journal of Finance, 1987, 42 (4): 839 -862.

Booth, J. R. , Smith, R. L. , Capital raising, underwriting and the certification hypothesis. Journal of Financial Economics, 1986, 15 (1 -2): 261 -281.

Brook R. M. , Patel A. , Information conveyed by seasoned security offerings: evidence from components of the bid - ask spread. Review of Financial Economics, 2000, 9 (2): 83 -89.

Brous, P. A. , Kini, O. , The valuation effects of equity issues and the level of institutional ownership: Evidence from analysts′ earnings forecasts. Financial

Management, 1994, 23 (1): 33 –53.

Burlacu, R. New evidence on the pecking order hypothesis: the case of French convertible bonds. Journal of Multinational Financial Management, 2000, 10 (3 –4): 439 –459.

Cai, J. The long – run performance following Japanese rights issues. Journal of Finance, 1998, 8 (4): 419 –434.

Chinmoy Ghosh, Raja Nag, and C. F. Sirmans. The Pricing of Seasoned Equity Offerings: Evidence from REITs. Real Estate Economics, 2000, 28 (3): 363 –384.

Chou De – Wai, Michael Gombola, Feng – Ying Liu. Long – Run Underperformance Following Private Equity Placements: The Role of Growth Opportunities. The Quarterly Review of Economics and Finance, 2009.

Cools, K., Capital structure choice: beta theory, empirical tests and executive opinion. Working paper, Tilburg University, 1993.

Eckbo, B., Valuation of effects of corporate debt offerings. Journal of Financial Economics, 1986, 15 (1 –2): 119 –151.

Eckbo, B., Masulis, R., Seasoned equity offerings: a survey. Finance Series of Handbooks in Operations Research and Management Science, Elsevier, 135 Amsterdam, 1995 (20): 1017 –1072.

Eckbo, B. E., Masulis, R. W. Adverse selection and the rights offer paradox. Journal of Financial Economics, 1992, 32 (3): 293 –332.

Edel Barnes and Martin Walker, The Seasoned Equity Issues of UK Firms: Market Reaction and Issuance Method Choice. Journal of Business Finance and Accounting, 2006, 33 (1 –2): 45 –78.

Eric James Higgins, Shawn Howton and Shelly Howton. An Analysis of Closed – end Fund Seasoned Equity Offerings. The Journal of Financial Research, 2003, 26 (2): 243 –257.

Hansen, R. S., Crutchley, C., Corporate earnings and financing: an empirical analysis. Journal of Business, 1990, 63 (3): 347 –371.

Healy, P., Palepu, K. G., Earnings and risk changes surrounding primary stock offers. Journal of Accounting Research, 1990, 28 (1): 25 -48.

Heinkel, R., A theory of capital structure relevance under imperfect information. Journal of Finance, 1982, 37 (5): 1141 -1150.

Henrik Cronqvist, Mattias Nilsson. The Choice Between Rights Offerings and Private Equity Placements. Journal of Financial Economics, 2005, 78 (2): 375 -407.

Hertael Michael G, Michael Lemmon, James Linck, et al. Long - run Performance Following Private Placements of Equity. Journal of Finance, 2002, 57 (12): 2595 - 2617.

Hess A., Bhagat S., Evidence on the price pressure hypothesis using new issues of seasoned stocks. Working Paper, University of Utah. Salt Lake City, UT, 1985.

Jensen, M., Agency costs of free cash flow, corporate finance and takeovers. American Economic Review, 1986, 76 (2): 323 -329.

Jensen, M., Meckling, W. H., Theory of the firm: managerial behavior, agency costs and ownership structure. Journal of Financial economics, 1976, 3 (4): 305 -360.

KaLay A., Shimrat A., Firm Value and Seasoned Equity Issues: Price Pressure, Wealth Redistribution, or Negative Information. Journal of Economics&Business, 1987, 19 (1): 109 -126.

Kang, J. K., Stulz, R. M. How Different is Japanese Corporate Finance? An Investigation of the Information Content of New Security Issues. Review of Financial Studies, 1996, 9 (1): 109 -139.

Karen H. Wruck, YiLin Wu. Relationships, Corporate Governance, and Performance: Evidence from Private Placements of Common Stock. Journal of Corporate Finance, 2009, 15 (1): 30 -47.

Kenneth A. Kim, Hyun - Han Shin. The Puzzling Increase in the Underpricing of Seasoned Equity Offerings. The Financial Review, 2004, 39 (3): 343

-365.

Klaus M. Schmidt. Convertible Securities and Venture Capital Finance. The Journal of Finance, 2003, 58 (3): 1139-1166.

Korajzcyk R. A., Lucas, D., McDonald R., Understanding Stock Price Behavior Around the Time of Equity Issues. University of Chicago Press, Chicago, 1991.

Lelend, P., Information Asymmetries, Financial Structure, and Financial Intermediation. Journal of Finance, 1977, 32 (2): 371-387.

Loderer, C. F., Mauer, D. C., Corporate Dividends and Seasoned Equity Issues: An Empirical Investigation. Journal of Finance, 1992, 47 (1): 201-225.

Lodny R., Suhler D. R., Changers in Capital Structure, New Equity Issues and Scale Effects. Journal of Financial Research, 1985, 8 (2): 127-136.

Loughran T., Rittor J. R., The New Issues Puzzle. Journal of Finance, 1995, 50 (1): 23-51.

Loughran, T., Ritter, J. R., The operating performance of firms conducting seasoned equity offerings. Working paper, University of Iowa, Iowa City, IA, 1996.

M, P. W., Alternative disciplinary mechanisms in different corporate systems. Journal of Economic Behavior and Organization, 1995, 26 (1): 17-34.

Maretno Harjoto, John Garen. Why Do IPO Firms Conduct Primary Seasoned Equity Offerings? The Financial Review, 2003, 38 (1): 103-125.

Masulis R. W., Korwar A., Seasoned equity offerings: an empirical investigation. Journal of Financial Economics, 1986, 15 (1-2): 19-118.

McLaughlin R., Safieddine A., Vasudevan G. K., The operating performance of seasoned equity issuers: free cash flow and post-issue performance. Journal of Business, 1996, 25 (4): 41-53.

McLaughlin, R., Safieddine A., Vasudevan G. K., The information content of corporate offering of seasoned securities: an empirical analysis. Financial Management, 1998, 27 (2): 31-45.

Michael J. Barclay, Clifford G. Holderness, Dennis P. Sheehan. Private Placements and Managerial Entrenchment. Journal of Corporate Finance, 2007, 13 (4): 461 –484.

Michael R. Roberts and Amir Sufi. Control Rights and Capital Structure: An Empirical Investigation. The Journal of Finance, 2009, 64 (4): 1657 –1695.

Mikkelson, W. H. , Partch M. P. , Valuation effects of security offerings and the issuance process. Journal of Financial Economics, 1986, 15 (1 –2): 31 –60.

Miller, M. , Rock, K. Dividend policy under asymmetric information. Journal of Finance, 1985, 40 (4): 1031 –1051.

Modigliani, F. , Miller, M. The cost of capital, corporation finance and the theory of investment. American Economic Review, 1958, 48 (3): 261 –297.

Muscarella, C. J. , Vetsuypens, M. R. , Efficiency and organizational structure: a study of reverse LBOs. Journal of Finance, 1990, 45 (5): 1389 –1413.

Myers S. C. , Majluf N. S. , Corporate financing and investmentdivisions when firm have information the Investor do not have. Journal of Financial Economic, 1984, 13 (2): 187 –221.

Myers, S. C. The capital structure puzzle. Journal of Financial Economic, 1984, 39 (3): 575 –592.

Philip Brown, Gerry Gallery, Olivia Goei. Does Market Misvaluation Help Explain Share Market Long –run Underperformance Following a Seasoned Equity Offerings? Accounting and Finance, 2006, 46 (2): 191 –219.

Pierre Chollet and Edith Ginglinger. The Pricing of French Unit Seasoned Equity Offerings. European Financial Management, 2001, 7 (1): 23 –38.

Rangan, S. , Earnings around Seasoned equity offerings: Are they overstated? Working paper, Northwestern University, Evanston, IL, 1996.

Richard Stehle, Olaf Ehrhardt, Rene Przyborowsky. Long –run Stock Performance of German Initial Public Offerings and Seasoned Equity Issues. European Financial Management, 2000, 6 (2): 173 –196.

Robichek, A. A. , Myers, SC. , Problems in the theory of optimal capital structure. Journal of Financial and Quantitative Analysis, 1966, 1 (2): 1 -35.

Ross, Signs point to premium increase by PBGC. Employee Benefit Plan Review, 1977, 31 (7): 1020 - 1080.

Rui Albuquerue and Neng Wang. Agency Conflicts, Investment and Asset Pricing. The Journal of Finance, 2008, 63 (1): 1 -40.

Sahn - Wook Huh and Avanidhar Subrahmanyam. Order Flow Patterns Around Seasoned Equity Offerings and Their Implications for Stock Price Movements. International Review of Finance, 2005, 5 (1 -2): 75 -111.

Samuel. The stock market as a source of finance. Policy Research Working Paper, No. 1592, World Bank, 1996.

Sant, R. , Stephen, P. F. , Seasoned equity offerings: the case of all - equity firms, Journal of Business Finance&Accounting, 1994, 21 (3): 429 -444.

Shane A. Corwin. The Determinants of Underpricing for Seasoned Equity Offers. The Journal of Finance, 2003, 58 (5): 2249 -2279.

Smith, C. W. , Investment banking and the capital acquisition process. Journal of Financial Economics, 1986, 15 (1 -2): 3 -29.

Srinivasan Krishnamurthy, Paul Spindt, Venkat Subramaniam, T. Woidtke, Does Investor Identity Matter in Equity Issues? Evidencefrom Private Placements. Journal of Financial Intermediation, 2005, 14 (2): 210 -238.

Srinivasan Krishnamurthy, Paul Spindt, Venkat Subramaniam, Tracie Woidtke. Does investor identity matter in equity issues? Evidence from private placements. Journal of Financial Intermediation, 2005, 14 (2): 210 -238.

Teoh, S. H. , Welch, I. , Wong, T. J. , Post - issue price performance and earnings management in seasoned equity offerings, working paper, University of Michigan, Am Arbor, MI, 1996.

Thomas Buhner, Christoph Kaserer. The Structure of External Financing Costs and the Economies of Scale View: New Evidence from Seasoned Equity Offerings in Germany. European Financial Management, 2002, 8 (3): 315 -338.

Timo P. Korkeamaki and William T. Moore. Convertible Bond Design and Capital Investment: The Role of Call Provisions. The Journal of Finance, 2004, 59 (1): 391 - 405.

Yi - Mien Lin, Shwu - Jen You and Fung - Jiao Lin. The Effects of Pre - issue Information Releases on Seasoned Equity Offerings. Journal of Business Finance & Accounting, 2008, 35 (9 - 10): 1138 - 1163.

Yong H. Kim and J. Jimmy Yang. Effect of Price Limits: Initial Public Offerings versus Seasoned Equities. International Review of Finance, 2009, 9 (3): 295 - 318.

二　中文文献

包苏昱:《股权再融资低回报成因探析》,《金融理论与实践》2007 年第 1 期。

毕金玲:《股权再融资下管理者与新股东收益分析——从信息不对称角度》,《生产力研究》2009 年第 10 期。

毕金玲:《上市公司股权再融资偏好研究综述》,《财会月刊》2009 年第 9 期。

陈群芳、邵志高:《股权再融资:预案公告后的短期投资决策》,《统计与决策》2010 年 3 月。

陈石清、谢璐:《中国上市公司定向增发的短期财富效应研究》,《财经理论与实践》2009 年第 30 卷第 162 期。

杜沔、王良成:《我国上市公司配股前后业绩变化及其影响因素的实证研究》,《管理世界》2006 年第 3 期。

杜沔:《我国风险投资公司再融资问题探讨》,《科技进步与对策》2005 年第 5 期。

高雷、宋顺林:《关联交易、支持与盈余管理——来自配股上市公司的经验证据》,《财经科学》2010 年第 263 卷第 2 期。

管征:《上市公司股权再融资偏好的非理性成因研究》,《南京师大学报》(社会科学版) 2005 年第 6 期。

郭春丽等：《融资结构与公司价值研究》，人民出版社 2006 年版。

何丹：《全流通背景下上市公司股权再融资研究——基于控制权的解释与证据》，西南财经大学出版社 2009 年版。

何丹、王娜娜：《基于信息假说理论的上市公司定向增发折价研究》，《财会通讯》2009 年第 11 期。

何丽梅、蔡宁：《我国上市公司定向增发长期股价效应的实证研究》，《北京工商大学学报》（社会科学版）2009 年第 24 卷第 6 期。

何丽梅、赵宝华：《上市公司非公开发行的深层动因实证研究》，《山西财经大学学报》2009 年第 11 期。

何丽梅：《我国上市公司非公开发行的短期股价效应研究》，《山西财经大学学报》2010 年第 3 期。

何晓彬、赵婷：《上市公司配股融资经营绩效实证研究》，《财会通讯》2006 年第 5 期。

胡海峰：《对近几年美国创业资本市场的统计分析》，《统计研究》2004 年第 8 期。

胡海峰：《美德两国创业资本市场差异比较分析》，《欧洲研究》2005 年第 2 期。

胡海峰：《试论创业资本与经济增长的关系》，《北京师范大学学报》（社会科学版）2005 年第 1 期。

胡海峰：《投资银行学教程》，中国人民大学出版社 2005 年版。

胡海峰：《风险投资学》，首都经贸大学出版社 2006 年版。

胡海峰：《中国不良资产处置与金融资产管理公司发展研究》，中国市场出版社 2009 年版。

胡海峰、罗惠良：《多层次资本市场建设的国际经验及启示》，《中国社会科学院研究生院学报》2010 年第 1 期。

胡海峰、罗惠良：《风险分担、信息不对称与资本市场层次演进》，《经济学动态》2009 年第 6 期。

胡海峰、李忠：《我国资本市场投资者利益保护与上市公司价值研究》，《数量经济技术经济研究》2009 年第 7 期。

胡海峰、王佳：《美国创业投资的若干经验分析》，《管理世界》2005 年第 10 期。

胡援成、程建伟：《配股、增发对企业绩效的影响分析》，《武汉金融》2007 年第 3 期。

黄格非：《中国上市公司再融资行为与决策》，中国金融出版社 2007 年版。

黄慧：《浅析上市公司再融资风险的防范》，《商场现代化》2008 年第 11 期。

黄建中：《上市公司非公开发行的定价基准日问题探讨》，《 证券市场导报》2007 年第 3 期。

黄建中：《上市公司非公开发行的定价约束机制研究》，《上海金融》2007 年第 2 期。

黄建中：《增发定价约束、私募寻租与董事会融资权边界》，《经济理论与经济管理》2007 年第 3 期。

黄新建、李若山：《中国上市公司配股融资前后经营业绩研究——来自上海股市的经验证据》，《生产力研究》2007 年第 11 期。

贾中正：《独立董事激励机制研究》，《当代经济》2010 年第 4 期。

贾中正：《中国上市公司增发效应的理论分析》，《财会通讯》2010 年第 6 期。

贾中正、龙超：《论独立董事选任机制的完善》，《山东理工大学学报》（社会科学版）2005 年第 11 期。

黎精明：《配股法期权定价方法初探》，《财会通讯》2007 年第 3 期。

李金、李仕明、严整：《我国上市公司股权再融资风险与绩效分析》，《应用基础与工程科学学报》2006 年第 5 期。

李康、杨兴君、杨雄：《配股和增发的相关者利益分析和政策研究》，《经济研究》2003 年第 3 期。

李亮：《上市公司再融资规模与市场效应研究》，博士学位论文，西安交通大学，2008 年。

李梦军、陆静：《上市公司增发新股信息与股票价格波动的实证研究》，

《财经理论与实践》2001 年第 7 期。

李文君：《我国上市公司股权融资偏好研究——基于控制权成本——收益的分析》，博士学位论文，山东大学，2009 年。

李文君：《再论我国上市公司股权融资偏好》，《山东大学学报》2007 年第 5 期。

李心愉：《中国上市公司配股资金使用效率的统计介析》，《财贸经济》2004 年第 3 期。

刘端、陈收：《上市公司权益再融资的股价效应和中长期市场绩效》，《系统工程》2006 年第 12 期。

刘烨：《中国 A 股上市公司股权再融资的价值创造评价研究》，博士学位论文，复旦大学，2009 年。

刘志彪等：《上市公司资本结构与业绩研究》，中国财政经济出版社 2004 年版。

龙超、蒋冠：《信贷决策、信贷官激励与金融资源配置效率》，《华东经济管理》2008 年第 9 期。

吕海霞、郇凤悦：《上市公司股权再融资偏好解析》，《财会通讯》2009 年第 10 期。

孟令强、龙超：《我国上市公司并购动机研究——基于行为公司金融视角》，《生产力研究》2009 年第 9 期。

穆晓卿、侯晓红：《配股融资过程中的利益转移行为分析——基于上海贝岭的关联交易》，《财会通讯》2007 年第 3 期。

倪全宏：《中国上市公司股权再融资过程中的寻租行为研究》，博士学位论文，暨南大学，2006 年。

彭浩岚：《上市公司融资策略的影响因素及其再融资方式选择》，《经济体制改革》2009 年第 6 期。

彭三平：《非公开发行股份购买资产暨关联方交易定价公允性探讨》，《财会月刊》2009 年第 9 期。

彭韶兵、赵根：《定向增发股票的公告效应：资产流动性需要和股权集中度稀释》，《财政研究》2009 年第 7 期。

饶静、万良勇：《集团内部资本市场与上市公司配股融资动机》，《经济与管理研究》2007 年第 12 期。

任晓晖：《新形势下上市公司定向增发再融资浅析》，《金融与经济》2007 年第 4 期。

任晓丽、袁显平：《上市公司融资方式选择及成因文献评述》，《商业时代》2009 年第 12 期。

邵志高、邱玉莲：《公司目标二元化——我国上市公司频繁增发新股的根本原因》，《商业研究》2005 年第 323 卷第 15 期。

邵志高、张琴：《不同类股权再融资的宣告效应分析及短期投资建议》，《财会月刊》2009 年第 7 期。

邵志高：《我国上市公司频繁增发新股原因探析》，《企业经济》2005 年第 8 期。

汤胜：《中国上市公司股权再融资的时机选择行为研究》，博士学位论文，暨南大学，2006 年。

唐运舒：《全流通进程中大股东侵害及中小投资者权益保护研究》，博士学位论文，合肥工业大学，2009 年。

万勇：《非公开发行证券认购人资格研究》，《证券市场导报》2009 年第 8 期。

王培欣、刘佳等：《基于配股管制的净资产收益率的实证研究》，《财会经纬》2007 年第 6 期。

王乔、章卫东：《股权结构、股权再融资行为与绩效》，《会计研究》2005 年第 9 期。

王诗才、冯琴庆：《我国上市公司股权再融资对相关利益者的影响分析》，《现代管理科学》2005 年第 7 期。

王小哈、肖猛、周永强：《上市公司股权融资偏好与经营绩效的实证分析》，《商业经济与管理》2002 年第 3 期。

王玉荣等：《中国上市公司融资结构与公司绩效》，中国经济出版社 2005 年版。

王志彬、周子剑：《定向增发新股整体上市与上市公司短期股票价格的实证研究——来自中国证券市场集团公司整体上市数据的经验证明》,《管理世界》2008 年第 12 期。

吴明礼、李贺敏:《我国上市公司再融资与财务业绩动态变化研究》,《经济管理》2007 年第 8 期。

徐浩萍:《中国上市公司股权再投资价值研究》,复旦大学出版社 2007 年版。

徐军辉、王华:《配股政策的经济后果研究》,《财会通讯》2009 年第 7 期。

徐军辉:《上市公司配股门槛变迁理论解读》,《财会通讯》2007 年第 1 期。

徐军辉:《政府监管与股权再融资效率——基于中国配股政策变迁的研究》,博士学位论文,暨南大学,2006 年。

阎达五、耿建新、刘文鹏.:《我国上市公司配股融资行为的实证研究》,《会计研究》2001 年第 9 期。

杨柏:《上市公司增发新股机制的经济学分析》,《商业研究》2005 年第 12 期。

岳续华:《控制权收益与股权再融资偏好》,《经济与管理研究》2007 年第 12 期。

曾宇平:《上市公司股权融资与投资者行为博弈分析》,《商业研究》2006 年第 9 期。

张力上、黄冕:《我国 A 股市场定向增发定价的实证研究》,《财经科学》2009 年第 9 期。

张鸣、郭思永:《大股东控制下的定向增发和财富转移——来自中国上市公司的经验证据》,《会计研究》2009 年第 5 期。

张秋虹:《我国上市公司股权再融资偏好成因分析及治理对策》,《浙江金融》2009 年第 12 期。

张人骥、刘春江:《基于政策监管下的新股增发与股市波动研究》,《财经研究》2005 年第 6 期。

张卫平:《我国上市公司股权再融资行为研究》,《商业时代》2009 年第

11 期。

张祥建、郭岚：《盈余管理与控制性大股东的“隧道行为”——来自配股公司的证据》，《南开经济研究》2007 年第 6 期。

张祥建、王东静、徐晋：《关联交易与控制性股东的“隧道行为”》，《南方经济》2007 年第 5 期。

张忠永：《中国上市公司股权再融资中的定价理论与实证研究》，博士学位论文，对外经济贸易大学，2007 年。

章卫东、李德忠：《集团公司整体上市与公司股价波动之间的关系探讨》，《财会月刊》2007 年第 12 期。

章卫东、周伟武：《上市公司定向增发新股融资与可转换债券融资比较研究》，《经济评论》2010 年第 1 期。

章卫东：《股权分置条件下中国上市公司股权再融资行为和绩效研究》，博士学位论文，华中科技大学，2005 年。

章卫东：《定向增发新股、整体上市与股票价格短期市场表现的实证研究》，《会计研究》2007 年第 12 期。

章卫东：《股权分置条件下中国上市公司股权再融资市场绩效的实证研究》，《经济评论》2007 年第 1 期。

章卫东：《上市公司定向增发新股：理论与实证研究》，经济科学出版社 2009 年版。

章卫东：《上市公司股权分置与股权再融资绩效》，经济科学出版社 2007 年版。

章卫东：《上市公司股权再融资方式选择：配股、公开增发新股、定向增发新股》，《经济评论》2008 年第 6 期。

郑琦、陈鹄飞：《上市公司增发新股政策的变更及有效性研究》，《审计与经济研究》2009 年第 6 期。

郑琦：《定向增发对象对发行定价影响的实证研究》，《证券市场导报》2008 年第 4 期。

郑琦：《定向增发公司盈余管理研究》，《上海金融学院学报》2009 年第 3 期。

郑琦：《定向增发折价与发行后的股价表现研究》，《统计教育》2009 年第 10 期。

中国证券业协会：《证券市场基础知识》，中国财经经济出版社 2009 年版。

周向民、刘凤玲：《融资政策变化及其对企业的影响》，《财会月刊》2007 年第 1 期。

周运兰：《中小企业股权融资和股权再融资研究》，博士学位论文，华中农业大学，2008 年。

朱云、吴文锋、吴冲锋、芮萌：《融资受限、大股东“圈钱”与再发行募集资金滥用》，《管理科学学报》2009 年第 5 期。

邹海峰、陈小悦：《增发新股折价现象的实证研究》，《清华大学学报（哲学社会科学版）》2006 年第 1 期。

邹晓峰：《增发新股中的市场均衡和承销商行为——基于中国资本市场制度特征的研究》，博士学位论文，重庆大学，2008 年。

后　　记

当今世界正经历百年未有之大变局。2020年伊始爆发并在全球快速蔓延的新冠肺炎疫情，进一步加速了这一历史进程。面对新冠肺炎疫情的重大冲击和更加逆风逆水的外部环境，党中央审时度势，从长远视角战略性地提出“加快形成以国内大循环为主体、国内国际双循环相互促进的新发展格局”。新格局是通过发挥内需潜力，使国内市场和国际市场更好联通，更好利用国内国际两个市场、两种资源，实现更高质量的发展。一方面，深化要素市场化配置改革，促进要素自主有序流动，提高要素配置效率；另一方面，寻求更加多元、平衡、安全、高效的开放体系，推动更高水平的对外开放。金融作为现代经济的血液，应该也必将为新发展格局提供源源不断的动能。

股票市场作为金融体系中的重要组成部分，在实现资金融通、优化资源配置、提升公司质量、分散投资风险等方面发挥了至关重要的作用。特别在当前逆全球化风潮强劲、保护主义和单边主义盛行、中美关系发生重大变化的大背景下，股票市场的地位和作用更加凸显。一个制度完善的股票市场不仅可为科技创新类企业提供直接融资便利，为研发和突破“卡脖子”技术提供融资支持；而且有利于改善公司治理结构，提升上市公司运营管理水平，支持实体经济高质量发展。与此同时，还有利于培育日益壮大的消费群体，充分释放内需潜力。根据中国证券登记结算有限责任公司的数据，截至2020年7月，我国A股市场投资者数量超过1.7亿，其中自然人投资者占比高达99.8%。这一群体若能通过二级市场投资高质量的上市公司实现财富增值，必将对扩大内需、实现消费升级发挥积极的作用。

从20世纪80年代末至今，我国股票市场从无到有，逐步发展壮大。期间经历多轮体制机制改革，几乎涵盖了从发行、上市、交易、监管、退市等的全流程，诸如股权分置改革（以下简称“股改”）、多层次资本市场建设、资本市场高水平对外开放、注册制改革等，根本目的就是让股票市场更好地发挥资源配置功能，使金融更好地服务于实体经济，以满足经济社会发展的需要，满足人民日益增长的对美好生活的需要。在我国股票市场的发展历程中，2005 年 9 月正式开启的股权分置改革意义重大，它是通过非流通股股东和流通股股东之间的利益平衡协商机制，消除 A 股市场股份转让制度性差异的过程。这一改革彻底解决了因非流通股与流通股股东利益失衡而导致“同股不同权”“同股不同利”的制度性难题，为促进资本市场改革开放和稳定发展奠定了良好基础。

股权再融资是相对于首次公开发行新股（Initial Public Offering，IPO）的融资方式，为上市公司再次募集资金提供融资支持。股权分置改革后，上市公司股权再融资行为有哪些新的变化？股改之前备受诟病的关联交易、大股东“圈钱”、再融资后绩效下降等现象是否有所改观？定向增发作为股改后新的股权再融资方式的实施效果如何？配股、公开增发和定向增发三种再融资方式的优劣如何？“啄食顺序理论”、信息不对称理论、价格压力假说等西方理论学说，对我国上市公司股权再融资是否具有较好的解释力？正是基于对以上问题的思考，作者对股权分置改革后我国上市公司股权再融资的行为和长短绩效进行了深入研究，以期为进一步完善我国的资本市场制度提供参考。

本书是基于作者的博士毕业论文修改而成。在此过程中，作者本打算对原文进行大刀阔斧的修订，但最终仅对部分内容做了更新或完善，一方面考虑到本书是对作者当时思想认识和学识水平的反映，另一方面也以繁忙为由为自己找个借口吧。

最后，我要特别感谢中国社会科学院的大力资助，本书才有幸得以出版。尤为感谢中国社会科学出版社张林老师的辛勤付出，本书质量得到显著提升。当然，水平所限，书中错漏难免，一切问题均有作者负责。

贾中正

2020 年 9 月 21 日于北京